本书出版受教育部人文社会科学重点研究基地重大项目"中俄蒙国家战略互动与'一带一路'建设研究"（17JJDGJW006）、内蒙古民族大学博士科研启动项目"交通基础设施对全要素生产率的影响"（BS517）资助

东北亚研究丛书

交通基础设施与经济效率

兼论中蒙俄经济走廊跨境交通基础设施合作

Transportation Infrastructure and Economic Efficiency

With an Analysis of Cross-border Transportation Infrastructure Cooperation
in China-Mongolia-Russia Economic Corridor

李天籽　王　伟／著

社会科学文献出版社
SOCIAL SCIENCES ACADEMIC PRESS (CHINA)

摘　要

改革开放以来，我国交通基础设施得到迅猛发展，大规模的交通基础设施投资对中国的经济发展产生了深远的影响，而经济效率作为经济保持长期高速增长的源泉，其与交通基础设施的关系会影响未来的经济发展和政府的政策制定，尤其是在当前，依靠高资源投入的增长方式难以为继，在地区和城乡之间发展差距不断扩大的情况下，全面而准确地评价交通基础设施对经济效率的综合影响是一个紧迫且具有重要意义的研究问题。在此基础上以丝绸之路经济带为案例，本书对跨境交通基础设施建设情况展开分析，发现交通基础设施作为实现互联互通的渠道，能够促进沿线各国经济发展、加强区域经济一体化，带动经济效率水平全面提高。

本书基于现阶段我国交通基础设施的时空演变及特征，研究交通基础设施对经济效率的影响和作用机制，并以丝绸之路经济带沿线地区为例，探讨跨境交通基础设施的合作及经济影响，由此得出如下结论。

第一，在微观企业层面的研究中，利用信息技术传播模型解释运输距离缩短影响企业全要素生产率的理论机制，并从加快信息技术流动、改变企业投入产出结构、降低信息不对称、扩大市场与加强专业化分工等影响渠道进行具体分析。在实证检验方面，利用 Arcgis 软件测算了 1998～2007 年中国工业企业数据库中所有企业到最近高速公路的距离，并将其与半参数法求出的企业全要素生产率组成面板数据，定量探究了交通基础设施对企业全要素生产率的影响，研究发现：①企业到高速公路距离的增加，降低了企业全要素生产率，加入工具变量并进行稳定性检验后发现结果仍然成立；②在异质性分析中发现，高速公路对非国有企业、内销型企业、劳动密集型行业中的企业、中西部地区企业以及距离高速公路在 30～50km 范围内的企业有更为积极的意义。

第二，在中观行业层面的研究中，利用"内涵型资源错配"理论解释交通基础设施条件的改善可以降低资源错配的理论机制。以微观企业数据为基础，运用加总的方法对行业层面的变量予以考察，通过构建包含工具变量的静态回归模型和包含滞后项的动态矩估计模型，验证交通基础设施条件的改善对资源错配的影响。研究发现以下两点。①交通基础设施条件的改善降低了行业资源错配程度。②异质性分析方面，从不同等级公路异质性分析来看，高等级公路对资源错配的改善作用更大；从行业异质性来看，交通基础设施对要素密集度低的行业影响更大；从区域异质性来看，交通基础设施对中西部地区资源错配的改善作用更大。

第三，在宏观区域层面的研究中，利用基础设施外部性理论模型解释交通基础设施条件改善对宏观全要素生产率影响的理论机制，发现交通基础设施对全要素生产率具有直接效应和溢出效应。直接效应是通过技术水平、技术效率、配置效率和规模效率四个方面对本地区全要素生产率增长产生影响；溢出效应则通过网络性、时空压缩效应、知识增益效应影响周边地区的全要素生产率。从实证分析结果看：①通过三种权重条件下的空间杜宾模型进行分析，得出交通基础设施对全要素生产率的空间溢出效应为正向且很显著；②进一步分析发现交通基础设施的空间溢出效应遵循距离衰减规律，溢出效应大致呈现 M 形的变化趋势，回归系数的最大值出现在 50km 左右；③从异质性角度考察交通基础设施对全要素生产率的影响，对东中西部地区进行比较可以发现，三个区域交通基础设施的发展都会产生正向且显著的溢出效应，在 0－1 权重条件下，东部地区的作用最大，在地理距离权重和经济距离权重条件下，中部地区的作用最大。对三个经济最发达的城市群进行比较后发现，珠三角城市群的溢出效应最大，长三角城市群次之，京津冀城市群最小。

第四，对丝绸之路经济带沿线各城市交通基础设施的耦合协调度、空间溢出效应和边界效应研究后发现：①中蒙俄经济走廊地级市的耦合协调度总体水平较高，而且较为均衡，领先于其他经济走廊所涉城市；②新亚欧大陆桥经济走廊交通基础设施的空间溢出效应值高于其他经济走廊；③新亚欧大陆桥和中蒙俄经济走廊交通基础设施对区域一体化有积极的正向影响，而中国—中南半岛经济走廊的交通基础设施对国内区域一体化有显著的负向影响。在此基础上，以中蒙俄经济走廊为案例，对蒙古国和俄罗斯的交通基础设施发展及中蒙俄跨境基础设施合作和模式进行具体分析。

Abstract

Since the reform and opening up, China's transportation infrastructure has developed rapidly. Large-scale transportation infrastructure investment has had a profound impact on China's economic development. Total factor productivity is the source of long-term growth of the economy, and transportation infrastructure will affect the future economic development and government policy formulation, especially at present, the growth mode that relies on high resource input is unsustainable, the development gap between urban and rural areas is increasing. A comprehensive and accurate assessment to the impact of transport infrastructure on total factor productivity is an urgent and significant research issue. In addition, taking the Silk Road Economic Belt as an example, this paper analyzes the development of cross-border transportation infrastructure and finds that transportation infrastructure, as a channel for interconnection, can promote the economic development of countries along the line, strengthen the degree of regional economic integration, and drive the overall improvement of economic efficiency .

Based on the development of China's transportation infrastructure at the present stage, this book studies the impact and mechanism of transportation infrastructure on economic efficiency under the new economic geography framework, and discusses the impact of transportation infrastructure to the economy by taking the area along the Silk Road Economic Belt as an example. The paper draws the following conclusions.

In the study of micro-enterprise level, the theoretical model of information technology communication is used to explain the theoretical mechanism of shortening the transportation distance affecting the total factor productivity of enterprises, and expounding several influence channels, namely, accelerating the flow of information technology. Change the structure of enterprise input and output, reduce information asymmetry, expand the market and strengthen the specialized division of labor. In the aspect of empirical test, the distance from the company to the nearest highway in the Chinese industrial enterprise database from 1998 to 2007 was measured by GIS technology, and the total factor productivity of the enterprise obtained by semi-parametric method was combined into panel data. Study the impact of transportation infrastructure on total factor productivity of enterprises, the study found that: ①The increase in the distance from the enterprise to the expressway reduces the total factor productivity of the enterprise. After adding the instrumental variables and conducting the stability test, the results are still established. ②In the Heterogeneity analysis found that highways have more positive significance for non-state-owned enterprises, domestic-selling enterprises, enterprises in labor-intensive industries, enterprises in the central and western regions, and enterprises within 30 – 50km of expressways.

In the study of the meso-industry level, the theory of " resource mismatch" illustrates the theoretical mechanism of transportation infrastructure to reduce resource mismatch in the industry. Based on micro-enterprise data, we use the aggregate method to examine the variables at the industry level. By constructing a static regression model containing instrumental variables and a dynamic moment estimation model containing lag terms, the impact of improved transportation infrastructure conditions on industry resource mismatch is verified. The study found that: ①In the case of static models and dynamic models, the improvement of transportation infrastructure conditions reduces the mismatch of industry resources. ②The heterogeneity is analyzed. From the perspective of the heterogeneity of different grades of highways, it is found that the high-grade highways have a greater effect on the improvement of resource mismatches. From the perspective of industry heterogeneity, it is found that transportation infrastructure has a greater impact on industries with low factor density. From the perspective of regional heterogeneity, transportation infrastructure has a greater impact on resource mismatch in the central and western regions.

In the study of the macro-regional level, using infrastructure externality theory model to explain the theoretical mechanism of the impact of improving transportation infrastructure conditions on macro-factor productivity, and discovering the direct and spillover effects of transport infrastructure on total factor productivity, the direct effect is to influence the growth of total factor productivity through four aspects: technology level, technical efficiency, allocation efficiency and scale efficiency. The spillover effect affects the total factor productivity of the surrounding areas through network, space-time compression effects, and knowledge gain effects. In terms of empirical analysis: ① Through the analysis of the Spatial Durbin Model under three weighting conditions, it is concluded that the spatial spillover effect of transportation infrastructure on total factor productivity is positive and significant. ②Further analysis shows that the spatial spillover effect of transport infrastructure follows the law of distance attenuation, and the spillover effect shows an M-shaped trend, and the maximum regression coefficient appears at about 50 km. ③Heterogeneity analysis, first of all, the comparison of the eastern, central and western regions, the development of the three regional transportation infrastructures will have a positive and significant spillover effect. Under the condition of 0 – 1 weight, the eastern region has the greatest effect. Under the geographical distance weight and economic distance weight, the central region has the largest effect. Comparing the three urban agglomerations, it is found that the Pearl River Delta urban agglomeration has the largest spillover effect, followed by the Yangtze River Delta urban cluster, and the Beijing-Tianjin-Hebei urban agglomeration is the smallest.

Research on the coupling coordination degree, spatial spillover effect and boundary effect of transportation infrastructure in various cities along the Silk Road Economic Belt: ①The overall coordination level of the prefecture-level cities in the China-Mongolia-Russia economic corridor is relatively high and balanced. Higher than other cities involved in economic corridors ; ②The spatial spillover effect of the transportation infrastructure of the New Eurasia Continental Bridge Economic Corridor is higher than that of other economic corridors; ③Transportation infrastructure of New Eurasia Continental Bridge and China-Mongolia-Russia Economic Corridor have a positive impact on regional integration, and the transportation infrastructure of the Indo-China Peninsula Economic Corridor has a significant negative impact on domestic regional integration. Thereafter, taking the China-Mongolia-Russia Economic Corridor as a case, Analysis of the development of transportation infrastructure in Mongolia and Russia and the cooperation and mode of China-Mongolia cross-border infrastructure.

目　录

Contents

第一章 交通基础设施与经济效率的理论解释

一 研究背景与意义

改革开放四十年以来，中国经济高速增长，取得了举世瞩目的成就，经济总量由 1978 年的 3678.7 亿元上升到 2016 年的 74114.4 亿元，年均增长率为 8.22%，人均国内生产总值由 1978 年的 385 元上升到 2016 年的 53980 元。随着经济进入"三期叠加"阶段，我国在经济快速增长的同时也面临资源约束趋紧、环保政策变严、工程成本上涨等问题，依靠大规模资源投入的粗放型增长模式难以为继，关于中国经济高质量增长的问题已成为关注焦点，经济效率作为经济长期稳定增长的源泉，研究何种因素能够促进技术进步和提高规模效率，进而提升经济效率成为本书的关注点。

长期以来，交通基础设施投资作为政府调控宏观经济的重要手段，对缩小区域经济差距、刺激国内需求和平抑经济波动具有重要作用，中央政府陆续实行的"西部大开发战略""中部崛起战略""东北老工业基地振兴战略"均把交通基础设施建设作为稳定经济和缩小区域差距的重要手段。特别是 2008 年国际金融危机发生后，国外市场对中国产品的需求下降，大量出口型中小企业面临倒闭的风险，为刺激国内市场需求，中央政府提出了"4 万亿元投资刺激计划"，当务之急就是解决内陆地区的落后运输条件，大量的资金流入了交通基础设施领域，交通基础设施发展迅猛。截至 2016

年底，铁路里程达到 12.4 万公里，公路里程达到 469.63 万公里，其中，高速铁路里程达到 2.2 万公里，居世界第一。那么如此大规模的交通基础设施投资效率如何，除了在短期内刺激经济增长之外，是否能够促进经济效率的提高，进而带来经济的长期高质量增长。

理论上，交通基础设施不仅能从技术水平、技术效率、配置效率和规模效率四个方面对经济效率产生影响，还具有空间溢出效应，带动周边地区全要素生产率的提高。交通基础设施的优化不仅影响了人们的出行方式，例如方便快捷的运输方式能够降低商务旅行时间成本和信息沟通成本，促进信息流通，加快人员、资本和知识技术等生产要素的流动速度，而且可以改变企业的运输成本，打破区域市场分割，促进区域一体化形成，深化分工与专业化，最终影响资源配置效率和经济效率水平。

在跨境交通基础设施建设方面，我国提出的"新丝绸之路经济带"倡议对于扩大中国内陆地区的外向型经济发展，促进沿线区域经济一体化具有重大意义。该倡议的不断推进，以及跨境交通基础设施建设的发展，将对中国经济地理格局产生深刻影响。改革开放四十年来，中国区域发展呈现东快西慢、重沿海轻内陆的格局，中部、西部以及东北一些内陆地区发展落后，与东部沿海地区的差距不断拉大。借助"新丝绸之路经济带"的平台和跨境交通基础设施建设，我国内陆地区能够进一步加强与沿线国家和世界市场的联系，更好地融入区域经济一体化和经济全球化，在此过程中，培育能够带动内陆经济发展的增长极，提高内陆经济增长的质量，促进我国区域经济协调发展，重塑国内经济地理。"新丝绸之路经济带"倡议的推进需要依托一系列经济走廊和经济带，西北丝绸之路包括新亚欧大陆桥经济走廊、中国—中亚—西亚经济走廊和中巴经济走廊，西南丝绸之路包括中国—中南半岛经济走廊和孟中印缅经济走廊，东北丝绸之路主要依托中蒙俄经济走廊。其中，中蒙俄经济走廊对外能够将我国的"新丝绸之路经济带"建设与俄罗斯跨欧亚大铁路、蒙古国倡议的"草原丝绸之路"进行对接，在深化国际区域一体化，维护东北亚和我国周边地区稳定等方面具有特别意义。在对内方面，中蒙俄经济走廊国内沿线涉及华北京津冀、东北三省和内蒙古，与"东北老工业基地振兴战略"等区域发展战略相结合，可以通过跨境交通基础设施改善内陆地区的区位条件，对目前经济陷入衰落的东北三省尤为重要，也有利于促进内蒙古经济发展。因此以中蒙俄经济走廊为例具体研究跨境交通基础设施合作具有重要意义。

二 相关概念界定

（一）基础设施与交通基础设施

基础设施是国民经济的基础结构，是直接生产部门赖以生存和发展的基本条件，基础设施的发展水平直接或间接地影响生产部门的成本和收益，最终影响供给的数量和质量。早期的经济学研究并没有基础设施这一概念，直到 20 世纪中叶才被发展经济学家所提出，国外有多位代表性人物对基础设施进行描述与说明。罗森斯坦·罗丹（Rosenstein Rodan，1998）把基础设施作为社会发展的先行资本，认为基础设施促进了现代国家工业化水平的迅速提升，在其提出的大推动理论中，指出基础设施投资存在不可分性，只能以大量的、全面的、连续的方式进行，否则就不能达到最适度的规模，也就不能充分利用规模经济效益来降低成本，提高资本产出效率。罗格那·讷克斯（Ragnar Nurkse，1966）分析了基础设施在落后国家的作用，并进一步将其划分为公共工程和公共服务，在其所提出的"贫困恶性循环"理论中，指出大规模的基础设施投资可以促进一个国家或地区的经济发展。沃尔特·罗斯托（Walt Rostow，1962）认为基础设施是其他部门发展的基础，想要保持经济快速且持续的增长，就必须优先发展基础设施，基础设施具有优化作用，有助于经济发展、生产率水平提高和制度变革。阿尔伯特·赫希曼（Albert Hirschman，1992）把基础设施定义为社会的间接资本，这种资本的投资技术具有不可分性且建设周期较长，在建成初期会产生生产能力过剩的问题，因而他主张在能够支持生产活动所需的最少基础设施的前提下，把更多的资本投入生产过程中，尽快获得收益，在生产部门发展起来后继续进行基础设施投资。基础设施是三个产业进行生产的经济活动所必需的服务，包含交通、通信、能源、法律等所有公共服务。斯蒂格利茨（Stiglitz，2013）也认为基础设施具有外部性和规模性特点，除了交通、通信等经济性基础设施之外，还包括政治、法律等方面，是社会存在和发展的基本条件。世界银行在《1994 年世界发展报告》中将基础设施划分为交通、通信、水利等经济性基础设施和科技、教育、卫生等社会性基础设施。国内学者对基础设施的划分种类同样很多，比较权威的是高新才（2002），他将基础设施分为物质性基础设施，包括交通、能源、水利、教科文卫、环境因素，以及制度性基础设施，包括政治制度、法律等。

交通基础设施属于基础设施的一种，直接服务于企业的生产活动和居民生活中的旅行活动，包括公路、铁路、民航、管道、港口等各种为满足货物运输和旅客运输而建设的基础设施。除了以上从组成视角来说明交通基础设施之外，更重要的是从经济性角度对其进行考察，交通基础设施的主要作用在于提升了地区的可达性，压缩了两地之间往来的时间成本和运输成本，使一个地区的资本、劳动力等可移动要素更为容易地流动到另一个地区，完成空间上的转移，由此也会对不同经济发展水平的地区产生不同的作用，一方面在集聚效应的作用下，落后地区的可移动资源会不断向发达地区流动，导致了落后地区的衰退；但另一方面在扩散效应的作用下，可移动要素会流入周边地区，变为发达地区带动落后地区的经济发展。而具体产生何种效果主要在于集聚效应与扩散效应的大小。越来越多的学者肯定了交通基础设施具有时空压缩效应，密集的交通网络体系成为区域间的连接纽带，扩展了城市或城市群的可能性边界，区域一体化程度大大提升，在交通基础设施区域外部性的影响下，产生强烈的溢出效应，促进城市之间协同发展。

本书的交通基础设施是指能够带来可达性提高的公共物品，包括运输线路、公共交通服务、综合运输网络体系，具有时空压缩效应、网络性和知识增益效应，是人们日常出行和企业生产经营活动的基本条件。在具体的衡量指标方面，本书主要关注公路和铁路的发展情况，包括铁路网络密度、公路网络密度、铁路线路里程、公路线路里程、铁路运输量、公路运输量、企业到最近高速公路的距离等指标。

（二）经济效率和全要素生产率

在经济学中，生产率被定义为生产过程中投入品转化为产出品的效率，早期的研究主要关注资本生产率、劳动生产率等单要素生产率，随着生产的复杂化，单一的生产率指标并不能很好地反映总产出的变动，所以后期的研究主要使用考虑多维要素的全要素生产率指标。新古典经济学理论中，在希克斯中性假定下，索洛将产出增长扣除要素投入带来的增长后所剩下的余值定义为全要素生产率，体现了技术进步对产出的影响，这里的技术进步更多地表现为新发明或新工艺的使用，可以在不增加要素投入的情况下，使总产出得到增加，然而在实际情况中，使用同样生产技术的企业产出效率也是不同的，说明管理制度、生产经验积累以及资源配置能力等约束条件影响了总产出，使厂商不能充分利用投入的要素进行最优生产，所以广义的技术进步包含科技创新、组织制度改善、管理水平提升等多重因素。新制度经济学的制度变迁理论说明制度的进步与发展会带来经济绩效提高，随着技术方法的不断提出，制度、管理等因素统一被纳入全要素生产率的计算框架中。Fare 等（1994）在 DEA 框架下将全要素生产率动态分离，进一步分解为技术进步、技术效率和规模效率。Kumbhakar 和 Lovell（2000）利用随机前沿法计算全要素生产率，并将其分解为技术进步、技术效率、规模效率和配置效率。从产出角度来讲，经济增长来源于两个部分，第一个部分是资本、劳动力、能源等要素投入带来的产出增加，第二个部分则是技术进步和效率提高带来的产出增加，能够反映经济增长质量的第二个部分就是全要素生产率。综合以上分析，本书将全要素生产率定义为总产出中除去要素投入后的生产率，这部分生产率来自技术进步和效率提高，即总产出中不能由要素投入所解释的"剩余"。

（三）资源错配

资源错配是相对于资源"有效配置"而言的，要素能够在企业和行业间自由流动，投入的资本和劳动要素能够获得最大的产出就是"最优配置"

状态，错配是对最优配置状态的偏离。在自由竞争市场中，要素可以自由流动，在市场机制的作用下，表现为生产要素从低效率部门不断向高效率部门转移，最终会达到均衡状态，进而实现整个社会的最优资源配置。但是由于干扰因素的出现，资源在流动过程中受到阻碍，无法从低效率的部门转移到高效率的部门，此时就发生了资源错配（Resource Misallocation），进而给宏观经济带来效率损失（Restuccia and Rogerson，2008）。资源错配会对经济增长和全要素生产率产生重要影响，因而受到学者的广泛关注。Banerjee 和 Moll（2010）提出"外延型资源错配"，当企业的边际产出都相等时，还可以通过要素重新配置，带来产出增加，这主要是由于经济中企业存在技术非凸的情况和潜在进入企业有更高的生产率，具体而言，如果存在规模报酬递增的企业，将资源平均分配给生产率水平相同的企业并不能达到整个社会的最优产出，相反将资源集中于该规模递增的企业能够带来更大的收益。此外，由于"进入壁垒"的存在，更高生产率的企业无法进入市场，而生产率低下的企业无法退出市场，效率损失不可避免，整个社会无法达到帕累托最优状态，但是由于外延型资源错配难以具体衡量，所以在后期的研究中很少被关注。另一种错配是 Hsieh 和 Klenow（简称 HK，2009）提出的"内涵型资源错配"，即在有效配置条件下，要素在每一个企业的边际产出应该相同，否则就存在错配的情况。在此基础上，Hopenhayn（2014）将扭曲和错配因素表示为企业规模的函数，完成了资源错配对全要素生产率影响的内生模型构建。在具体测量方法方面，HK 通过构造包含价格因素的收益全要素生产率（TFPR），在规模报酬不变的假定下，使用 TFPR 对数的标准差来反映企业之间收益全要素生产率的离散程度。沿袭这一思路，随后更多的学者对资源错配进行解释。龚关和胡关亮（2013）放松了规模报酬不变的假定，利用投入要素的边际产出价值来衡量资源的错配情况。陈永伟和胡伟民（2011）把 HK 的资源错配理论与 Syrquin（1986）的分析结合起来，发现要素价格扭曲导致资源在行业之间错配，从而造成宏观效率损失。

（四）空间效应

空间效应是指经济变量的空间相互作用的过程，是不同地理事物在空间中的相互联系，是区域之间所发生的商品、人口、劳动力、资金、技术、信息的相互传输过程，不仅包括经济地域内要素的空间移动和组合，还包括经济地域系统的扩展与收缩，以及经济地域系统等级和结构的高级化、有序化等演变过程，空间作用表现为经济活动在空间分化、组合的动态过程，是经济地域系统与其环境之间、系统内部各子系统之间的联系和作用在地域空间上的表现。具体而言，空间效应包括空间关联效应、空间集聚效应、空间溢出效应。

空间关联效应往往与地理距离因素相关，根据地理学第一定律，较近的事物之间相关性较大，随着距离的增加这种相关性会不断衰减，空间关联效应体现在地理距离权重上，随着地理距离的不断增加，交通基础设施对区域全要素生产率的影响也会不断减小。空间集聚效应是指各种产业和经济活动为获取发展优势和更大的利益，促使生产要素向特定领域、行业和区域集中的过程，要素的集聚表现为地理上的集群。相关产业在地理空间上的集中，就是产业集聚，通过产业集聚，产业部门可以在相互作用中降低成本，从而获得较好的经济效益，产生集聚经济。当集聚发展到一定程度时，就会出现集聚不经济，由此导致的生产成本增加和收益下降会产生扩散现象。空间溢出效应是指某项经济活动不仅会对目标产生预期的作用，而且会对目标之外的事物产生有利或损害的影响，这种空间相互作用将会引起区域之间对资源、要素、发展机会的竞争，并有可能对其中某些区域造成损害。我们将空间溢出效应的概念具体化到交通基础设施对区域全要素生产率的影响中，将交通基础设施对区域全要素生产率的影响分为直接效应与间接效应，直接效应是一个地区的交通基础设施对本地区全要素生产率的影响，间接效应是本地区交通基础设施对周边地区全要素生产率的影响。

三　相关文献综述

（一）国外相关文献综述

大量的文献已经表明交通基础设施通过直接和间接两种渠道影响经济

增长，直接渠道是通过资本积累来促进经济增长，间接渠道是通过提高经济效率进而影响经济增长。效率提高带来的经济增长是我们关注的焦点，全要素生产率（Total Factor Productivity，TFP）作为经济长期高质量增长的源泉，由索洛最先提出，以产出余值形式来表示，用以代表技术进步和效率提高带来的产出增加，此后大量学者对 TFP 展开了研究。交通基础设施条件的改善，能够缩减运输费用和扩大企业市场范围，进一步吸引私人投资和创造新的贸易机会，此外，还能够增加企业间的竞争，倒逼企业展开研发工作，以上两种机制都能够促进 TFP 增长。

在宏观层面的研究中，Aschauer（1989）首次将基础设施因素引入生产函数中，发现基础设施投资与 TFP 增加存在关系，即基础设施带来的正外部性不仅能够降低交易成本，还能够促进 TFP 的提高。Munnell（1990）主要关注基础设施投资对劳动生产率的影响，发现基础设施投资增加有利于劳动生产率增长，具体而言，基础设施投资每增加 1%，劳动生产率增长率提高 1.7 个百分点。Ford 和 Poret（1991）使用 OECD 国家层面的数据，估计出 TFP 相对于基础设施变化的平均弹性约为 0.45。Nadiri 和 Mamuneas（1994）利用美国二分位行业数据进行研究，发现基础设施投资具有显著的生产效应，可以使行业的成本函数下移，进而增加行业的生产效率，此外，基础设施投资对成本函数的影响具有行业异质性。Fedderke 和 Bogeti（2009）利用南非制造业面板数据，将基础设施对生产率的影响细分为直接影响和间接影响，基础设施会直接影响人均产出，而间接影响 TFP。还有部分学者发现基础设施对全要素生产率的作用不明显，Roberts 等（2012）以新经济地理理论为基础，对中国交通基础设施发展与 TFP 的关系展开研究，指出交通基础设施投资只具有一次性的效果，并没有提升 TFP 和降低商品价格进而带来经济的长久增长。

在微观层面的研究中，Morrison 和 Schwartz（1996）以美国的州级制造业数据为分析基础，使用基于可变成本函数的影子价值来确定基础设施投资的影响，表明基础设施投资促进了制造业企业生产率的增长。Buurman 和 Rietveld（1999）指出交通基础设施对微观经济个体存在两个方面的影响，从短期来看，交通基础设施投资能够刺激经济增长，带动上下游相关产业的发展，提供更多的就业岗位，提高居民的收入水平；从长期来看，交通基础设施投资可以缩减交通成本，加快商品的周转和信息的传递，提高企业的生产率。Bernard 等（2015）以原材料的供应链为切入点，研究了交通基础设施与企业 TFP 之间的关系，发现便捷的交通运输网络可以缩减搜寻成本，降低信息不对称带来的交易损失，提高买卖双方的交易效率，因此产品的边际成本会下降，企业的 TFP 会提高。Ghani 和 Goswami（2016）对印度交通基础设施的影响进行评价，发现高速公路能够提高可达性，吸引新企业在沿线地区生产布局，提升在位企业的生产效率，提高行业内跨企业资源配置水平。Holl（2016）利用 Arcgis 软件对西班牙企业到高速公路的距离展开测算，并与 OP 法测算出的企业 TFP 组成面板数据展开研究，发现企业到高速公路距离的缩短对企业 TFP 有正向且显著的影响。高速公路能够增加区域经济活力，吸引企业和资源集聚，进而促进企业全要素生产率提高。Charnoz 等（2018）对法国高铁网络展开研究，发现高铁网络密度的增加能够有效节约企业管理层的沟通成本，有利于企业分支机构的规模扩张和生产专业性的不断深化，从而促进了企业生产效率提高。

在交通基础设施经济效应的理论机制方面，Boarnet（1998）以要素的流动性为视角，构建了两城市公共资本模型，说明了拥有良好交通基础设施的地区能够吸引要素流入，一个地区的发展是以另外一个地区的衰退为代价的。Bonaglia 等（2000）建立两个方程（生产方程和成本方程）对基础设施的经济效应展开研究，发现基础设施投资有利于 TFP 增长、产出增加以及成本降低，其中交通基础设施投资的效果最为强烈。Hulten 等（2006）通过希克斯中性条件下的效率函数模型，证实交通基础设施的外部性使生产可能性曲线向外移动，生产函数表现为规模递增和产出效率增加。Donaldson（2010）对印度铁路网展开研究，通过建立一般均衡模型，发现铁路网络密度的增加有利于减少运输成本、降低商品之间的价格差，促进了区域内部和外部的贸易往来，提高了区域的收入水平和促进了经济增长。Gómez-Antonio 和 Fingleton（2011）以新经济地理理论为基础，构建生产函数方程，考察交通基础设施存量影响生产率的机制，发现本地区交通基础设施存量变化会直接影响生产率，而周边区域交通基础设施存量的变化在溢出效应的作用下，不利于本地区生产率水平提升。Banerjee 等（2012）以要素自由流动为视角，研究基础设施发展促进经济增长的路径机制。首先，良好的交通基础设施打破了市场分割，平抑了价格波动，使不同地区间的商品价格趋同，并按比较优势重新分配资源。此外，它还有利于区域市场规模的扩大，使企业能够在更大的市场中进行交易，并进一步加剧了企业之间的竞争。其次，交通基础设施存量结构的不断优化，不仅提高了经济运行效率，还能够带来新的管理思想和新的技术信息。最后，交通基础设施具有知识增益效应，其发展有利于人力资本的积累。Yang（2016）以企业异质性为视角，构建了不同城市间的贸易模型，主要关注交通基础设施影响城市 TFP 增长的多种因素，发现交通基础设施建设可以改善企业间资源配置情况，吸引新企业在本地区生产布局，有利于 TFP 的提高，进一步研究发现，如果消除中国所有的高速公路将使 TFP 降低 3.2%。Donaldson 和 Hornbeck（2016）关注交通基础设施对市场准入的影响，发现美国铁路建设带来了市场准入条件的变化，促进了城市人口增长和就业水平提高，进而提高了 TFP。

（二）国内相关文献综述

国内学者对交通基础设施的研究较晚，早期主要关注交通基础设施对经济增长的影响。王任飞和王进杰（2007）运用 VAR 方法和协整理论研究了基础设施与经济增长之间的长期均衡关系，得出在基础设施与经济增长的互动关系中，基础设施处于主导地位。张学良和孙海鸣（2008）发现交通基础设施与经济增长存在长期稳定的均衡关系，交通基础设施影响经济增长的系数为 0.0912，同时，经济增长是交通基础设施发展的格兰杰原因，而交通基础设施发展并不是经济增长的格兰杰原因，在对不同区域的具体情况研究时，他们发现交通基础设施与经济增长有很强的空间集聚特征，二者在东部地区最为密集，并形成由东向西逐步递减的梯度。刘生龙和胡鞍钢（2010）指出区位和基础设施发展状况对区域经济发展差距的形成有影响，在实证分析方面，他们通过构建巴罗模型，分析交通基础设施对中国经济增长的影响，同样发现了显著的正向促进作用；在政策评价方面，他们发现西部大开发政策有利于缩小东部地区和西部地区的差距，而交通基础设施则发挥了重要的作用。刘勇（2010）考察了改革开放以来，不同种类交通基础设施对区域经济增长的溢出作用，从总体来看，公路和水运对区域经济增长有显著的正向溢出作用；分时间段具体研究发现，2001年之前公路和水运对区域经济增长的作用为正，2001年之后这种作用变为负向。分区域具体研究发现，公路和水运对东部地区的溢出效应始终为正向且显著；对中部地区的影响由初始的负效应转为正效应；但对西部地区的影响在1995年之前为正向，在1995年之后不显著。姚常成等（2019）运用双重差分方法研究铁路提速对经济增长的两种影响，发现铁路提速不仅能通过"时空压缩效应"直接促进经济增长，还能通过城镇化、产业集聚、市场潜力三个方面间接影响经济增长，此外，铁路提速能够促进非中心城市产业集聚、中心城市产业扩散。

还有一些学者主要关注交通基础设施投资的经济效率。在宏观区域层面，刘秉镰等（2010）利用中国省级层面数据，研究交通基础设施与全要素生产率的关系，发现公路和铁路存量的增加使 TFP 增加了 11.075%，占 TFP 整体增幅的 59%，其中高速公路与二级公路的作用最为显著，在上述贡献中，空间溢出效应的作用最为强烈，将近达到 74.3%。在对具体的机制分析中，他们认为交通基础设施减少了空间距离给低技术行业带来的"保护性关税"，能够提高地区的经济效率。此外交通基础设施的优化有利于资源在不同区域之间自由流动，使原有的资源配置情况不断向帕累托最优状态靠近，促进全要素生产率的提升。边志强（2014）运用 DEA 法将 TFP 分解为技术进步与技术效率，以 Hulten 等（2006）的理论模型为基础，将交通基础设施的影响分为本地交通基础设施对 TFP 的直接影响和外地交通基础设施对 TFP 的间接影响。研究发现：直接影响对技术效率有显著的正向促进作用，间接影响对技术进步与技术效率有显著的负向抑制作用。刘育红和王新安（2012）运用空间计量经济学方法研究交通基础设施与 TFP 的关系，通过构建 0-1 权重矩阵与空间滞后模型（SLM），发现交通基础设施的发展对 TFP 增长的贡献份额为 59.07%，其中，高速公路与二级公路对 TFP 增长的促进作用显著，等外公路对 TFP 的影响不显著。张天华等（2018）

以 DOP 框架分解区域经济效率中企业各演化环节（企业进入、企业退出、在位企业效率变化）的贡献，研究交通基础设施建设通过改变企业演化提升经济效率的机制，得出的结论为：高速公路建设对企业 TFP 的增长有正向且显著的作用，但对跨企业的资源配置以及企业的进入和退出产生了负面的作用，高速公路修建带来的增长效应主要通过影响在位企业的效率变化发挥作用，企业进入和退出的作用并未发挥。

在微观企业层面，李文启（2011）估算了交通基础设施对企业技术效率的影响，发现交通基础设施及其溢出效应对微观企业技术效率起到了积极作用，即本地区交通网络综合密度每提高 1%，企业技术效率提高 0.0590%；周边地区交通网络综合密度每提高 1%，本地区企业技术效率提高 0.0085%。在对区域异质性分析时，他发现中西部地区的企业能够从交通基础设施的改善中获得更大的利益。刘冲和周黎安（2014）运用 1998～2007 年的中国工业企业数据库和高速公路电子矢量分布图，研究交通基础设施与企业生产布局的关系，为了克服内生性问题，他们采用平均坡度作为工具变量，发现县级高速公路建设不仅能够吸引企业生产布局与资本持续流入，还能够使企业生产效率提升。龙小宁和高翔（2014）使用明朝驿路构建工具变量，发现高速公路对制造业企业的影响很小，在对异质性分析时发现，大城市具有较大的中间产品市场和服务业，所以大城市的企业对高速公路的依赖性较小，高速公路对企业全要素生产率的促进作用有限；而小城市的企业需要向大城市购买法律、财务、原材料等，方便快捷的高速公路网络缩减了企业的购买成本，所以高速公路的发展有利于小城市企业 TFP 的提升。高翔等（2015）利用经济普查数据和县级高速公路数据展开研究，发现交通基础设施能够缩短人员在不同城市之间的旅行时间，延长了服务业的贸易距离，一方面能够更好地发挥不同市场的比较优势，不断深化分工与合作；另一方面能够发挥人口集聚、资源集聚等各种集聚效应来提升服务业生产率。他们的进一步研究还能够发现，来自外地可贸易服务业的效益最大，在人口规模大、产业结构多样化的大城市，交通基础设施对生产率的促进作用更为显著。李欣泽等（2017）借助双重差分法，将高铁是否开通作为准自然实验，从微观角度考察高铁开通对企业资源再配置的影响，结果发现高铁开通能够优化资源在企业间的配置状况，有利于要素的自由流动，从而提高企业的 TFP。同时高铁开通对企业资源配置的影响存在异质性，即更有利于大城市周边的企业、资本密集型行业中的企业、非国有企业。施震凯等（2018）将 2007 年铁路提速作为一次准自然实验，研判铁路提速对企业 TFP 的影响，发现铁路提速对沿途地区企业的技术进步有促进作用，对技术效率等提升的作用为正却不显著。此外，划分地理圈层的回归结果显示，铁路提速能够缩短时空距离，促进技术溢出和生产要素扩散，与中心城市距离的远近成为影响企业 TFP 的重要因素，即铁路提速对距离大城市"1 小时经济圈"范围内企业 TFP 的提升作用更大。张梦婷等（2018）以市场准入为视角，发现高铁开通对外围城市的企业 TFP 的影响为负向，构建最小生成树作为工具变量后结果仍然稳定，对机制的进一步研究可知，高铁开通提高了地区的市场准入，在虹吸效应的作用下，外围城市的流动资源不断向中心城市集聚，从而使外围城市的企业 TFP 下降。值得注意的是，当交通基础设施质量较差，资本密集型行业中的企业、高铁站距离城市中心较近时，高铁开通带来的虹吸效应较明显。张睿等（2018）以市场扩张和外资进入为视角，发现交通基础设施具有"扩张效应"，能够促进企业"走出去"，进一步融入更大范围市场，实现企业研发行为的规模经济，促进企业 TFP 提升；另外，交通基础设施具有"竞争效应"，能够吸引企业"走进来"，通过加强市场竞争，限制企业市场规模的扩大，不利于企业 TFP 提升。最终的效果取决于这两种效应的抗衡。

（三）对"新丝绸之路经济带"和内陆经济发展的研究

在"一带一路"倡议实施前，朱显平和邹向阳（2006）就提出了中国—中亚新丝绸之路经济发展带构想。此后很多学者从发展战略与内涵解释（胡鞍钢等，2014）、与沿线国家和地区的合作（陈利君，2014）、交通基础设施互联互通（吕承超、徐倩，2015）等方面对"一带一路"进行研究。还有很多学者分别从中亚、东盟、中蒙俄等陆路经济带和海上丝绸之路出发，为我国相关地区如何融入其中提出建议。

另外，有很多学者重点关注不同区域交通基础设施的跨境合作。在新亚欧经济走廊交通基础设施方面，王平心和冯世新（1993）认为以陇海—兰新线为主桥道的综合运输网络，能够为亚欧国际联运提供便捷的通道。李宗植（1992）认为我国西部地区在亚欧第二大陆桥开通后会增强自身优势和增加机会，但也会使我国以铁路为主的交通运输业已存在的矛盾更加突出。仲其庄等（2013）分析了新亚欧大陆桥开通 20 年的运营情况。徐习军（2013）分析了新亚欧大陆桥运输现状、问题与对策。在中国—中南半岛经济走廊交通基础设施方面，古小松（2004）认为南宁—曼谷经济走廊能够促进华南与中南半岛之间的合作。卢光盛（2016）分析了中国—中南半岛经济走廊在公路、铁路、跨境物流、口岸等基础设施建设方面取得的进展。盛叶和魏明忠（2017）从各国经济发展水平、宗教、国际政治等方面分析了中国—中南半岛经济走廊发展缓慢的原因，提出需要推动陆路与海上交通通道建设，构建海陆交织的交通网。卢伟等（2017）认为中国—中南半岛经济走廊基础设施建设并没有完全实现互联互通，未来需要从公路、铁路、航空、水路、管道等方面全方位建设现代化综合交通运输体系。中蒙俄经济走廊建设作为"一带一路"倡议的重要组成部分，引起了很多学者的关注。朱显平和李天籽（2008，2009）、李天籽（2014）一直研究中国东北和俄罗斯远东区域经济合作问题。李铁和于潇（2014）提出通过加强中蒙交通基础设施互联互通来建设"新丝绸之路经济带"。

（四）文献评述

从研究内容看，基础设施作为一种社会公共物品，在经济上具有外部性，在地理上具有网络性，在消费上具有非排他性，其对国民经济的发展具有巨大的推动作用。有关基础设施与经济增长关系的研究一直是经济学的重点问题，传统的经济增长理论没有将基础设施纳入研究框架中，所以早期的研究主要采用论断方式，对基础设施的经济效应进行定性分析，直到 20 世纪 80 年代末期，Aschauer（1989）对二者的关系进行了开创性的研究，发现美国生产率下降与政府基础设施投资下降相关，由此激发了学者研究基础设施投资与生产率增长关系的热潮。

从研究方法看，由于各学者运用的方法与数据不同，实证结果有较大差异，运用时间序列数据进行回归分析时，得出交通基础设施与经济增长之间存在正向且显著的因果关系；但运用面板数据进行回归分析时，发现结果显著下降，变得较为微弱。随着对交通基础设施认识的不断加深和区域经济理论的发展，学者利用空间计量方法研究二者的关系能够实现。一些学者发现如果不考虑空间因素，得出的结果是有偏的（张学良，2012），为了能够更为准确地衡量交通基础设施对经济的影响，运用空间权重矩阵的空间计量方法应运而生，交通基础设施与宏观经济的相关研究趋于成熟。

从研究层面和利用数据来看，由于宏观经济体是由无数个微观企业构成的，研究交通基础设施对企业生产经营行为的影响同样具有重要意义。在早期的研究中，由于数据及方法的限制，学者对企业行为的研究多处于定性层面。随着微观层面的数据库不断建立以及企业全要素生产率、企业加成率等概念的提出，学者对企业层面的研究开始增多。很多学者尝试从不同方面分析交通基础设施影响企业全要素生产率的运行机制，试图打开影响过程的"内部黑箱"，例如，施震凯等（2018）研究了铁路提速与企业TFP 的关系；张梦婷等（2018）以市场准入为视角，分析高铁开通对外围城市的企业 TFP 的影响；张天华等（2017）分析了交通基础设施与企业资源错配之间的关系；高翔等（2015）则主要关注企业是否为可贸易的服务业，进一步分析交通基础设施对服务业企业 TFP 的影响。此外，学者选择的交通基础设施代理变量也变得多样化，例如，利用铁路运行时间和提速指标（周浩、余金利，2013；宋晓丽、李坤望，2015），或者使用高铁开通、铁路站点和高铁网络的建立等指标（董艳梅、朱英明，2016；张克中、陶东杰，2016），每个县（市、区）到最近高速公路的直线距离（龙小宁、高翔，2014；张天华等，2017），是否与国道主干线相连（白重恩、冀东星，2018）。

鉴于此，本书通过梳理国内外交通基础设施与经济效率的相关文献，以新增长理论、新经济地理理论、空间溢出效应理论、资源错配理论为研究基础，以交通基础设施的网络性和区域外部性为前提，分析交通基础设施对经济效率的作用机制和影响路径。在实证分析中，围绕着三条线展开分析，在微观企业层面，主要分析交通基础设施对企业全要素生产率的影响；在中观行业层面，主要分析交通基础设施、资源错配与行业效率；在宏观区域层面，主要分析交通基础设施、空间溢出与城市全要素生产率。通过对微观企业、中观行业和宏观区域三个层面的分析，以期能够全面地反映交通基础设施对经济效率的作用机制，最后以丝绸之路经济带以及中蒙俄经济走廊为例，讨论跨境交通基础设施建设、国际合作及其影响。

四　经济增长相关理论

经济增长理论是经济学重点研究的问题之一，经济增长经常被简单地描述为产出的增加，用GDP来代表，经济增长是整个国家发展的前提和基础，与社会经济活动的各方面息息相关，经济增长是多种影响因素相互作用的过程，传统的经济学主要研究引发经济增长的生产要素，包括资本、劳动力、技术进步，强调要素投入是经济增长的必要条件，有形的生产要素投入会带来短期的经济增长，而技术进步、效率提高才是经济长期增长的源泉。当代经济学又出现了一些新的关注点：一是对经济增长内生机制的研究，二是研究不同国家或地区的经济增长是收敛的还是发散的，三是放开古典经济学假设，加入空间因素分析经济增长的演变和形成。随着时代的发展，相关理论的极大丰富以及计量方法的应用，经济学家对经济增长的认识逐渐深入，因而经济增长理论也经历了不同阶段，在早期的古典经济理论中，亚当·斯密（Adam Smith）在《国民财富的性质和原因的研究》一书中首先指出，劳动分工以及资本积累是国家财富增长的源泉，开创了经济增长理论的先河；马尔萨斯（Thomas Robert Malthus）在其著作《人口原理》中强调人口增长对经济增长的重要性，并提出"人口陷阱"理论；大卫·李嘉图（David Ricardo）注意到收入分配与经济增长的关系，其将研究集中在生产领域，其在著作《政治经济学及赋税原理》中提出，资本积累与效率改进能够促进经济增长。但是古典经济学并不能将经济学理论有效地数学化，所以对一些经济现象的解释有欠说服力，只能停留在定性层面，后期的主流研究克服了这一不足，更加强调模型构建与数理分析，主要包括新古典经济增长理论、内生增长理论、新经济地理理论。

（一） 新古典经济增长理论

索洛（Robert Solow）的代表作《对经济增长理论的一个贡献》和斯旺（Trevor Swan）的代表作《经济增长和资本积累》奠定了新古典经济增长理论的基础，该理论主要强调边际收益递减、要素相互替代以及外生的技术进步，技术进步被加进了增长模型当中，但是其对于技术进步的来源没有做出解释。假设技术进步与资本积累、人力资本积累等经济体系内的变量没有关系，促进经济长期增长的技术进步是严格外生的，从长期来看，经济增长趋于稳态并保持不变。由于索洛模型中技术外生的假定，储蓄率也不是通过理性人的最优行为内生决定的，所以拉姆齐（Frank Ramsey）开始研究最优的储蓄、生产以及消费时间问题，凯斯（Cass）和库普曼斯（Koopmans）将拉姆齐的消费者最优化理论引入新古典经济增长模型，建立了内生储蓄率的最优增长模型，即拉姆齐－凯斯－库普曼斯模型，但由于模型中仍然假定技术进步是外生的，所以无法对人均收入的持续增长现象做出合理解释。在这一模型出现的同时，戴蒙德构建了以消费决策者的生命时间有限为前提的"世代交替模型"，与时间上的无期限模型相比，更加强调了个人的消费－储蓄最优化决策不一定带来整个社会的帕累托最优，而在无期限模型中两者的发展趋势是一致的。总之，新古典经济增长模型意味着经济总是向均衡增长路径收敛，在该路径上资本和劳动平均产出增长率只由技术进步决定，而技术进步是外生的，所以每个变量的增长率都是常数，长期来看又会趋于零。

新经济增长理论以技术外生为前提，放弃了规模报酬递增，认为外生变量是经济增长的唯一源泉，没有为经济增长提供一个充分的理论基础，同时也决定了刺激经济增长政策的无效性，即政府的政策只有水平效应，没有增长效应。基于现实情况来看，各个国家的资源配置能力、管理效率水平存在较大差异，不符合规模报酬不变的假定，往往存在规模报酬递增或规模报酬递减。此外，在机会均等化条件下，技术无差别的假定使各国的经济发展水平趋于一致，而这与事实情况是相反的。

（二）内生增长理论

新古典经济增长理论存在规模报酬不变、边际收益递减以及技术进步外生等严格的假定，使资本积累具有报酬递减性质，产出的长期增长率由人口增长率决定，人均产出增长率为零，经济增长趋于停滞的稳态。但是这种理论与现实情况不符，为了解释经济长期增长问题，索洛将技术进步引入生产模型中，强调技术进步带来的收益增加可以抵消边际收益递减带来的影响，由此可以解释现实中国家和地区经济的长期增长。但是在索洛的古典模型中，技术进步是外生给定的，未能对经济增长的具体机制做出合理解释，也无法合理说明不同国家间经济差距的产生原因。在新古典经济增长理论之后，如何将技术进步内生化成为经济增长理论需要研究的重要问题，以罗默（Paul Romer）和卢卡斯（Robert E. Lucas）为代表的学者将增长理论带入新的发展阶段，新经济增长理论认为规模报酬递增保证了经济长期增长，当资本存量增加时，其边际生产率不会减少为零，而企业也不再处于完全竞争市场中，因此新经济增长理论对经济增长内在机制的研究主要集中于产生规模报酬递增和市场垄断的相关因素，包括干中学、技术溢出、教育人力资本、创新、国际贸易、专业化等方面，新增长理论模型有两方面的研究思路，分别是规模报酬递增的内生增长模型和内生技术变动增长模型。

知识溢出和规模报酬递增的内生增长模型中，罗默对阿罗的"干中学"模型做了修改，他认为知识是生产函数中的投入要素，知识溢出完全可以弥补生产要素边际报酬递减导致的产出减少，知识可以作为经济长期增长的源泉。他的模型中有三个关键性因素（即外部性、产品产出收益递增、新知识产出收益递减）与竞争性均衡是一致的，由此开辟了对知识溢出和规模报酬递增的内生增长模型的研究。卢卡斯将人力资本因素引入索洛模型，认为人力资本积累是经济长期增长的决定因素。这一内生增长模型的特点表现在：第一，强调"外部性"在经济长期增长中的重要作用；第二，外部性的存在使总量生产函数呈现规模报酬递增；第三，该模型与现实中的一些增长事实相符合；第四，该模型说明了整个经济的基本技术水平能够影响到长期人均收入增长率。

内生技术变动增长模型中，由于要素的积累最终还会遇到报酬递减的现实，外部性条件下的内生增长模型仍不足以解释经济长期增长。这也暗示着要摆脱报酬递减的现实，需要借助生产效率提高和产品质量改善。内生技术变动增长模型的主要贡献者是罗默（Romer）、豪伊特（Howitt）、格罗斯曼和赫尔普曼（Grossman and Helpman）等人，他们的主要结论是：第一，只有新技术被不断引入生产中，才能够克服报酬递减，保证经济的长期增长；第二，知识技术包括新技术的产生以及知识积累两个方面；第三，垄断在一定程度上推动了创新，在垄断利润的激励下，企业才会有动力进行研究开发活动。

与以往的经济增长理论相比，新增长理论的重要贡献是揭示了技术进步的内在机制，分析了知识溢出、人力资本积累、创新对经济增长的影响，同时说明了政府政策的重要作用，即贸易政策、政府对研究开发的税收减免、财政补贴、产业政策等都有利于经济增长。值得注意的是，新增长理论同样存在一些不足之处，首先是该理论假设过于严格，很多变量的测算过于复杂，难以用于模型的实证分析中；其次是忽略了很多新经济地理因素，例如制度、运费、距离、基础设施等，而这些因素又是非常重要的。

从内生增长理论分析交通基础设施的作用，有学者认为交通基础设施投资等活动的外部性是经济长期增长的根源。Barro（1990）提出的现代内生增长理论模型及拓展中，重点分析了交通基础设施等公共物品对私人资本产生的溢出效应。内生增长理论其他相关研究认为基础设施的外部性主要可以从提高生产要素利用率和降低企业成本等方面体现出来。

（三）新经济地理理论

随着经济增长理论的发展，生产函数模型中所包含的因素逐渐增多，资本积累、劳动力水平、技术进步等因素成为经济增长的源泉，但是，新古典经济增长理论与内生增长理论都没有考虑"空间"因素，认为地理空间属于均质的，产品的流动是无摩擦的瞬间移动，运输成本为零，正如区域经济学先驱沃尔特·艾萨德（Walter Isard）对以往经济增长理论（包括新古典经济增长理论、内生增长理论）的批判，称其是在一个没有空间维度的空中楼阁中进行的。

20世纪90年代初，美国经济学家保罗·克鲁格曼（Paul Krugman）对国际贸易理论和内生增长理论展开研究，发现了空间区位对经济活动的重要性，同时借鉴了迪克西特（Dixit）和斯蒂格利茨（Stiglitz）的 D - S 垄断竞争模型，以及萨缪尔森（Samuelson）的"冰山运输成本"[①] 概念，发表了《报酬递增与经济地理》一文，由此完成了新经济地理学的开山之作，此后以 Krugman、Fujita 和 Barkman 为代表的经济学家以新经济增长理论、区位理论和国际贸易理论为基础，放松了规模报酬不变以及完全竞争市场的假定，并将运输成本纳入一般均衡框架，新经济地理理论体系逐步完善并走向成熟。

克鲁格曼提出的中心—外围模型将垄断竞争、货币外部性与前后向关联效应结合在一起，得出了市场放大效应、突发性集聚、循环累积因果关系等丰富的研究结论。他认为规模经济的存在是产业集聚发生的重要原因，规模经济使得追求利润最大化的企业倾向于在同一个区域布局并进行生产。例如，一个典型的中心—外围结构，即所有的制造业集中在一个地区，而另一个地区只有农业，这一结构中存在三种力量的抗衡，有两种是"向心力"，该力量会进一步维持制造业的中心地位，还有一种是"离心力"，它将使中心结构向外部分散，在上述假定条件下，前向关联和后向关联加快了产业集聚的积累进程，这背后的驱动力是劳动力和企业的迁移，因为它们总是愿意选择市场规模较大的地区。由此可以得出结论：中心—外围模型说明了两个地区，一个是制造业中心地区，另外一个是农业生产外围地

---

① 冰山运输成本，是国际贸易研究术语，由萨缪尔森于1952年提出，一般运输成本被看作"冰山"，类似于冰山从极地冰川漂往目的地时会在海洋气流和风的作用下逐渐融化，即产品从产地运到消费地，其中有一部分在途中"融化"掉了，这部分就是运输成本。

区，当运输成本较高，规模经济较弱，制造业份额较低的情况下，制造业生产的空间布局由劳动力的地理分布决定；当运输成本较低，规模经济较强以及制造业份额较高时，循环累积因果效应会起作用，制造业将向那些具备初始优势的区域集中，中心—外围模式将保持稳定。但是中心—外围模型也存在一些不足之处：第一，它只解释了两部门、两地区的情况；第二，模型操作起来过于复杂且得不到解析解；第三，忽视了早就存在于空间经济中的其他成本（如拥挤成本等），同时也忽略了集聚带来的其他好处（如劳动力共享、知识溢出、中间投入品共享）；第四，农业部门只有保证贸易余额的有限作用。

五　经济效率相关理论

随着经济增长理论的不断完善，有关经济效率的理论也在不断发展。早期的研究主要从经济增长层面展开，聚焦于技术进步对产出的影响，随着新制度经济学的发展，制度因素被经济学家关注，制度因素导致的规模经济和技术效率提高同样促进了产出的极大增加，技术进步和规模效率成为经济效率和全要素生产率的核心内容，由此对生产率的研究也从单要素生产率层面向全要素生产率层面过渡。随着理论研究的不断深入和技术方法的不断创新，有关效率的研究可分为三个主要方面，一是基于新古典经济理论的索洛余值法，二是随机前沿生产函数法，三是半参数 OP 法和 LP 法。

（一）基于索洛余值法的研究

从新古典经济增长模型可以看出，当技术进步存在时，经济才能保持长期增长，但如何测算技术进步又是一个需要解决的关键问题。1957 年索洛提出了测算技术进步的方法，即索洛余值法，该方法在于将总产出的增长分解为来自要素投入的贡献（资本和劳动力）和来自技术进步的贡献，并假设了希克斯中性以及规模报酬不变，以此寻找增长的源泉。但是，索洛余值法对全要素生产率的测算存在许多的不足，运用总产出与投入要素做差得出的实际拟合值往往与理论值有较大出入，此外，仅仅将全要素生产率解释为技术进步也存在局限性，随着研究的不断深入，更多的学者强调效率提升和资源配置优化同样也会促进全要素生产率增长。

（二）基于随机前沿生产函数法的研究

由于索洛余值法存在许多不足之处，但是该方法提供了一个很有用的概念化公式，在此基础上，后来的研究进行了更多有意义的尝试，其中有代表性的是随机前沿生产函数法（SFA）。Aigner 等（1977）更加准确地解释了随机前沿生产函数，在其研究中，总生产函数由前沿生产函数和非效率项组成，通过对总生产函数的分解可以在一定程度上消除随机因素对前沿生产函数的部分影响，前沿生产函数采取超越对数形式，放松了常替代弹性的假设，形式上较为灵活。在利用随机前沿生产函数法计算出全要素生产率之后，运用 Kumbhakar 和 Lovell（2000）提供的方法将全要素生产率分解为技术进步、技术效率、规模效率和配置效率，能够更加详细地说明是何种因素带来全要素生产率的增加，进一步突出了干中学、管理水平提升、制度因素优化的重要作用。另外一种有代表性的方法是数据包络分析法（DEA），Charnes 等（1978）提出了 DEA 理论，该方法不用考虑生产函数形态，变量的权重由数学规划模型决定，不受人为因素的影响，所以受到了学者们的青睐。Fare 等（1994）采用 DEA 方法计算了 Malmquist 生产率指数，并将该指数分解为两个方面的变化：一是被评价的 DMU 在两个时期内的技术效率变化（Technical Efficiency Change，EC），二是生产技术的变化（Technological Change，TC）。在 DEA 分析中，能够由"最高"的样本线得到确定性前沿，因此"最高"样本线的随机性变化在一定程度上会影响确定性前沿，进而影响计算出的全要素生产率。

（三）基于半参数 OP 法和 LP 法的研究

微观企业与宏观经济具有不同的特点，具体而言，宏观经济中一般不考虑决策单元的最优化行为，或者抽象掉微观的异质性，数据中的随机误差大部分被平滑了，所以 DEA 方法和 SFA 方法比较合适。但是微观企业存在自身的异质性，企业的部分生产率在当期是可以被生产决策者发现以及企业的存活年数和资本存量会影响企业的退出，由此产生的同时性偏差和样本选择性偏差会导致全要素生产率测算的失真。OP 法可以很好地解决同时性偏差引起的内生性问题和样本选择性偏差引起的问题；而 LP 法通过将中间投入作为企业无法观测生产率冲击的代理变量来替换中间投资，较好地解决了大量企业缺乏投资数据而产生的样本损失问题。此外，作为一种半参数估计方法，估计出的 TFP 包含了技术进步、资源配置效率、管理水平、知识积累等情况，重点刻画了要素投入转化为产出的总体效率。

六　资源配置相关理论

马克思（2011）对资源配置的分析与西方经济学的不同之处在于，他将资源抽象为社会劳动，在其较有影响力的著作《资本论》中，资源配置被归结为社会总劳动时间按照一定的比例在各个部门之间的分配。在市场经济中，价值规律的作用机制就是市场机制，也就是市场决定资源配置的机制，价值规律可以由社会劳动按比例分配的规则来表现，社会总劳动在各个生产者之间分配，在价值规律的作用下，资源配置水平达到最优进而实现最大化的效益。马克思主义政治经济学分析市场经济运行规律时，运用社会必要劳动时间对资源配置效率展开评价，指出个别生产者的劳动时间无法决定商品的价值量，社会必要劳动时间才是决定商品价值量的根本，按社会必要劳动时间在各个部门、各个企业分配劳动时间实际上就是资源的有效配置，所以社会必要劳动时间就成了资源配置效率的评价标准，资源配置效率就取决于充分竞争的市场机制。

西方经济学将资源配置分为生产领域的资源配置和消费领域的资源配置。第一种是要素在资源配置机制的作用下，在不同产业之间以及同一产业内部不同企业之间的分配和组合（即生产领域的资源配置）。第二种是可供选择的消费品在特定资源配置机制的作用下，在不同消费者之间分配（即消费领域的资源配置）。生产资源的有效性可以从宏观区域、中观行业和微观企业三个层面来理解。宏观区域资源配置主要强调生产要素在全社会的合理分配,并通过新的生产组合方式达到最大产出,即达到帕累托最优状态。所谓全社会的合理分配,是指生产要素在不同的地区和行业按生产活动的客观需要,在特定社会机制作用下实现的效用最大化分配。中观行业资源配置主要强调生产要素在行业内部的合理分配,即资源从生产效率低下的企业流向生产效率高的企业。微观企业资源配置强调的是所获资源能够得到最高效的使用,实现利润及产出最大化。在生产经营活动中,厂商以成本最小化为目标进行生产,但是成本最小化并不能够保证利润最大化,只有在技术水平能够充分发挥的条件下,才能够实现成本最小化与利润最大化的统一。在微观生产理论中,企业资源最优配置能够从技术有效性、规模有效性以及生产要素组合有效性三个方面来表达。技术有效性是指在另外两种有效性不变的情况下,科学技术和管理能力得到提升,要素资源得到充分利用,实现潜在最大产出的状态。规模有效性是指生产要素组合有效性以及技术有效性不变的情况下,通过要素投入数量的改变实现规模经济的状态。生产要素组合有效性是指消除要素拥挤现象,保持生产要素最优投入组合比率的生产状态。技术有效性、规模有效性和生产要素组合有效性同时实现才是企业资源有效配置的生产状态。所以在理论上,宏观区域资源最优配置要求资源在地区、行业的合理分配,而不要求资源的产出最大化。微观企业资源最优配置要求以最小的成本配置资源,在生产过程中实现规模经济和技术水平的充分发挥。

七　外部性相关理论

外部性(Externalities)理论是由福利经济学家庇古(A. C. Pigou)提出,后经新古典经济学家马歇尔(Marshall)和新制度经济学家科斯(Coase)的完善而逐渐形成。关于外部性的较为权威的定义有:①兰德尔认为,外部性是这样一种情况,它将可获知的利益或损害加于某个人时,由于该行为不在决策者的考虑范围之内,低效率的现象会发生;②萨缪尔森认为,外部性就是在生产和消费中,一个人使他人遭受到额外的损害或好处,而这项损害或好处没有对当事人进行货币形式的补偿或收费，此时外部性就发生了，而且这种影响并没有通过市场交易的形式反映出来。外部性分为正外部性和负外部性，正外部性就是个人收益不等于社会收益，负外部性就是个人成本不等于社会成本。外部性的产生必须具备两个条件，一是外部性是一种相互影响，是两个及以上的经济主体之间的相互行为；二是这种相互影响不能通过市场来表现。

微观个体的经济活动除了对本身的生存与发展产生市场性的影响外，还对其他单位产生非市场性的影响。其中，生产和消费能给其他人带来好处而其他人不必为此支付酬金的情况，被称为外部经济（External Econo-mies），或正外部性。例如在知识经济时代，信息通信技术带来知识信息的高效传播，降低了信息不对称，能够增进整个社会的福利。对他人的不利影响被称为外部不经济（External Diseconomies），或负外部性，是生产或消费给其他人造成损失而其他人却得不到补偿的情况，即私人成本与社会成本不一致。企业生产过程中的污染排放就会导致负外部性，污染造成的负外部性本应该由制造者承担，却被转移出去，变成了社会成本。非市场性是指这种影响并没有通过市场价格机制反映出来，微观经济单位获得收益或产生损失时，不必支付相应的报酬或获得相应的补偿。但是假如微观经济单位能够因其产生的外部经济而向受益者收取相应的费用，或者因其产生的外部不经济而向受害者支付相应的补偿，从而使外部性不复存在，就被称为外部性内在化。

如何使外部性内在化，是学术界一直探讨的一个问题。庇古从"公共产品"问题出发，分析了厂商生产过程中社会成本与私人成本问题，认为两种成本的差异构成了外部性，从而提出了征收"庇古税"作为治理负外部性的方法，即由政府通过征税或补贴的方法来矫正经济当事人的私人成本。继庇古之后，科斯从"产权界定"入手，探讨了对外部性的治理，认为产权制度的主要功能是使外部性内在化，建立排他性产权制度的过程也就是将外部性内在化的过程，只有在明确产权的基础上，引入市场、价格机制，才能有效地确认经济单位相互影响的程序及其相互负担的责任。科斯认为只有建立一种有效率的经济组织，并确立财产所有权，才能够实现个人利益最大化与整个社会利益最大化相一致，进而达到一种帕累托最优状态，使外部性内在化。

交通基础设施是公共物品，具有外部属性，对其进行投资无法获得应有的回报，其定价机制不能完全依靠市场的自发力量进行调节。交通基础设施提高本区域的可达性，方便居民出行，使企业的运输成本降低，具有正的外部效应。此外，交通基础设施的空间溢出与知识技能和人力资本的外部性、生产要素的空间集聚也有着密切的关系。

八　空间经济和效应相关理论

经济地理学研究的主要内容就是观察、解释和预测空间相互作用，而空间相互作用定义为人口、商品、信息或者货币在空间中两个点之间的运动，即从一个地区到另一个地区的要素流动，通勤、购物、国际贸易、外商直接投资等都是空间相互作用的表现形式。依据厄尔曼（Ullman）的理论，空间相互作用必须具备三种基本要素：互补性、可转移性和介入机会。互补性意味着它们之间存在某种发生空间相互作用的合理根据，假如一个地区生产某种要素，而另一个地区对该要素存在需求，两地之间具有互补作用，互补性越大，两地区的要素流动量就越大。可转移性可以被简单地定义为人口、商品、信息流动的顺畅程度，厄尔曼指出可转移性就是两地之间距离的长短，并认为距离是一个度量要素流动顺畅程度的反向指标。介入机会作为空间相互作用的基本要素之一，有更为深远的意义，如果没有考虑一个或多个地区，我们就不能理解发生在两个地区（起始地和目的地）之间的空间相互作用，所以空间相互作用应该从具体的区域系统或城市层面展开。

城市与其相关地区是一个相互联系、相互依赖、相互促进的整体。城市之所以存在的一个重要原因是，它为周围地区的人们提供市场交易的场所，并以此为基础产生人口和产业的集中，由此可知，腹地区域是城市产生的基础，城市是区域经济发展到一定阶段的产物。另外，城市功能的增强又促进了腹地区域经济、社会、文化水平的提高。城市在经济发展中具有商品集散地、生产中心、科技创新中心、信息辐射中心、协调控制中心等功能。各城市之间既存在竞争关系，又存在互补关系，由于区域各项资源的有限性，各城市的企业为了追求最大的规模效益和集聚效益，总是想方设法争夺区域内的各项资源，但各城市在自然资源禀赋、科学技术创新能力等方面存在差异，比较优势的差异促使城市开展分工协作，并进一步加强经济联系。

交通基础设施能够促进空间的经济联系。交通基础设施具有网络性，是构成点与点、点与面、面与面之间联系的重要通道，提高了不同区域之间的通达性，能够将劳动力、原材料等生产要素和商品从一个地区运输到另一个地区，降低运输成本和缩短运输时间，是空间发展的脉络，有强化区域经济联系的功能。可以说交通基础设施的网络性促进了空间的经济联系。

九　多层面作用机制的理论解释

交通基础设施对经济效率具有重要影响，以往的文献更多注重其对微观企业或宏观区域的单独影响，往往割裂了从微观企业到宏观区域之间的联系，本书以企业、行业、区域三个层面为研究视角，分析交通基础设施对不同层面经济效率的影响，行业是由内部大量的企业构成，行业内企业效率的提高以及企业间资源错配程度的降低均能够促进行业效率的提高。区域由内部多个行业构成，区域内行业效率的提高以及行业间资源错配程度的降低均能够带来区域效率的提高，由此构成了微观企业→中观行业→宏观区域的逻辑联系。

微观企业层面，交通基础设施能够从以下几个方面提高企业全要素生产率。一是交通基础设施条件的改善带来了可达性提高，加快了作为知识和技术载体的人力资本的流动，由此会带来密集的知识溢出，使企业能够获得新的生产技术与管理方式，进而提升企业全要素生产率（刘秉镰等，2010）。二是交通基础设施条件的改善提升了区位优势，吸引企业在该地区布局、集聚，提高了区域的经济活力，在集聚效应的作用下影响企业全要素生产率（Holl，2016）。三是交通基础设施条件的改善可以缓解由地理距离带来的信息不对称问题，有效避免企业交易的逆向选择和道德风险问题，促成企业交易的顺利发生，缩减时滞带来的损失（能否及时捕捉市场信息并做出相应的决策对提高企业生产效率十分重要），提升企业全要素生产率。四是交通基础设施条件的改善，产生时空压缩效应，提高了运输速度，降低了企业的运输成本和时间成本，促进了贸易与专业化。一方面，通过融入更大范围的市场，企业能够购买到自己不具有成本优势的中间投入品，集中发挥自己具有比较优势的生产业务；另一方面，通过购买发达地区的财务、法律服务进一步提升自身的管理水平。这两点因素都会提高企业的技术效率（龙晓宁、高翔，2014）。

中观行业层面，主要以资源错配的改善为视角，提出交通基础设施条件优化带来的信息共享、技术溢出、规模经济以及市场竞争对资源错配具有改善作用，进而使行业效率损失程度降低。具体机制如下：一是交通基础设施条件的改善能够降低市场上的信息不对称，有利于生产要素和优质企业的有效匹配，使资源从低效企业流入高效企业，提高行业整体的资源配置水平；二是交通基础设施条件的改善有利于企业融入更大范围的市场，使不同市场中的企业交流、沟通更为便利，产生密集的知识溢出效应，而知识技术的积累、扩散或溢出会改变行业内要素资源的流动以及跨企业的资源配置；三是交通基础设施条件较好的区域同样会吸引大量企业的集中布局，在竞争效应的影响下，低效企业不断被淘汰出局，高效企业的大量进入会倒逼在位企业进行技术升级与管理创新，所以在位企业的生产率会不断提升，整个行业的资源配置水平也会不断提升，行业中企业的全要素生产率会向一个较高水平集中；四是交通基础设施吸引企业到本地区集聚产生规模效应，进一步促进了要素不断向本地区流入，带来劳动力与中间产品的市场共享，有助于生产要素与企业的匹配，进而提高行业内的资源配置效率。综上所述，交通基础设施条件的优化可以带来信息共享、技术溢出、规模经济以及市场竞争，这对资源错配具有改善作用。

宏观区域层面，主要以空间溢出效应为视角，提出交通基础设施的直接效应和溢出效应能够促进区域效率的提升。在直接效应方面，通过技术进步、技术效率、配置效率和规模效率四个方面对区域效率产生影响。在溢出效应方面，交通基础设施具有网络性、时空压缩效应以及知识增益效应，能够加快信息传播与要素流动，促进区域经济一体化形成，从而扩大市场规模和形成集聚经济，有利于区域效率的提高。具体机制如下：一是交通基础设施具有网络性，能够将各个地区的经济活动连成一个整体，降低地区之间的边界效应，实现不同地区的资源优势互补，促进区域经济一体化的形成，从而扩大市场规模和形成集聚经济，有利于区域效率的提高；二是交通基础设施具有时空压缩效应，减少了跨区域的运输成本与运输时间，有利于要素在不同区域之间自由流动，降低了资源错配程度，进而提升了行业乃至区域层面的效率（Hsieh and Klenow，2009）；三是交通基础设施具有知识增益效应，其发展方便人员的流动，减少了地理距离带来的交流障碍，促进科学技术知识和先进管理知识的传播，带来技术进步与管理效率的提高，由此带动效率的提升。

企业、行业与区域的多层面作用机制如图 1 - 1 所示。

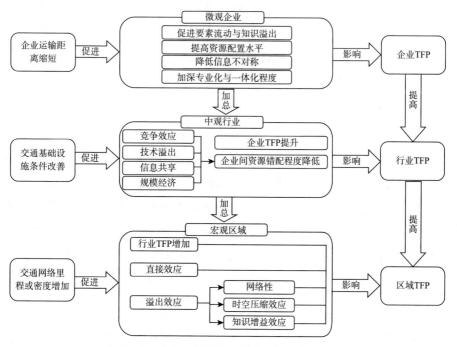

图 1 - 1　企业、行业与区域的多层面作用机制

第二章　中国交通基础设施时空演变及特征

　　新中国成立后，经过三年的国民经济恢复时期，我国开始了大规模的经济建设。由于新中国成立之前交通基础设施发展十分落后，为缓解这一约束现状，我国加大了交通基础设施的建设力度，交通基础设施投资在基本建设投资中的比重保持在 15% 左右，但是在这一时期我国社会经历了多次较大的动乱，使得交通基础设施建设缺乏持续性。交通基础设施供给滞后于交通运输需求的增长，交通体系的落后逐步成为制约我国国民经济发展最为重要的因素。改革开放后，随着经济的增长和市场活力的激发，国家对于良好交通基础设施的需求日益增加，作为经济发展的先行资本，交通基础设施的建设受到各级政府的重视，拉开了交通基础设施快速发展的序幕，但是资金不足成为当时亟须解决的困难，针对建设资金短缺等交通基础设施发展"瓶颈"问题，国家进行了大量积极的探索，出台了很多建设性的政策，由此交通基础设施取得了极大的发展。从统计数字来看，公路里程从 1978 年的 89.02 万公里增加到 2016 年的 469.63 万公里，增加了近 4.3 倍。在公路质量方面，等级公路里程占总里程的比例从 1990 年的 72.1% 上升到 2016 年的 90.0%，网络化和纵深化的公路网逐步形成，城市之间以及城乡之间的路况有了显著改善，通行时间极大缩短。为应对金融危机、刺激国内市场需求和促进区域协调发展，1998 年之后中央政府陆续出台了"西部大开发战略""中部崛起战略""东北老工业基地振兴战略""4 万亿元投资刺激计划"，其资金主要流向"铁公基"等大型基础设施项目，在中央和地方双向推动下，基础设施建设达到空前的热潮，中国交通基础设施发展有多项达到了世界领先水平。截至 2016 年末，全国高速公路里程达到 13.1 万公里，高铁营业里程达到 2.2 万公里，均居世界第一。从总体上来看，中国交通基础设施的发展经历了从"瓶颈制约"到"初步缓解"，再到"基本适应"的经济社会发展需求的过程，与世界一流水平的差距快速缩小，部分领域已经实现超越，一个布局合理、连接紧密、四通八达的交通运输网络逐步形成。

一　中国交通基础设施衡量指标及方法

（一）中国交通网络密度

交通网络是一个衡量区域交通基础设施发展情况的重要指标，是指交通线路长度与所在区域土地面积的比值。在各种线状交通基础设施中，公路和铁路对区域交通的贡献度最大，研究公路和铁路网络密度具有更为积极的意义，因此选取公路网络密度和铁路网络密度来评价区域交通优势度。公路网络密度值越大，代表地区公路网络越密集，区域交通条件越优越。假设区域 i 公路和铁路的网络密度为 D_i，区域 i 的交通运营线路长度为 L_i，区域 i 的土地面积为 A_i，计算公式为：

$$D_i = L_i / A_i$$

（二）中国交通运输量与周转量

运输部门在一定时期内运送旅客和货物的数量，用运量（运输量的简称）和周转量表示。运量是运输部门实际运送的旅客人数和货物吨数，周转量是反映运输企业生产的产品数量的指标，周转量包括旅客周转量、货物周转量、换算周转量、集装箱周转量。一般说运量仅仅反映运送旅客或货物的数量，而周转量则是旅客或货物的数量乘以其运输距离，既反映运输的数量，又反映运输的距离，比较全面地反映运输的成果以及运输生产产品的数量。它是一个综合性指标，是计算运输成本、客货运收入、劳动生产率、客货运平均行程和运输密度等指标的依据。

（三） 中国交通基础设施投资额

由于交通基础设施的种类较多，运用公路、铁路、港口、航线等指标能够分析某一种交通基础设施的具体发展，但无法衡量出交通基础设施的总体发展情况，作为交通基础设施发展的货币表现形式，投资额能够反映不同年份及区域的交通基础设施建设力度，能够更好地反映交通基础设施的整体发展情况，由于各种统计年鉴没有单独的交通运输业固定资产投资数据，我们选取交通运输、仓储和邮政业数据来衡量交通运输业的投资情况。由于不同时期的统计指标口径有所变化，1996 年以前的数据来自《中国固定资产投资统计年鉴》（1950～1995 年），1996～2016 年的数据来源于《中国统计年鉴》。

（四） 中国交通基础设施邻近度

铁路、公路等交通基础设施能够连接区域内的各个城市与区域外的城市，对区域经济发展具有重要的贡献，邻近度通过反映节点城市与区域中心城市的交通距离来表征节点接受中心城市社会经济辐射的能力及区位条件的优劣程度，邻近度是评价区域对外联系便捷程度的重要指标，对区域交通通达性和经济发展水平具有重要作用。其具体计算公式为：

$$E_i = \sum_{j=1}^{4} E_{ij} \cdot \omega_j$$

其中，E_i 为交通基础设施邻近度，ω 是某一种交通基础设施在公式中的权重，j 为交通基础设施类型，包括公路、铁路、港口、航线等，E_{ij} 为某一单元在某一交通基础设施类型下的邻近度分值。

（五） 微观企业到高速公路的距离

宏观的交通网络密度、交通基础设施投资额等指标都是以区域为研究单元，在研究中无法打开每个企业面对不同交通基础设施条件的"黑箱"，无法体现出区域中企业的异质性，针对这一问题，借助目前较为方便的地理信息系统技术，采用 Arcgis 软件求出企业到最近高速公路的距离。首先，利用 C 语言编写对接天地图 API 端口的程序，将中国工业企业数据库中所有企业数据代入上述 API 端口程序中进行运算处理，求出每家企业的经纬度坐标；其次，导入企业经纬度数据和高速公路 shp 文件，将企业坐标调整到与高速公路 shp 文件一个地理坐标系、投影坐标系，保证二者一致；最后，利用 ArcToolbox 中的运算工具，计算每个企业到最近高速公路的距离。

二　中国交通基础设施发展阶段演变及特征

新中国成立之后，国家便意识到交通基础设施的重要性，由此进行了大量的投资，交通基础设施得到较快发展，但是由于起点低、基础差以及当时国防上的需要，交通基础设施的建设更注重规模上的扩大，建设质量较差，而且更偏向于对内陆地区的建设。改革开放之后，在偏向性政策以及区域优势的影响下，东部地区的交通基础设施取得了跨越式发展，航空、陆路、水路运输体系四通八达，综合交通运输系统建设趋于成熟，经济活力被不断释放，在循环累积因果的作用下，投资、消费、出口的规模持续扩大，东部地区率先成为中国的富裕地区。与此同时区域之间的差距不断扩大，广大的中西部地区经济发展情况还比较差，交通基础设施落后进一步锁定了这一状态。在 1997 年亚洲金融危机和 2008 年国际金融危机的打击下，国内的出口贸易受阻，国家转而通过刺激内需来保持经济稳定增长，而内陆地区落后的交通基础设施成为当时最大的制约因素，由此国家采取了积极的财政政策并颁布了一系列的区域振兴与投资计划，这些计划资金大多数流入了交通基础设施建设领域，东部地区的交通网络体系趋于完善，规模上的进展不是很大，更多的是质量的提高，而中西部地区由于基数小、连接性差，有很大的发展潜力，在政策和资金的支持下，中西部地区的交通基础设施建设发展加快，总量规模持续扩大，与东部地区的连接情况良好，区域内城市之间以及城乡之间的网络结构不断优化。例如，兰新高铁开通就是一个标志性事件,东起甘肃兰州终到新疆乌鲁木齐的兰新高铁,将西部地区的主要城市连接起来,大大缩减了沿途运输的时间,促进了区域之间的互联互通与协同发展。下面将从我国交通基础设施发展的三个典型阶段进行具体论述。

(一) 恢复发展阶段 (1949~1978年)

从新中国成立到改革开放之初,交通基础设施处于恢复式起步发展的阶段,在国家"百废待兴"的情况下确立了"计划经济"体制,交通基础设施作为经济发展的先行资本,受到了政府的重视因而能够获得大量的资金和政策支持,所以发展较快。由于当时特殊的历史国情,交通基础设施的发展在总体上虽然不断扩大,但是具有特殊的局部偏向性,在铁路建设方面,建设地区以长江以北、兰州和包头以东的线路为主;在公路建设方面,为了满足人们日益增长的交通运输需求和国防的需要,尽早实现不同区域间的互联互通,因而国家修建了大量等级较低、质量较差的公路。所以这一时期交通基础设施的功能布局和结构等级情况较差。

从运网结构来看,铁路里程由1949年的2.18万公里增加到1978年的5.17万公里,年均增加0.103万公里,增加较为迅速,但是电气化铁路里程较短,到1978年仅有0.1万公里。公路里程由1949年的8.07万公里增加到1978年的89.02万公里,年均增加2.79万公里,年均增长率为8.63%,该阶段所建设的公路质量较差,多为低等级公路,高速公路的里程为零。航线里程增加较快,从1949年的1.14万公里增加到1978年的14.89万公里,提高了12倍。内河航道里程同样增加较快,从1949年的7.36万公里增加到1978年的13.6万公里,年均增加0.22万公里。管道运输从无到有,截至1978年,总里程数为0.83万公里。

从运量结构来看,客运与货运仍以铁路和公路运输为主,水路在货运中的作用也不容小觑,而航空业由于运费较为昂贵,运量较小。具体而言,此阶段铁路客运量和货运量均有较大幅度的提高,铁路客运量从1949年的10297万人增加到1978年的81491万人,年均增加2454.97万人;铁路货运量从 1949 年的 5589 万吨增加到 1978 年的 110119 万吨，年均增加 3604.48 万吨。由于铁路线路较为固定，公路在短途旅客运输方面更有优势，公路客运量从 1949 年的 1809 万人增加到 1978 年的 149229 万人，年均增加 5083.45 万人；公路货运量从 1949 年的 7963 万吨增加到 1978 年的 85182 万吨，年均增加 2662.72 万吨。民航的运量增加较为缓慢，客运量从 1949 年的 27 万人上升到 1978 年的 231 万人，年均增加 7.03 万人；货运量从 1949 年的 2.4 万吨上升到 1978 年的 6.4 万吨，年均增加 0.14 万吨。水路的客运量和货运量增长较快，分别从 1949 年的 1562 万人和 2543 万吨增加到 1978 年的 23042 万人和 43292 万吨。从周转量来看，铁路旅客周转量从 1949 年的 130 亿人公里增加到 1978 年的 1093.2 亿人公里，铁路货物周转量从 1949 年的 194 亿吨公里增加到 1978 年的 5345.2 亿吨公里，但是铁路周转量占客、货总周转量的比重不断下降，1949 年所占比重分别为 83.87% 和 72.15%，到 1978 年所占比重分别下降到 62.72% 和 54.38%。公路旅客周转量从 1949 年的 8 亿人公里增加到 1978 年的 521.3 亿人公里，公路货物周转量从 1949 年的 8.1 亿吨公里上升到 1978 年的 274.1 亿吨公里，公路运输在各种运输方式中的比重不断上升，1949 年旅客周转量与货物周转量所占比重分别为 5.16% 和 2.06%，到 1978 年所占比重分别上升到 29.91% 和 2.79%。水路的旅客周转和货物周转量均有显著提高，分别从 1949 年的 15.2 亿人公里和 63.1 亿吨公里上升到 1978 年的 100.6 亿人公里和 3779.2 亿吨公里。

从投资结构来看，交通基础设施投资额从 1953 年的 90.44 亿元增加到 1978 年的 500.99 亿元，交通基础设施投资额占社会总投资额的比重也从 1953 年的 11.83% 上升到 1978 年的 13.58%。这一时期的交通基础设施投资是由当时的经济发展水平和特点决定的，新中国成立之初，工业基础薄弱，第二、三产业发展滞后，国家把经济发展的重点放在煤炭、石油、钢铁等资源类产品和重工业产品上，这些产品运量较大、线路固定、运输成本较低，适合铁路和水路两种运输方式，所以这一阶段国家对铁路和水路的建设力度较大。

（二）平稳发展阶段（1978～1998年）

改革开放初期，计划经济思维还比较浓厚，交通基础设施的建设缺乏持续性，交通基础设施的供给长期滞后于需求，随着市场经济改革的不断升温，中国经济的活力被进一步释放，而落后的交通基础设施成为制约经济发展的"瓶颈"，国家将交通基础设施置于优先发展的位置。为了加快交通基础设施的发展速度和加大建设力度，我国的交通基础设施管理体制以及投融资模式发生了重大变化。铁路方面逐步实行"投入产出，以路建路"的制度，同时由于财政分权的缘故，地方政府开始逐渐获得地方基础设施的投资决策权，地方项目越来越多，中央和地方的"部省合作"模式开始尝试，中央与地方合资的第一条铁路——"三茂铁路"开始修建。公路方面通过以工代赈、开征车辆购置附加费、提高养路费标准、允许高等级公路收费还贷等政策，增加了公路建设资金的来源和渠道，逐步扭转了公路建设资金短缺的情况。在这一发展时期，不同区域的交通基础设施发展存在较大的差距，其中东部地区受益于改革开放后的倾向性政策以及良好的区位条件，交通基础设施发展较好，公路网络密度、铁路网络密度以及水路网络密度远高于中西部地区，这为东部地区经济的腾飞奠定了基础。而中西部地区由于区位条件较差以及国家财政资金有限，其交通基础设施发展状况远落后于东部地区。例如，从公路和铁路网络密度来看，1998年东部地区公路网络密度为3826.99公里/万平方公里，中部地区公路网络密度为2267.29公里/万平方公里，西部地区公路网络密度为711.53公里/万平方公里，东部地区遥遥领先于其他区域；1998年东部地区铁路网络密度为134.11公里/万平方公里，中部地区铁路网络密度为129.20公里/万平方公里，西部地区铁路网络密度为59.84公里/万平方公里，东部地区同样高于其他区域。

从运网结构来看，铁路里程由1978年的5.17万公里增加到1998年的6.64万公里，年均增加0.0735万公里，增加相对缓慢，但是电气化铁路里程提高较快，1998年达到1.3万公里，约占总里程的20%。公路里程由

1978 年的 89.02 万公里增加到 1998 年的 127.85 万公里，年均增加 1.9415 万公里，年均增长率为 1.83%，此外，这一时期我国公路的质量有了显著的提升，高速公路从无到有，截至 1998 年，里程达到 0.87 万公里。航线里程增长较快，从 1978 年的 14.89 万公里增加到 1998 年的 50.44 万公里，提高了 2.39 倍。内河航道里程和管道里程增加不大，分别增加 0.18 万公里和 1.48 万公里。

从运量结构来看，由于交通基础设施质量的改善，各种运输方式下的运量均有提高，具体而言，铁路的货运增加速度较快，但是客运增加比较缓慢，客运量从 1978 年的 81491 万人增加到 1998 年的 95085 万人，年均增加 679.7 万人；货运量从 1978 年的 110119 万吨增加到 1998 年的 164309 万吨，年均增加 2709.5 万吨。公路系统承担了客运和货运的主力，运输能力提高较快，客运量从 1978 年的 149229 万人增加到 1998 年的 1257332 万人，年均增加 55405.15 万人；货运量从 1978 年的 85182 万吨增加到 1998 年的 976004 万吨，年均增加 44541.1 万吨。改革开放后，民航脱离军队建制，实现政企分开，走企业化发展道路，民航运输业迅猛发展，客运量从 1978 年的 231 万人上升到 1998 年的 5755 万人，年均增加 276.2 万人；货运量从 1978 年的 6.4 万吨上升到 1998 年的 140.1 万吨，年均增加 6.685 万吨。随着陆路交通和民航业的发展，人们在出行上更多地选择这两种安全快捷的运输方式，导致水路的客运量逐渐下降，水路客运量从 1978 年的 23042 万人下降到 1998 年的 20545 万人；但是水路运输具有低成本优势，适合大宗商品的远距离运输，所以水路的货运量保持不断增长的趋势，从 1978 年的 43292 万吨增加到 1998 年的 109555 万吨，年均增加 3313.15 万吨。从周转量来看，铁路旅客周转量从 1978 年的 1093.2 亿人公里增加到 1998 年的 3773.4 亿人公里，铁路货物周转量从 1978 年的 5345.2 亿吨公里增加到 1998 年的 12560.1 亿吨公里，但是铁路周转量占客、货总周转量的比重不断下降，1978 年所占比重分别为 62.72% 和 54.38%，到 1998 年所占比重分别下降到 35.48% 和 32.98%。公路旅客周转量从 1978 年的 521.3 亿人公里增加到 1998 年的 5942.8 亿人公里，公路货物周转量从 1978 年的 274.1 亿吨公里上升到 1998 年的 5483.4 亿吨公里，公路运输在各种运输方式中的比重不断上升，1978 年所占比重分别为 29.91% 和 2.79%，到 1998 年所占比重分别上升到 55.87% 和 14.39%。此外，航空货物运输实现了零的突破，水路的货物周转量所占比重有较大幅度提高，从 1978 年的 38.45% 上升到 1998 年 50.95%。

从投资结构来看，为满足日益增长的交通需求，国家加大了对交通基础设施的投资力度，交通基础设施投资额从 1978 年的 500.99 亿元增加到 1998 年的 3252.19 亿元，交通基础设施投资额占社会总投资额的比重也从 1978 年的 13.58% 上升到 1998 年的 27.29%。在这一阶段，我国经济增长较快，城市化和工业化进程不断加快，导致交通问题变得十分突出，国家加强了交通基础设施建设，在公路方面，提出了"五纵七横"国道主干线规划（见表 2－1），目的是加强主要城市之间的联系，缓解公共交通资源紧张的局面；在铁路方面，从 1997 年开始进行铁路的第一次大提速，"夕发朝至"的概念第一次被提出，城市之间的时空距离不断缩短，人文和经济往来变得更加频繁。

表 2－1　"五纵七横"国道主干线规划

类别	线路名称	走向	里程（公里）
五纵	同江—三亚	同江—哈尔滨—沈阳—青岛—上海—广州—三亚	5700
	北京—福州	北京—天津—济南—徐州—合肥—南昌—福州	2540
	北京—珠海	北京—石家庄—郑州—武汉—长沙—广州—珠海	2310
	二连浩特—河口	二连浩特—集宁—大同—太原—西安—成都—河口	3610
	重庆—湛江	重庆—贵阳—南宁—湛江	1430
七横	绥芬河—满洲里	绥芬河—哈尔滨—满洲里	1280
	丹东—拉萨	丹东—沈阳—唐山—北京—呼和浩特—兰州—拉萨	4590
	青岛—银川	青岛—济南—石家庄—太原—银川	1610
	连云港—霍尔果斯	连云港—郑州—西安—兰州—乌鲁木齐—霍尔果斯	3980
	上海—成都	上海—南京—合肥—武汉—重庆—成都	2970
	上海—瑞丽	上海—杭州—南昌—贵阳—昆明—瑞丽	4090
	衡阳—昆明	衡阳—南宁—昆明	1980

资料来源：根据《"五纵七横"国道主干线系统规划》资料整理。

（三）高速发展阶段（1998 年至今）

随着改革开放后近 20 年的平稳发展，不同种类的交通基础设施发展良好，整体的国家运输结构趋于合理，由于 1997 年亚洲金融危机爆发，我国的出口企业受到了较大的打击，为了扩大内需，刺激经济稳定增长，国家实行了积极的财政政策，加大了对基础设施的投资力度。同时，社会化大生产和规模经济的发展也要求生产、流通、销售等环节能够更好地结合起来，原材料、中间产品等要素能否方便、快捷以及便宜地运输成为关键，市场对运输的强烈需求刺激了交通基础设施规模的不断扩张。从国家政策层面来看，不同区域之间的经济发展差距有进一步扩大的趋势，东南沿海地区受益于先发优势，交通基础设施发展情况较好，对经济的良好发展起到了推动作用，而广大的中西部地区仍然受制于交通基础设施的不足，已经影响到经济发展，所以国家于 2000 年之后相继出台了 "西部大开发战略" "中部崛起战略"，目的是进一步发展中西部地区的交通基础设施，改善落后地区的经济面貌，交通基础设施不足的情况有所改善。尤其是 2008 年全球金融危机后，国家为稳定经济，提出了 "4 万亿元投资刺激计划"，大部分的资金流入了 "铁公基" 等基础设施建设领域，中西部地区成为重点建设区域，铁路和公路里程也远超东部地区。

从运网结构来看，铁路里程比前一阶段增加更快，由 1998 年的 6.64 万公里增加到 2016 年的 12.4 万公里，年均增加 0.32 万公里，在这一时期我国高速铁路从无到有，截至 2016 年里程达到 2.3 万公里，居世界第一。公路的数量和质量均有较大幅度提高，公路里程由 1998 年的 127.85 万公里增加到 2016 年的 469.63 万公里，年均增加 18.99 万公里，其中，高速公路里程达到 13.1 万公里，居世界第一，等外公路在公路总里程中的比重逐渐降低，由 1998 年的 16.37% 下降到 2007 年的 10%。在航空业方面，高端的商务和旅游出行刺激了航空业的发展，航线里程从 1998 年的 50.44 万公里增加到 2016 年的 282.8 万公里，提高了 4.6 倍，航线条数由 1998 年的 1122 条增加到 2016 年的 3794 条，其中，国外航线由 1998 年的 131 条增加到

2016 年的 739 条，提高了 4.6 倍。内河航道里程和管道里程增加不大，分别增加 1.68 万公里和 9.03 万公里。

从运量结构来看，随着经济活力被不断释放，各类运输量也在不断增加，铁路客运和货运增加速度较快。具体而言，铁路客运量从 1998 年的 95085 万人增加到 2016 年的 281405 万人，年均增加 10351.11 万人；铁路货运量从 1998 年的 164309 万吨增加到 2016 年的 333186 万吨，年均增加 9382.06 万吨。由于公路质量的不断改善，公路运输能力得到了极大提升，公路客运量从 1998 年的 1257332 万人增加到 2016 年的 1542759 万人，年均增加 15857.06 万人；公路货运量从 1998 年的 976004 万吨增加到 2016 年的 3341259 万吨，年均增加 131403.06 万吨。航空作为高端的运输方式，可以为旅客提供更为优质的出行体验，由于航空公司之间的激烈竞争，机票价格在不断下降，以往只适用于富裕阶层出行的航空运输现在普遍人也负担得起。但是航空运输对包裹的体积和重量有严格要求，在货运中不具备成本优势，只适用于贵重物品、鲜活货物和精密仪器等轻质量物品的运输。从统计数据来看，民航的客运量从 1998 年的 5755 万人上升到 2016 年的 48796 万人，年均增加 2391.17 万人；民航货运量从 1998 年的 140.1 万吨上升到 2016 年的 668 万吨，年均增加 29.33 万吨。水路的客运量增加缓慢，水路客运量从 1998 年的 20545 万人增加到 2016 年的 27234 万人，年均增加 371.61 万人；但是水路的货运量增加速度较快，从 1998 年的 109555 万吨增加到 2016 年的 638238 万吨，年均增加 29371.28 万吨。从周转量来看，铁路旅客周转量从 1998 年的 3773.4 亿人公里增加到 2016 年的 12579.3 亿人公里，铁路货物周转量从 1998 年的 12560.1 亿吨公里增加到 2016 年的 23792.3 亿吨公里。同时，铁路旅客周转量占总周转量的比重呈现上升趋势，1998 年所占比重为 35.48%，到 2016 年所占比重上升到 40.24%；而铁路货物周转量的比重仍持续下降，从 1998 年的 32.98% 下降到 2016 年的 12.75%。公路旅客周转量从 1998 年的 5942.8 亿人公里增加到 2016 年的 10228.7 亿人公里，公路货物周转量从 1998 年的 5483.4 亿吨公里上升到 2016 年的 61080.1 亿吨公里。值得注意的是，公路旅客周转量在总周转量中的比重呈现下降趋势，1998 年所占比重为 55.87%，到 2016 年所占比重下降到 32.72%。而公路货物运输仍作为主要的运输方式，1998 年货物周转量占总周转量的比重为 14.39%，到 2016 年所占比重上升到 32.73%。航空客、货运输有不同程度的增长，航空旅客周转量占总周转量的比重从 1998 年的 7.52% 上升到 2016 年的 26.80%；但是，航空货物周转量所占比重一直较小，从 1998 年的 0.088% 上升到 2016 年的 0.120%。水路的货物周转量所占比重基本保持稳定，从 1998 年的 50.95% 上升到 2016 年 52.16%。

从投资结构来看，国家实行了积极的财政政策，以刺激内需和协调区域经济发展，加大了包括交通基础设施在内的各种基础设施的投资力度，交通基础设施投资额从 1998 年的 3252.19 亿元增加到 2016 年的 53890.4 亿元，但是，交通基础设施投资额在社会总投资额中的比重有所下降，从 1998 年的 27.29% 下降到 2016 年的 8.89%。从具体的交通基础设施投资领域来看，公路基础设施和铁路基础设施是主要的建设对象，国家相继出台了"'71118'高速公路网规划"（见表 2-2）和"八纵八横高速铁路规划"（见表 2-3），使我国的交通基础设施布局更加合理，解除了交通运力不足对经济的束缚。

在公路建设方面，国家在 1991 年出台了"五纵七横"国道主干线规划，其目的是建立由高等级公路组成的国道网络体系，经过十几年的发展，中国公路质量有了明显的改善，1990 年等级公路的里程是 74.11 万公里，到 2007 年规划完成时，等级公路里程是 253.54 万公里，增加了 2.42 倍，一个将省会城市、交通枢纽和主要陆上口岸连接起来的国道主干线系统逐渐形成。自 1988 年我国首条高速公路（上海—嘉定高速公路）建成通车以来，高速公路成为未来公路建设的趋势，在"五纵七横"国道主干线规划的基础上，2005 年国家出台了《国家高速公路网规划》，计划用 30 年时间建立一个完善的高速公路骨架布局，该规划方案由 7 条首都放射线、9 条南北纵线和 18 条东西横线组成，简称"7918 网"，总规模约 8.5 万公里。建成通车后，"7918 网"将会连接全国所有的省会级城市以及人口超过 20 万人的大中城市，实现东部地区平均 30 分钟上高速，中部地区平均 1 小时上高速，西部地区平均 2 小时上高速，大大提高了全社会的机动性。为了进一步发挥高速公路的骨干作用，促进综合运输协调发展，2013 年 6 月国家出台了《国家公路网规划（2013 年—2030 年)》，立足于原有的规划，在运输繁忙的通道上布设平行线路，设区际、省际通道和重要城际通道，调整后的国家高速公路由 7 条首都放射线、11 条南北纵线、18 条东西横线以及地区环线、并行线、联络线等组成，约 11.8 万公里，被称为"71118"高速公路网规划。

表 2 - 2   "71118"高速公路网规划

线路名称	包括线路
7 条首都放射线	北京—哈尔滨、北京—上海、北京—台北、北京—港澳、北京—昆明、北京—拉萨、北京—乌鲁木齐
11 条南北纵线	鹤岗—大连、沈阳—海口、长春—深圳、济南—广州、大庆—广州、二连浩特—广州、呼和浩特—北海、包头—茂名、银川—百色、兰州—海口、银川—昆明
18 条东西横线	绥芬河—满洲里、珲春—乌兰浩特、丹东—锡林浩特、荣成—乌海、青岛—银川、青岛—兰州、连云港—霍尔果斯、南京—洛阳、上海—西安、上海—成都、上海—重庆、杭州—瑞丽、上海—昆明、福州—银川、泉州—南宁、厦门—成都、汕头—昆明、广州—昆明

资料来源：根据《国家公路网规划（2013 年—2030 年)》资料整理。

在铁路建设方面，自 2004 年国务院批准实施《中长期铁路网规划》以来，铁路建设进入一个新的时期，"四纵四横"高速铁路规划的确立，不仅加速了人口稠密地区的人口流动，还能够释放出铁路运力，提高发达地区的货物周转量。但是，由于路网布局不完善、运行效率有待提高等原因，铁路运能依然很紧张，2016 年国家发改委重新修订《中长期铁路网规划》，在原来"四纵四横"主骨架基础上构筑"八纵八横"高速铁路通道，增加客流支撑、释放物流运能、强化区域连接并以城际铁路作为补充的铁路网络基本形成，消除了运能不足的"瓶颈制约"，铁路运输基本适应经济社会发展的需要。

近年来中国高速铁路发展举世瞩目，自 2008 年 8 月中国第一条高速铁路"京津城际"开通以来，高铁发展迅猛，2008 年高铁的营业里程占铁路

表2-3　八纵八横高速铁路规划

铁路线路	通道名称	起点—终点	连接区域
八纵专线	沿海通道	大连—北海	东部沿海地区
	京沪通道	北京—上海	华北、华东
	京港（台）通道	北京—香港	华北、华中、华东、华南
	京哈—京港澳通道	哈尔滨—香港	东北、华北、华中、华南、港澳
	呼南通道	呼和浩特—南宁	华北、中原、华中、华南
	京昆通道	北京—昆明	华北、西北、西南
	包（银）海通道	包头—海口	西北、西南、华南
	兰（西）广通道	兰州—广州	西北、西南、华南
八横专线	绥满通道	绥芬河—满洲里	黑龙江及蒙东
	京兰通道	北京—兰州	华北、西北
	青银通道	青岛—银川	华东、华北、西北
	陆桥通道	连云港—乌鲁木齐	华东、华中、西北
	沿江通道	上海—成都	华东、华中、西南
	沪昆通道	上海—昆明	华东、华中、西南
	厦渝通道	厦门—重庆	海峡西岸、中南、西南
	广昆通道	广州—昆明	华南、西南

资料来源：根据《中长期铁路网规划》资料整理。

营业里程的比重为0.8%，2016年高铁的营业里程占铁路营业里程的比重为18.5%，提高了17.7个百分点。高铁的时空压缩效应可以极大地缩短人们的出行时间，带动旅游产业、信息产业以及区域经济的发展，甚至有的学者认为高铁能重塑中国的经济格局。从高铁占铁路客运量的比重来看，2008年所占比重为0.5%，2016年上升到43.4%，高铁近乎承担了中国一半的铁路客运，而旅客周转量占比也从2008年的0.2%上升到2016年的36.9%，有效地提升了旅客周转效率；在货运方面，尽管高铁具有"只运人不运货"的特征，但是通过释放交通资源用于货物运输，能够间接促进货运增长。随着高铁布局的完善，"八纵八横"政策的推进，将会有更多的地区被纳入高铁范围，中国的城市化和区域一体化进程还会不断加速。高速铁路发展情况如表2-4所示。

表 2 – 4　高速铁路发展情况

年份	营业里程（公里）	占铁路营业里程比重（%）	客运量（万人）	占铁路客运量比重（%）	旅客周转量（亿人公里）	占铁路客运周转量比重（%）
2008	672	0.8	734	0.5	15.6	0.2
2009	2699	3.2	4651	3.1	162.2	2.1
2010	5133	5.6	13323	8.0	463.2	5.3
2011	6601	7.1	28552	15.8	1058.4	11.0
2012	9356	9.6	38815	20.5	1446.1	14.7
2013	11028	10.7	52962	25.1	2141.1	20.2
2014	16456	14.7	70378	30.5	2825.0	25.1
2015	19838	16.4	96139	37.9	3863.4	32.3
2016	22980	18.5	122128	43.4	4641.0	36.9

资料来源：《2017 年中国统计年鉴》。

三　交通基础设施的空间分布及特征

（一）区域层面的空间分布及特征

1. 交通基础设施密度的区域格局演变

（1）铁路建设

铁路是国家的重要基础设施，作为国民经济的大动脉和大众化的交通工具，承担着重要的运输任务，其发展对于国计民生有积极意义，随着市场化改革的推进和客运、货运需求的增加，中国铁路里程稳步提升，由图 2 – 1 可知，铁路里程从 1985 年的 5.21 万公里稳步增加到 2016 年的 12.4 万公里，提高了 1.38 倍。铁路质量也有了明显改善，复线里程由 1985 年的 9988.6 公里上升到 2016 年的 68073 公里，比重也从 19.2% 上升到 54.9%，自动闭塞里程由 1985 年的 6920.8 公里上升到 2014 年的 35396 公里，比重从 14.0% 上升到 52.8%。

从不同区域来看，三大区域的铁路里程都保持稳定增加，总体上区域

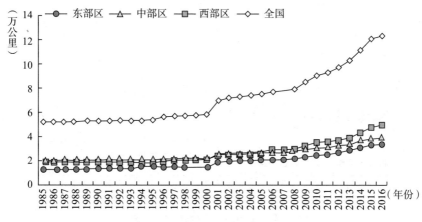

图 2 - 1　中国不同区域铁路里程

层面的铁路里程从大到小依次为西部区、中部区、东部区[①]，其中，东部区从 1985 年的 1.3295 万公里增加到 2016 年的 3.4494 万公里，提高了 1.6 倍；中部区从 1985 年的 1.9503 万公里增加到 2016 年的 3.9262 万公里，提高了 1.0 倍；西部区从 1985 年的 1.9321 万公里增加到 2016 年的 5.0236 万公里，提高了 1.6 倍。尽管西部区铁路里程存量和增量最多，但是由于西部区地广人稀，在铁路网络密度方面远远低于全国平均水平，而东部区土地面积小，受市场化的影响大，铁路基础设施发展较快，区域铁路网最为密集。截至 2016 年，全国铁路网络密度为 128.85 公里/万平方公里，东部区铁路网络密度为 321.7 公里/万平方公里，中部区铁路网络密度为 235.19 公里/万平方公里，西部区铁路网络密度为 73 公里/万平方公里（见图 2 - 2），东部区是西部区的 4.4 倍，东部区是全国的 2.5 倍。

（2）公路建设

从区域层面来分析，各区域公路里程在 2005 年之前平稳增加，在 2005 年之后，由于《国家高速公路网规划》的实施，改善交通基础设施条件成为经济发展的重点，各个区域的公路里程增速加快（见图 2 - 3），其中东部区从 1985 年的 27.03 万公里增加到 2016 年的 125.63 万公里，提高了 3.65 倍；中部区从 1985 年的 29.23 万公里增加到 2016 年的 153.44 万公里，提

①　书中可用东部区、中部区、西部区分别指代东部地区、中部地区、西部地区。

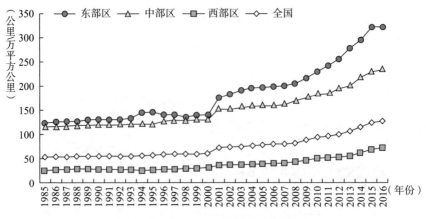

图 2 - 2　中国不同区域铁路网络密度

高了 4.25 倍；西部区从 1985 年的 37.48 万公里增加到 2016 年的 190.56 万公里，提高了 4.08 倍。与铁路相似，尽管西部区公路里程总量最高，但是公路网络密度远远不及其他区域；东部区公路网络密度仍然高于其他区域，属于全国最高水平；中部区作为连接东部区与西部区的中间区域，具有良好的区位条件，其公路网络密度也远高于全国平均水平。具体而言（见图 2 - 4），全国公路网络密度从 1985 年的 974.11 公里/万平方公里上升到 2016 年的 4880.28 公里/万平方公里，提高了 4.01 倍；东部区公路网络密度从 1985 年的 2520.8 公里/万平方公里上升到 2016 年的 11716.24 公里/万平方公里，提高了 3.64 倍；中部区公路网络密度从 1985 年的 1750.87 公里/万

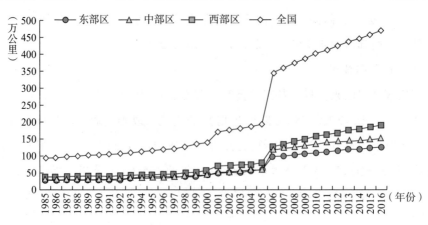

图 2 - 3　中国不同区域公路里程

平方公里上升到 2016 年的 9191.58 公里/万平方公里，提高了 4.25 倍；西部区公路网络密度从 1985 年的 544.66 公里/万平方公里上升到 2016 年的 2769.19 公里/万平方公里，提高了 4.1 倍。

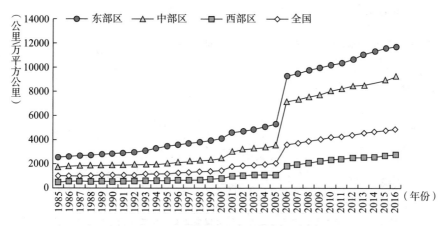

图 2-4　中国不同区域公路网络密度

2. 交通运输业的区域格局演变

（1）旅客运输

改革开放以来，随着经济增长的加速，不同区域之间的交流互动更加频繁，我国交通运输业也呈现繁荣发展的景象。由图 2-5 和图 2-6 可知，从 1985 年开始中国客运量总体上稳定增加，2012 年达到 380.4 亿人的历史最高水平，此后迅速下降，截至 2016 年中国客运量为 190.02 亿人，比 2012 年降低了约一半；与客运量的发展基本一致，旅客周转量在前期总体上保持稳定增加，2003 年之后开始加速增长，2012 年出现峰值，旅客周转量达到 33383.1 亿人公里，较 1985 年增加了 6.5 倍。对不同区域而言，客运水平与地区经济活力有关，东部区由于产业结构完善，易于接受国外的先进发展理念，经济活力最高，客运量和旅客周转量增速比其他区域更快，客运量从 1985 年的 28.61 亿人上升到 2012 年的最高水平 187.26 亿人，此后经历了持续的下降，到 2016 年客运量为 73.05 亿人；旅客周转量同客运量的发展趋势基本一致，也经历了先增加后下降的"倒 U 形"发展轨迹。中部区、西部区与东部区的发展轨迹相似，但是比东部区的波动小，总体上呈现缓慢上升的趋势，具体而言，中部区的客运量从 1985 年的 20.73 亿人上升到 2016 年的 58.99 亿人，旅客周转量从 1985 年的 1472.3 亿人公里上升到 2016 年的 7838.5 亿人公里；西部区的客运量从 1985 年的 14.8 亿人上升到 2016 年的 55.02 亿人，旅客周转量从 1985 年的 1075.2 亿人公里上升到 2016 年的 6227.7 亿人公里。

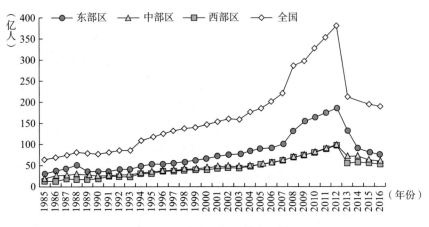

图 2-5　中国不同区域客运量

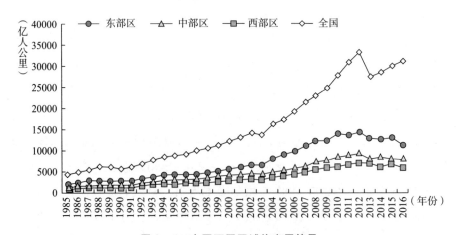

图 2-6　中国不同区域旅客周转量

由于公路运输和铁路运输是最为重要的两种运输方式，根据图 2-7 至图 2-10 对公路和铁路的客运量以及旅客周转量进行分析。从 1985～2005 年来看，不同区域的公路客运量均有显著的增加，其中东部区的客运量从 21.5316 亿人增加到 84.0102 亿人，提高了 2.9 倍；中部区的客运量从 16.28 亿人增加到 48.02 亿人，提高了 1.95 倍；西部区的客运量从 11.95 亿人增加到 48.94 亿人，提高了 3.10 倍。随着人们生活水平的不断提升，出行方式更为多样化，高铁和民航等快速、便捷的运输方式发展迅速并与公路运输展开竞争，不断吸引旅客选择高铁、民航等运输方式，所以不同区域的公路客运量均呈现下降趋势，东部区下降最多，从 2005 年的 84.0102 亿人下降到 2016 年的 56.0663 亿人，中部区和西部区的变动幅度不大，到 2016 年分别为 50.159 亿人和 48.0496 亿人。不同区域公路旅客周转量的发展趋势有差异，东部区呈现先增加后降低的"倒 U 形"发展趋势，中部区、西部区则呈现持续增加的趋势，具体而言，东部区的旅客周转量从 1985 年的 591.4306 亿人公里增加到 2005 年的 4469.878 亿人公里，到 2016 年又下降到 3986.53 亿人公里；中部区的旅客周转量从 1985 年的 430.1695 亿人公里上升到 2016 年的 3108.5 亿人公里；西部区的旅客周转量从 1985 年的 453.5892 亿人公里上升到 2016 年的 3133.67 亿人公里。

对铁路客运量的分析可以发现，1985～2016 年不同区域的铁路客运量总体上均表现出增加的趋势，东部区的客运量从 4.9670 亿人增加到 14.3403 亿人，提高了 1.89 倍；中部区的客运量从 4.3554 亿人增加到 8.5436 亿人，提高了 0.96 倍；西部区的客运量从 2.1477 亿人增加到 5.7397 亿人，提高了 1.67 倍。值得注意的是，对于中国广大的农村地区和偏远地区，铁路运输往往无法到达，公路运输仍然承担了主要的运输任务，所以公路客运量远大于铁路客运量。

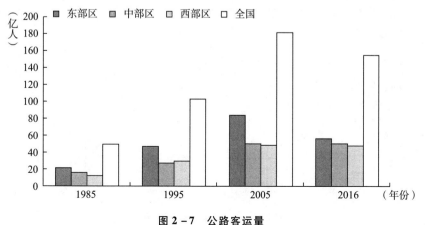

图 2-7　公路客运量

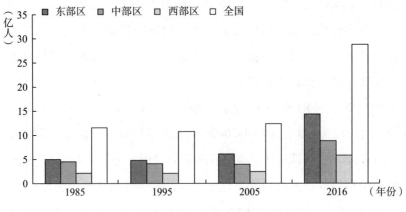

图2-8　铁路客运量

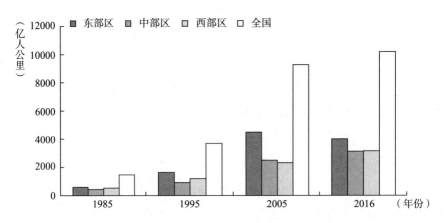

图2-9　公路旅客周转量

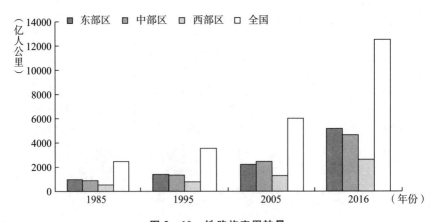

图2-10　铁路旅客周转量

由于铁路比公路更适合远距离运输，所以用包含运输距离的旅客周转量更能反映铁路运输的重要性。从不同的区域来看，东部区铁路网络密集，运行线路更为合理，特别是"四纵四横"高速铁路规划的提出，进一步加强了东部区各个城市之间的联系，东部区的旅客周转量从 1985 年的 1041.23 亿人公里增加到 2016 年的 5222.1 亿人公里，提高了 4.02 倍，东部区的铁路旅客周转量远超公路旅客周转量。例如，2008 年 4 月京沪高铁的开通，缩短了沿线城市的时空距离，促进了东部区主要城市之间的经济、社会和文化交流，截至 2016 年 6 月共发送旅客 4.5 亿人，承担了主要的旅客运输任务。中部区作为连接东部区、西部区的中间地区，随着"中部崛起战略"和"4 万亿元投资刺激计划"的实施，铁路发展开始加速，中部区的旅客周转量从 1985 年的 892.77 亿人公里增加到 2016 年的 4721.29 亿人公里，提高了 4.29 倍，中部区的铁路旅客周转量同样高于公路旅客周转量。例如，郑西高铁的开通使中部核心城市郑州到西安的时间缩短到 2 小时以内，极大地促进了区域一体化的形成，带动沿线城市的经济发展。随着"西部大开发战略"的实施，国家开始重视改善西部地区落后的交通基础设施面貌，西部区铁路建设取得了快速的发展，具体而言，西部区的铁路旅客周转量从 1985 年的 562.4013 亿人公里增加到 2016 年的 2635.92 亿人公里，提高了 3.69 倍，但是总体而言铁路旅客周转量仍然低于公路旅客周转量。这是由于西部地区高铁修建比较滞后，普通铁路的线路覆盖程度远不及东中部地区，以灵活便宜的公路运输作为主要的运输方式，所以西部地区的公路旅客周转量仍然大于铁路旅客周转量。

（2）货物运输

货运量在一定程度上能够反映经济的增长情况，从图 2-11 和图 2-12 的结果可知，改革开放初期，全国货运量水平稳定增长，2001 年之后中国加入了世界贸易组织，经济发展驶入了快车道，落后的交通基础设施制约了经济的快速发展，随着国家对基础设施投资的进一步加大，交通基础设施的发展水平不断提高、网络构建不断优化，在交通基础设施外部性和网络性的影响下，货运量的增长速度显著提升，我国进入交通运输业的黄金十年。但是 2012 年之后，随着中国经济进入"三期叠加"阶段，货运量增长也开始减速。具体而言，我国货运量从 1985 年的 74.58 亿吨稳步上升到 2001 年的 140.18 亿吨，每年平均增加 4.1 亿吨；2001 年之后呈指数增长，到 2012 年货运量为 410.04 亿吨，每年平均增加 24.53 亿吨；2012 年之后增长率降低，截至 2016 年货运量为 438.68 亿吨，每年平均增加 7.16 亿吨。各个区域的货运量发展趋势与国家整体的发展趋势基本一致，均经历了从缓慢上升到迅速上升再到平稳上升三个阶段，按货运量从大到小依次为东部区、中部区、西部区。受市场因素、区位因素和历史因素的影响东部区的货运量最高，到 2016 年达到 180 亿吨。1985～1999 年，中部区和西部区的差距稳定在 5 亿吨左右，2000 年之后差距总体上在拉大，同时也说明了中部区作为连接东部区、西部区的连接区域，在"中部崛起战略"的影响下，区位优势进一步发挥，到 2016 年中部区和西部区的货运量差距拉大到 15.81 亿吨。

货物周转量反映了货物的运输量与距离，其发展情况与货运量基本一致，总体上保持了增长趋势，全国的货物周转量从 1985 年的 18365 亿吨公里上升到 2016 年的 186629.5 亿吨公里，提高了 9.16 倍；东部区的货物周转量从 1985 年的 9682.5 亿吨公里上升到 2016 年的 102382.8 亿吨公里，提高了 9.57 倍；中部区的货物周转量从 1985 年的 3789.98 亿吨公里上升到 2016 年的 38734 亿吨公里，提高了 9.22 倍；西部区货物周转量从 1985 年的 2450.13 亿吨公里上升到 2016 年的 26107.48 亿吨公里，提高了 9.66 倍。

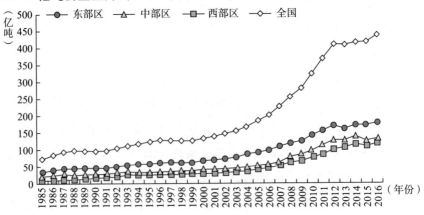

图 2-11　中国不同区域货运量

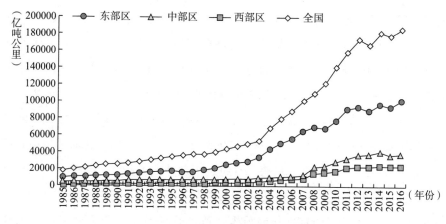

图 2-12 中国不同区域货物周转量

根据图 2-13 至图 2-16 对公路和铁路的货运量以及货物周转量进行分析。首先对公路运输系统进行分析，1985～2016 年，不同区域的公路货运量均有显著的增加，其中东部区的货运量从 21.9257 亿吨增加到 132.9453 亿吨，提高了 5.06 倍；中部区的货运量从 11.4382 亿吨增加到 103.9150 亿吨，提高了 8.08 倍；西部区的货运量从 10.1226 亿吨增加到 97.2669 亿吨，提高了 8.61 倍。从 1985～2016 年公路货物周转量来看，东部区的货物周转量从 739.68 亿吨公里增加到 25438.41 亿吨公里，提高了 33.39 倍；中部区的货物周转量从 505.02 亿吨公里增加到 21536.76 亿吨公里，提高了 41.65 倍；西部区的货物周转量从 408.20 亿吨公里增加到 14104.93 亿吨公里，提高了 33.55 倍。

铁路货运量的增加较为缓慢，跟公路货运量相比还有较大差距，原因有两个方面。第一，由于铁路线路主要连接人口集中的城市或乡镇，而大量的小城镇及乡村被排除在铁路运输线路之外，主要依靠公路运输来弥补，此外铁路运输往往无法直达运输地点（只能到达固定的货物装卸地点），需要借助公路运输进行转运。第二，四通八达的高铁"只运人不运货"的特征同样对铁路货运产生限制。具体来看，不同区域对铁路货运的依赖程度不同，东部区土地面积较小，不同地区之间的运输距离较近，铁路、公路、水运等综合运输体系发展成熟，对铁路运输的依赖程度较小，东部区铁路货运量从 1985 年的 5.2497 亿吨增加到 2016 年的 8.5859 亿吨。而内陆地区

53

土地面积广阔，运输方式较为单一，对陆路运输方式更为依赖，截至 2016 年，中西部地区的铁路货运量均已超过东部地区的铁路货运量，中部区铁路货运量从 1985 年的 5.5079 亿吨增加到 2016 年的 11.0458 亿吨，西部区的铁路货运量从 1985 年的 2.7759 亿吨增加到 2016 年的 15.8793 亿吨。由于内陆地区大宗物品的远距离运输主要依赖铁路运输，铁路货物周转量更能够反映铁路运输的重要性，1985～2005 年，三个区域的货物周转量均有提高，而中部地区的提升速度更快，有超过东部地区的趋势。具体而言，1985 年，东部区、中部区、西部区的铁路货物周转量分别为 3475.63 亿吨公里、3068.56 亿吨公里和 1865.25 亿吨公里，到 2005 年分别变为 7095.343 亿吨公里、7674.783 亿吨公里和 5765.742 亿吨公里，在此时间段，铁路货物周转量大于公路货物周转量。2005～2016 年，西部区铁路货物周转量有大幅度提升，东部区提升缓慢，而中部区有一定程度的下降，主要原因在于公路运输对铁路运输产生了替代作用，在此时间段内，随着"五纵七横"国道主干线的完成，以及"7918 网"的提出，公路运输取得了跨越式发展，公路货物周转量开始超过铁路货物周转量。

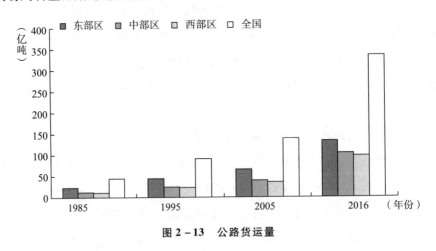

图 2 - 13 公路货运量

3. 交通基础设施投资的区域格局演变

交通基础设施投资对经济增长有重要的促进作用，一方面交通基础设施投资在乘数效应的影响下直接带动经济增长，另一方面还可以通过提高可达性带来市场分工的深化和区域一体化水平的提升，间接地促进经济增长。

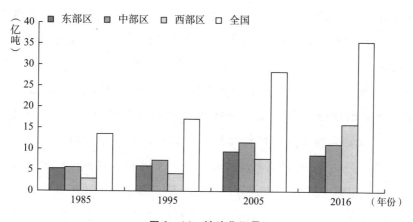

图 2-14　铁路货运量

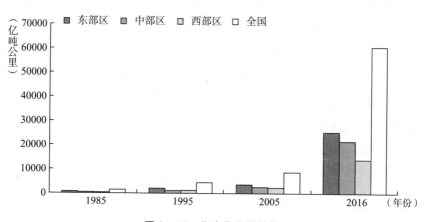

图 2-15　公路货物周转量

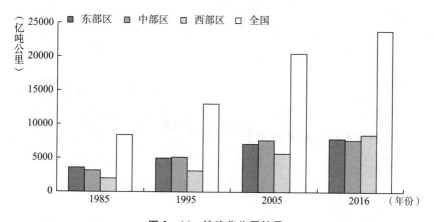

图 2-16　铁路货物周转量

改革开放初期，交通基础设施投资增长缓慢，一方面是由于当时的资金有限，另一方面也与国家对交通基础设施重要性的认识程度有关，交通基础设施的落后成为当时经济增长的制约因素。随着国家经济实力的增强和1997年亚洲金融危机的影响，我国开始实施积极的财政政策，进一步加大了交通基础设施投资力度，1998年交通运输业投资为3252.19亿元，到2010年交通运输业投资已经超过3万亿元，每年平均增加2235.19亿元，此后在"4万亿元投资刺激计划"下，交通基础设施投资达到历史新高，保持了超前发展的态势。值得注意的是，由于各统计年鉴中没有单独的交通运输业固定资产投资数据，主要利用《中国统计年鉴》中固定资产投资部分的交通运输、仓储和邮政业数据表示。从图2-17中不同区域角度分析，1985年东部区交通基础设施投资为56.34亿元，而中部区和西部区分别为17.23亿元和17.92亿元，东部区的投资数量是西部区的3.1倍，此后三大区域交通基础设施投资均稳定增长，但是增长速度存在差异。西部区的交通基础设施投资增长最快，截至2016年，西部区交通基础设施投资为18024亿元，东部区的交通基础设施投资为19318亿元，两区域的差距总体在缩小。而中部区的增长相对较慢，2016年交通基础设施投资为12543亿元，比东部区和西部区少了约1/3。

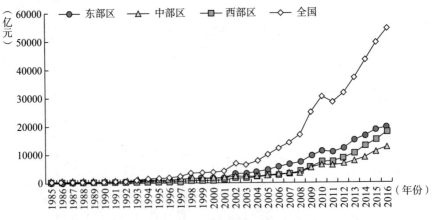

图2-17 中国不同区域交通基础设施投资

（二）省级层面的空间分布及特征

1. 交通基础设施密度的省级格局演变

为了进一步探究交通基础设施的空间结构演变，本小节主要基于省级层面分析交通基础设施的空间格局演变过程。由于内河航道数据和管道里程数据缺失，此处着重分析铁路和公路的发展情况，以往对铁路和公路发展状况的研究往往注重里程的变化，但是由于中国省份划分的原因，西部省份多处于边疆和内陆地区，土地面积广袤，从里程来看并不能反映真实的交通基础设施发展水平，而使用铁路网络密度和公路网络密度指标，既考虑了两种交通基础设施的里程，又兼顾了地区的面积，能够更好地衡量地区交通基础设施发展水平。在时间选取方面，基本以十年为一个划分单位，选择 1985 年、1995 年、2005 年、2016 年四个时间点。利用 Arcgis 软件对交通基础设施的空间演变过程进行处理，并利用自然断裂法将交通基础设施相关变量从高到低依次划分为 5 个级别（分别是最高区、次高区、中间区、次低区、最低区）。

（1）铁路建设①

由表 2－5 的结果可知，铁路密度较高的区域主要集中于辽宁、北京、上海、天津、河北、山西、河南等省份，研究期内省级层面的铁路密度空间格局演变特点为高密度区逐渐向京津冀和华东地区集中。具体可以将研究划分为两个阶段。

1985～1995 年，京津冀地区由于历史基础较好和国家战略的需要，铁

---

① 1985 年铁路密度的 5 个级别分别是：最高区为 385.9621～534.1463，次高区为 186.2006～385.9621，中间区为 90.1846～186.2006，次低区为 15.1308～90.1846，最低区为 8.0934～15.1308。1995 年铁路密度的 5 个级别分别是：最高区为 242.8863～621.9512，次高区为 130.3628～242.8863，中间区为 82.5806～130.3628，次低区为 42.8825～82.5806，最低区为 8.0903～42.8825。2005 年铁路密度的 5 个级别分别是：最高区为 424.4479～686.2195，次高区为 211.2858～424.4479，中间区为 145.2306～211.2858，次低区为 62.6271～145.2306，最低区为 15.1156～62.6271。2016 年铁路密度的 5 个级别分别是：最高区为 378.4138～819.5126，次高区为 291.9209～378.4138，中间区为 198.8102～291.9209，次低区为 104.3009～198.8102，最低区为 6.4451～104.3009。单位均为公里/万平方公里。若数值处于分界点，则将之归于较低级别。

路密度显著上升，处于较高水平；中部地区的发展情况也较好，1995 年各省份基本处于次高区或中间区，例如河南、安徽、湖南等属于中间区；而1995 年内蒙古、新疆、云南、青海等西部边疆地区处于最低区，值得注意的是，山西的铁路密度提高快，处于次高区，这主要与山西是产煤大省有关，煤炭作为远距离运输的大宗商品，对铁路依赖性较高，所以山西的铁路密度既不像东北地区得益于铁路发展基础好，也不像沿海地区得益于开放政策，其是在能源需求的驱使下展开大规模建设。2005～2016 年，京津冀地区继续保持高水平，受市场化改革的影响，华东地区的铁路密度提升最快，其中，2016 年山东、上海分别处于次高区、最高区，安徽由中间区转变为次高区，浙江、江苏、福建三省上升为中间区，除此之外，重庆的铁路密度自 1995 年之后有明显提升，这与重庆从四川分立出来，升格为直辖市的政策优势有关。而总体上东北地区的铁路密度所处等级有所下降，其中，黑龙江由中间区下降到次低区，吉林由次高区下降为中间区，可以从一个侧面反映出东北地区交通基础设施发展缓慢、对外部资本的吸引力较差、经济活力不足的现实情况，其他省份的空间格局并无明显变化。

表 2-5　部分省份铁路密度

单位：公里/万平方公里

省份	1985 年	1995 年	2005 年	2016 年
北京	534.1463	621.9512	686.2195	770.9146
天津	326.3866	422.6891	558.4874	891.5126
河北	145.8211	169.8947	244.8421	366.1053
山西	138.2972	155.2934	201.1416	337.5893
内蒙古	40.5892	42.8825	52.7997	104.3009
辽宁	240.8645	242.8863	283.9483	378.4139
吉林	186.2006	185.6990	190.0640	269.6211
黑龙江	110.4736	108.8767	124.5573	137.3084
上海	385.9621	403.7855	424.4479	733.5962
江苏	69.5224	72.8070	157.4659	269.7271
浙江	81.7191	92.1415	126.9450	253.1336

注：全部数据结果见附录。

（2）公路建设①

由表 2 - 6 可知，我国公路密度的空间分布有从东南沿海地区逐步向内陆地区扩散的趋势，研究期限内省级层面的公路密度空间格局演化可以划分为两个阶段。

表 2 - 6　部分省份公路密度

单位：公里/万平方公里

省份	1985 年	1995 年	2005 年	2016 年
北京	5171.9512	7201.8293	8960.9756	13430.4878
天津	3186.5546	3565.5462	9105.8824	14087.3950
河北	2142.0000	2717.3684	3994.4211	9917.4211
山西	1515.4337	2145.6633	4436.4158	9060.3316
内蒙古	322.8149	378.3009	668.0389	1657.3204
辽宁	2246.8346	2956.7052	3643.3628	8210.5514
吉林	1295.1441	1671.3447	2684.5251	5468.7300
黑龙江	1001.9163	1075.3084	1477.4670	3623.3921
上海	3246.0568	5973.1861	12791.7981	20965.2997
江苏	2186.7446	2531.1891	8064.2300	15331.7739
浙江	2302.3576	3351.7682	4774.0668	11694.7937

注：全部数据结果见附录。

1985～1995 年，得益于改革开放后的区位和政策优势，公路密度处于最高区的有北京、上海、广东，沿海地区的山东、浙江公路密度提升较快，始终保持在次高区；西部区由于地广人稀、经济发展落后等原因，1995 年公路

---

① 1985 年公路密度的 5 个级别分别是：最高区为 2902.1774～5171.9512，次高区为 1933.2378～2902.1774，中间区为 1392.9869～1933.2378，次低区为 322.8148～1392.9869，最低区为 133.9277～322.8148。1995 年公路密度的 5 个级别分别是：最高区为 4703.3926～7201.8293，次高区为 2976.4671～4703.3926，中间区为 2145.6632～2976.4671，次低区为 1075.3084～2145.6632，最低区为 182.5181～1075.3084。2005 年公路密度的 5 个级别分别是：最高区为 6414.7386～12791.7981，次高区为 4902.1517～6414.7386，中间区为 2684.5251～4902.1517，次低区为 1477.4669～2684.5251，最低区为 358.3279～1477.4669。2016 年公路密度的 5 个级别分别是：最高区为 15331.7739～20965.2997，次高区为 11249.9056～15331.7739，中间区为 6683.2577～11249.9056，次低区为 3152.7221～6683.2577，最低区为 672.9181～3152.7221。单位均为公里/万平方公里。

密度处于全国最低区，例如内蒙古、新疆、西藏、青海、甘肃等；而中部区的公路密度基本保持在中间水平，低于沿海地区，但是高于西部区。2005～2016年，沿海地区的公路密度继续保持高水平，发展趋势整体上呈现东南沿海优先发展进而逐步向内陆地区扩散的趋势。内陆地区的公路密度水平有了显著提高，其中，2016年重庆的公路密度上升到最高区，主要原因是得益于直辖市的特殊政策，同时还与地区土地面积狭小有关。中部区在"4万亿元投资刺激计划"与"中部崛起战略"的影响下，交通基础设施建设取得了跨越式发展，例如河南、安徽、湖北等地区公路密度提升较快，与沿海地区的差距不断缩小，基本进入高水平区域，而公路密度最低的西部边疆地区由于交通基础设施建设难度较大，所以公路密度基本保持不变，仍处于低水平区域。

2. 交通运输业的省级格局演变

从上文的分析可以看出，不同区域的运输需求不断增加，各种运输方式下的运输量也总体呈现增加趋势，但是由于我国幅员辽阔，不同地区的地理情况和经济水平有很大区别，导致交通基础设施的规模和投资差距较大，进而使各个地区的运输量产生差异。本部分将着重研究中国各省份交通运输量的空间分布情况，与上文的方法一致，利用 Arcgis 软件对交通基础设施的空间演变过程进行处理，并利用自然断裂法将交通运输量从高到低依次划分为5个级别。

（1）旅客运输[①]

影响客运量的因素有很多，包括人口数量、居民收入水平以及地区交通基础设施发展状况，1985～2016年，全国客运总量提高了近2倍，各个省份也都有不同程度的增加，1985年客运量排前五位的省份分别是四川、江苏、浙江、广东、湖南。到2016年客运量排前五位的省份为广东、江苏、

----

① 1985年客运量的5个级别分别是：最高区为39567.9201～55734.03，次高区为20338.01～39567.9201，中间区为10874.01～20338.01，次低区为3728.06～10874.01，最低区为43.48～3728.06。1995年客运量的5个级别分别是：最高区为84803～130998，次高区为52228～84803，中间区为28508～52228，次低区为10547～28508，最低区为237.21～10547。2005年客运量的5个级别分别是：最高区为116457～212104，次高区为80918～116457，中间区为41722～80918，次低区为17803～41722，最低区为479.47～17803。2016年客运量的5个级别分别是：最高区为89464～144262，次高区为63463～89464，中间区为41626～63463，次低区为18377～41626，最低区为1155～18377。单位均为万人。

四川、湖南、河南，浙江掉出前五位，排第六位（见表 2 - 7）。由于珠三角、长三角是中国经济最为活跃的地区，基础设施条件好，人均收入水平高，人员的流动性大，所以客运量在几十年间始终排在前几位，而四川、河南、湖南作为中国的人口大省和承东启西的运输节点省份，客运量同样会很大。客运量排名最后的几个省份不仅包括西藏、青海、宁夏等西部偏远地区，还包括北京、上海、天津等经济发达地区，这主要与直辖市人口较少有关。

表 2 - 7　部分省份客运量

单位：亿人

省份	1985 年	1995 年	2005 年	2016 年
北京	0.7203	0.8913	6.0841	6.1519
天津	0.2984	0.3308	0.4679	1.8377
河北	1.6491	3.6714	8.0918	5.0701
山西	1.0564	2.1337	4.0209	2.6374
内蒙古	0.6673	1.8273	3.2114	1.6697
辽宁	3.9568	5.2228	6.0599	7.3632
吉林	1.7181	2.1313	2.7724	3.4910
黑龙江	2.0338	2.3499	5.5619	3.9386
上海	0.3434	0.4766	0.9487	1.4416
江苏	5.3935	8.4803	14.5204	13.3580
浙江	5.2776	10.9139	16.0669	10.5018

注：全部数据结果见附录。

（2）货物运输①

货运量的多少主要与地区的经济发展程度和所属区位有关，货运量的

---

① 1985 年货运量的 5 个级别分别是：最高区为 35642 ~ 68534，次高区为 24243 ~ 35642，中间区为 14694 ~ 24243，次低区为 5717 ~ 14694，最低区为 87 ~ 5717。1995 年货运量的 5 个级别分别是：最高区为 81830 ~ 111063，次高区为 53582 ~ 81830，中间区为 32732 ~ 53582，次低区为 12586 ~ 32732，最低区为 178 ~ 12586。2005 年货运量的 5 个级别分别是：最高区为 112909 ~ 158470，次高区为 78827 ~ 112909，中间区为 50317 ~ 78827，次低区为 21771 ~ 50317，最低区为 369 ~ 21771。2016 年货运量的 5 个级别分别是：最高区为 215558 ~ 377645，次高区为 167076 ~ 215558，中间区为 107966 ~ 167076，次低区为 45060 ~ 107966，最低区为 1971 ~ 45060。单位均为万吨。

发展过程主要有三个阶段。1985～1995 年，环渤海地区、长三角地区和珠三角地区的货运量较高，主要原因是沿海地区的经济活跃，而青海、西藏、贵州、宁夏等经济落后地区货运量排在最后几位（见表 2－8）。1995～2005 年，沿海地区的货运量水平进一步提升，广东、山东、浙江、山西、江苏在 2005 年排名前五位，此时的货运量呈现"沿海化"的趋势，这主要与中国加入 WTO 后，对外出口的迅猛增长有关，沿海地区本身就是对外出口的活跃地区，而内陆地区同样需要将货物运送到沿海地区然后出口。2005 年山西的货运量上升到最高区，这与当时的煤炭价格上涨有关；而辽宁作为东北地区的货物集散中心，其货运水平一直处于较高水平区间。2005～2016 年，受到 2008 年金融危机的影响，出口行业遭遇寒冬，国家政策偏向鼓励内销，承东启西的省份货运量大大增加，例如，安徽作为连接长三角与内陆地区的节点省份，货运量从中间区上升到最高区，湖南也从中间区上升到次高区。

表 2－8 部分省份货运量

单位：亿吨

省份	1985 年	1995 年	2005 年	2016 年
北京	0.8739	3.2184	3.2509	2.0734
天津	1.8249	2.4040	4.0263	5.0506
河北	5.0863	7.4214	9.1330	21.0586
山西	2.9181	6.5962	12.5367	16.7076
内蒙古	1.1588	3.2732	7.3082	20.0475
辽宁	6.8534	8.8465	9.7748	20.7064
吉林	1.1680	2.6655	3.7529	4.5060
黑龙江	2.2999	3.7739	6.4612	5.3569
上海	2.4243	2.2531	6.8741	8.8324
江苏	4.6842	8.1830	11.2909	20.2071
浙江	2.2385	6.2287	12.6192	21.5558

注：全部数据结果见附录。

3. 交通基础设施投资的省级格局演变①

由表 2 - 9 可知，我国交通基础设施投资具有内陆化趋势，即交通基础设施投资高的区域由仅分布于东部沿海地区逐步向内陆地区发展。具体而言，1985 ～ 1995 年，交通基础设施投资主要集中于东部沿海地区，山东、浙江、江苏、福建、广东上升到较高水平，中部地区的河南、湖南、湖北、江西、安徽由较低水平区上升为中间区，而西部地区由于投资较少始终处于较低水平区，逐步形成了从沿海到内陆的"中心—外围"结构，这主要与改革开放初期的非均衡发展政策有关。1995 ～ 2016 年，东南沿海地区凭借先发优势，继续保持高投资水平，构成了沿海岸线高投资水平带状区域，内陆地区受"西部大开发战略"和"中部崛起战略"的影响，交通基础设施投资增长较快，与东部沿海地区的差距逐步缩小，其中，四川、云南、湖北上升到最高区，广西从中间区上升为次高区，河南、湖南从中间区上升为次高区，内蒙古、陕西由次低区上升为中间区，西藏、青海等省份则保持不变。值得注意的是，东北地区的交通基础设施投资出现下降情况，辽宁经历了从次高区下降到中间区继而下降到最低区的过程，吉林和黑龙江均处于较低水平区。这也说明了东北地区的经济增长过于依赖投资拉动，当投资下降时，经济增长乏力、消费水平不足、产业结构固化等"新东北现象"随之出现。

表 2 - 9　部分省份投资总额

单位：亿吨

省份	1985 年	1995 年	2005 年	2016 年
北京	3.00	29.17	240.92	761.6
天津	3.02	17.49	151.71	735.1

---

① 1985 年投资总额的 5 个级别分别是：最高区为 10.06 ～ 15.42，次高区为 5.21 ～ 10.06，中间区为 3.02 ～ 5.21，次低区为 1.03 ～ 3.02，最低区为 0.36 ～ 1.03。1995 年投资总额的 5 个级别分别是：最高区为 77.39 ～ 222.73，次高区为 44.46 ～ 77.39，中间区为 24.95 ～ 44.46，次低区为 9.31 ～ 24.95，最低区为 3.21 ～ 9.31。2005 年投资总额的 5 个级别分别是：最高区为 420.46 ～ 723.73，次高区为 310.26 ～ 420.46，中间区为 217.59 ～ 310.26，次低区为 62.76 ～ 217.59，最低区为 32.49 ～ 62.76。2016 年投资总额的 5 个级别分别是：最高区为 2095.31 ～ 3738.22，次高区为 1630.71 ～ 2095.31，中间区为 1170.01 ～ 1630.71，次低区为 761.61 ～ 1170.01，最低区为 367.70 ～ 761.61。单位均为亿吨。

省份	1985 年	1995 年	2005 年	2016 年
河北	3.46	44.46	420.46	2095.3
山西	5.21	39.35	217.59	912.6
内蒙古	2.11	15.36	362.16	1427.7
辽宁	8.15	34.09	301.64	661.2
吉林	0.59	6.07	175.14	1170.0
黑龙江	3.60	28.66	182.68	1134.6
上海	4.15	29.06	416.21	944.9
江苏	4.83	72.88	585.49	2551.0
浙江	2.42	65.26	723.73	2581.9

注：全部数据结果见附录。

（三） 城市层面的空间分布及特征

我国地域广阔、人口众多，受经济发展状况、地理区位等因素的影响，不同城市的交通基础设施发展存在较大差距，基于省内地级市层面对交通基础设施进行可视化分析能够细化交通基础设施分布的空间结构，更好地表现省内各城市的空间异质性。本节进一步运用 Arcgis 软件将 262 个地级市交通基础设施的发展状况分为 5 个级别，数值从大到小依次为最高区、次高区、中间区、次低区、最低区。

1. 交通基础设施密度的市级格局演变[①]

由于城市层面只有公路里程数据，缺乏铁路里程数据，所以着重分析

---

① 2004 年公路密度的 5 个级别分别是：最高区为 8305.1715 ~ 16023.3752，次高区为 5849.0566 ~ 8305.1715，中间区为 4071.5818 ~ 5849.0566，次低区为 2274.5377 ~ 4071.5818，最低区为 289.9873 ~ 2274.5377。2008 年公路密度的 5 个级别分别是：最高区为 14933.6751 ~ 24990.5363，次高区为 11076.7997 ~ 14933.6751，中间区为 7786.8407 ~ 11076.7997，次低区为 4702.8763 ~ 7786.8407，最低区为 476.0947 ~ 4702.8763。2012 年公路密度的 5 个级别分别是：最高区为 17085.7651 ~ 41269.2764，次高区为 11770.2378 ~ 17085.7651，中间区为 7858.8413 ~ 11770.2378，次低区为 4524.0975 ~ 7858.8413，最低区为 702.4024 ~ 4524.0975。2016 年公路密度的 5 个级别分别是：最高区为 33240 ~ 60833，次高区为 17641 ~ 33240，中间区为 8312 ~ 17641，次低区为 3853 ~ 8312，最低区为 84 ~ 3853。单位均为公里/万平方公里。

各城市的公路密度，其中 2004～2013 年的公路里程数据来源于《中国区域经济统计年鉴》，由于该年鉴 2014 年之后停止更新，本书通过《中国统计年鉴》查得 2014～2016 年省级公路里程的增量，按地级市土地面积占本省份土地面积的比例作为权重，分配省级公路里程的增量，计算出 2014～2016 年各个地级市的公路里程，进而得出 262 个城市的公路密度。通过 Arcgis 软件可视化处理后，得出 2004 年、2008 年、2012 年、2016 年我国城市层面公路密度的空间格局演变情况，如表 2－10 所示。

表 2－10　部分城市公路密度

单位：公里/万平方公里

城市	2004 年	2008 年	2012 年	2016 年
北京	8914.7523	12394.1259	13095.9722	13421.4856
天津	8820.4698	10254.2517	13087.5850	14255.1020
石家庄	5017.6678	9357.6477	10273.6623	11773.6938
太原	4188.6090	8603.5198	10029.3318	10633.9219
呼和浩特	2145.2624	3620.5295	3903.2745	4275.5127
沈阳	4517.7196	8857.4730	9175.1926	9509.0203
长春	3399.9319	9263.7352	10515.3368	11069.3443
哈尔滨	2887.0506	3566.3677	3849.1370	4643.4498
上海	12308.7841	24990.5363	19780.7571	20965.2997
南京	12430.8721	15442.1149	16756.1531	17028.7218
杭州	4062.4247	8857.5560	9488.3707	9928.7860

注：全部数据结果见附录。

由表 2－10 可知，我国城市公路密度的时空格局演变有"内陆化"趋势，即公路密度高水平区由仅存在于沿海地区演变为由沿海地区向内陆地区发展。2004 年公路密度的高水平区主要集中于京津冀城市群、长三角城市群、珠三角城市群，形成以北京、上海、深圳等中心城市为辐射点，城市群为辐射区域的高密度水平空间结构。到 2012 年公路密度的高水平区向内陆地区发展，中原城市群、成渝城市群、长江中游城市群中各城市的公路密度增加显著，其中，漯河、聊城、鹤壁等城市公路密度提升幅度较大，郑州、成都、武汉、南昌等省会城市均进入较高水平区。此后公路建设进入了差异化发展时期，很多沿海城市更加注重公路的"质量"而非"数量"，大量等外公路和低等级公路不断被淘汰，导致了公路总里程增加速度降低，而中西部地区仍处于总量扩大阶段，更加注重"数量"的增加，所以公路总里程提升明显。截至2016年，公路密度的较高水平区主要集中于中原城市群和成渝城市群，其中，鹤壁、周口、内江、资阳的提升幅度较大，而沿海地区的京津冀城市群和珠三角城市群中的城市大多处于中间区。值得注意的是，主要分布于东北和西部地区的城市大多处于较低水平区，例如伊春、牡丹江、鄂尔多斯、酒泉、呼伦贝尔等，这些城市由于气候条件和地理位置的限制，公路密度的提高出现"瓶颈"，公路密度的空间分布在研究期限内较为稳定。

2. 交通运输业的市级格局演变

利用公路的客运量和货运量来反映交通运输业的发展，通过 Arcgis 软件进行处理后，得出 2004 年、2008 年、2012 年、2016 年我国城市层面客运量和货运量的空间格局演变情况，如表 2 - 11 和表 2 - 12 所示。

表 2 - 11　部分城市客运量

单位：万人

城市	2004 年	2008 年	2012 年	2016 年
北京	41552	9571	132333	48039
天津	2457	6579	24483	13741
石家庄	13586	8788	13793	4582
太原	2322	2430	2141	876
呼和浩特	3690	4488	1691	466
沈阳	4783	7082	29121	15244
长春	4846	5890	11488	7113
哈尔滨	4602	6497	11210	7448
上海	2465	2934	3748	3402
南京	17641	46658	42519	8490
杭州	20372	25630	31126	12282

注：全部数据结果见附录。

地区人口数量以及经济活力等因素对客运量有重要的影响，城市客运量的时空格局演变有"内陆化"的趋势，即客运量高水平城市在初期形成沿海带状区域，此后逐步向内陆地区发展。[①] 2004 年以广州、东莞等城市为代表的珠三角城市群和以宁波、苏州、温州等城市为代表的长三角城市群人员流动频繁，客运量高于其他区域，到 2008 年内陆地区城市客运量上升加快，贵阳、重庆等内陆中心城市进入较高水平区。

将 2004 年到 2016 年我国 262 个城市客运量取均值得到研究期限内各城市客运量的平均水平，能够发现客运量排前十位的城市为北京、重庆、深圳、广州、成都、东莞、苏州、南京、贵阳、遵义，这十个城市有三个位于珠三角城市群、有两个位于长三角城市群、有两个位于成渝城市群，说明这三个城市群的经济较为活跃、人口密度较大；而客运量排后十位的城市为乌海、鹤岗、克拉玛依、伊春、金昌、临沧、白城、七台河、铜川、乌兰察布，这十个地级市基本属于内陆偏远地区，交通基础设施落后、经济增长乏力。

表 2 – 12　部分城市货运量

单位：万吨

城市	2004 年	2008 年	2012 年	2016 年
北京	27973	18689	24925	19972
天津	19560	27000	28228	32841
石家庄	10349	11075	27351	40639
太原	11372	14786	9637	15043
呼和浩特	5171	8944	12790	16887

---

① 2004 年客运量的 5 个级别分别是：最高区为 26842.2887 ~ 45545.1177，次高区为 16586.8886 ~ 26842.2887，中间区为 11908.6325 ~ 16586.8886，次低区为 7133.3952 ~ 11908.6325，最低区为 987.452 ~ 7133.3952。2008 年公路密度的 5 个级别分别是：最高区为 33714.8 ~ 102680，次高区为 16596.2 ~ 33714.8，中间区为 9254.1 ~ 16596.2，次低区为 4520.03 ~ 9254.1，最低区为 403.03 ~ 4520.03。2012 年公路密度的 5 个级别分别是：最高区为 90980 ~ 179369，次高区为 44299 ~ 90980，中间区为 19379 ~ 44299，次低区为 8264 ~ 19379，最低区为 314 ~ 8264。2016 年公路密度的 5 个级别分别是：最高区为 31589 ~ 91323，次高区为 11770 ~ 31589，中间区为 6580 ~ 11770，次低区为 3295 ~ 6580，最低区为 93 ~ 3295。单位均为万人。

续表

城市	2004 年	2008 年	2012 年	2016 年
沈阳	14210	20260	21259	21503
长春	9369	11061	15477	10895
哈尔滨	8210	9665	9606	7238
上海	31554	42729	42911	39055
南京	9741	13784	22020	12463
杭州	13117	16822	23243	25194

注：全部数据结果见附录。

货运量的时空格局演变自 2004 年以北京、上海、重庆为中心点的三中心空间结构向 2016 年以重庆、广州为中心点的双中心空间结构转变。①2004 年，围绕着北京、上海、重庆的京津冀城市群、长三角城市群和成渝城市群货运量较大，此后沿海地区的综合交通运输体系不断完善，对公路的依赖逐步降低，而公路在内陆货运中的主导作用则进一步强化，2016 年成渝城市群和珠三角城市群成为货运量最大的区域。将 2004 年到 2016 年我国 262 个城市货运量取均值得到研究期限内各城市货运量的平均水平，货运量排前十位的城市为重庆、广州、上海、天津、成都、青岛、大连、包头、唐山、玉溪，这十个城市有五个属于东部超大城市，其余的城市基本属于西部地区重要交通枢纽城市；而货运量排后十位的城市为伊春、白城、鄂州、白山、丽江、双鸭山、金昌、鹤岗、三亚、张掖，这十个地级市大都属于内陆偏远地区。

---

① 2004 年货运量的 5 个级别分别是：最高区为 19560～31554，次高区为 11372～19560，中间区为 6296～11372，次低区为 3037～6296，最低区为 59～3037。2008 年货运量的 5 个级别分别是：最高区为 27000～54589，次高区为 12702～27000，中间区为 7119～12702，次低区为 3539～7119，最低区为 393～3539。2012 年货运量的 5 个级别分别是：最高区为 52697～95009，次高区为 29164～52697，中间区为 17771～29164，次低区为 8933～17771，最低区为 1131～8933。2016 年货运量的 5 个级别分别是：最高区为 51598～89389，次高区为 27366～51598，中间区为 15694～27366，次低区为 7602～15694，最低区为 588～7602。单位均为万吨。

（四）企业到最近高速公路距离的空间特征

根据 Holl（2016）的方法，需要测量企业与最近高速公路或收费站点（入口处）的距离，从理论上来讲，测量企业到高速公路入口的距离更为精确，但我国相关的高速公路地图中缺乏对高速公路入口的具体定位，而且不同地区高速公路入口的密集程度差异较大，因此选择测量可行性较高且误差较小的企业到最近高速公路的直线距离。具体测量方法如下：首先，将中国工业企业数据库中企业数据代入天地图 API 端口程序中进行运算处理，求出每家企业的经纬度坐标；其次，导入企业经纬度数据和高速公路 shp 文件，将企业坐标调整到与高速公路 shp 文件一个地理坐标系和投影坐标系，保证二者一致；最后，利用 ArcToolbox 中的运算工具计算得出 1998 ~ 2007 年企业到最近高速公路的直线距离。进一步地，通过核密度曲线对不同类型企业到最近高速公路的距离进行比较。

从不同区域企业到高速公路距离[①]的分布情况来看（见图 2 – 18），东部地区企业到高速公路距离的峰度较高，表明东部地区企业到高速公路距离的异质性程度低于中西部地区，处于中等水平距离的企业较为密集，距离较远的企业所占比重较低，主要原因在于东部地区土地面积相对较小和政策偏向带来的先发优势，在外部资本"用脚投票"、民间交通需求日益旺盛以及地方政府"标尺竞争"等多种因素的影响下，东部地区公路网络建设大为领先，随着"五纵七横"国道主干线规划的实施，一个四通八达的交通网络体系逐渐成熟，处于该地区的企业有着更为优越的交通基础设施条件。中西部地区的空间分布展现出厚尾性，具有右向移动倾向，进一步反映了中西部地区地广人稀，企业的分布往往较为分散的现状，所以企业到高速公路的距离相对较远，可达性较差。

由于制造业行业包含的门类较多且特性较为复杂，所以在不同类型行业中选取几类具有代表性的企业类型进行比较分析。劳动密集型行业选取

---

① 以下分析均指企业到最近高速公路的直线距离。

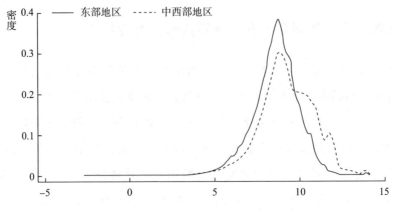

图 2-18 不同区域企业核密度曲线比较

农副食品加工业（13）、食品制造业（14）、饮料制造业（15）为代表；资本密集型行业选取石油加工、炼焦及核燃料加工业（25），黑色金属冶炼及压延加工业（32），有色金属冶炼及压延加工业（33）为代表；技术密集型行业选取医药制造业（27），电气机械及器材制造业（39），通信设备、计算机及其他电子设备制造业（40）为代表。根据不同行业企业核密度曲线比较结果（见图 2-19），可知劳动密集型企业的核密度曲线展现出了右侧厚尾性，距离高速公路较远的企业所占比重大，这与食品类企业更多地满足于周边区域或城市的需求，并不需要借助高速公路系统进行长途运输有关。资本密集型企业同样展示出了右偏的趋势，企业空间分布集中于距离

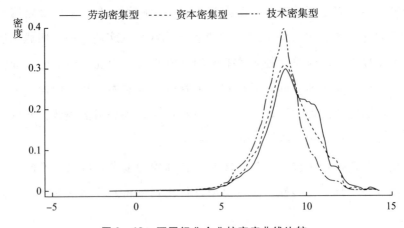

图 2-19 不同行业企业核密度曲线比较

较远的区域，主要原因在于资本密集型企业属于资源类企业，大宗产品的重量大，需要进行长途运输，所以低成本的铁路运输更为适合，企业对公路系统的依赖性相对较低。技术密集型企业到高速公路距离的分布具有高峰度特征，异质性程度更低，企业更加倾向于布局在距离高速公路较近的区域，技术密集型产品具有贵重的属性，公路系统可以提供"门对门服务"，避免运输途中及二次装卸带来的产品损失，此外高技术产品对运费并不敏感，灵活便捷、四通八达的高速公路系统更为合适。

按企业是否出口和企业所有权分类比较的结果看（见图 2－20、图 2－21），相比内销型企业，出口型企业到高速公路距离的分布具有高峰度且有左偏趋势，企业距离高速公路较近，出口型企业较倾向于选择靠近高速公

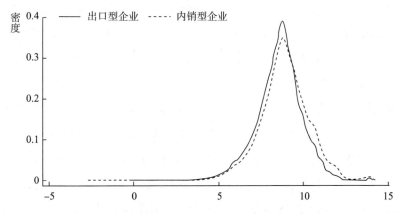

图 2－20　出口型企业与内销型企业核密度曲线比较

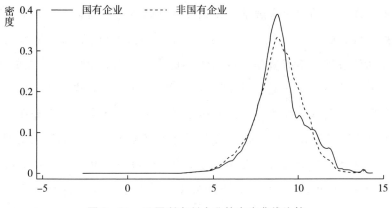

图 2－21　不同所有制企业核密度曲线比较

路的区位；国有企业到高速公路距离的峰度较高，其异质性程度低于非国有企业，国有企业历史较长，规模较大，享有政策扶持和信贷资金等，一般占据着优势区位条件。

从全国层面来看（见图2-22），1998~2007年企业到高速公路距离的均值经历了先下降后小幅上升的过程，1998年企业到高速公路距离的均值为20.96公里，到2004年降到了最低点14.28公里，此后有小幅度的上升，到2007年距离均值为18.57公里。这主要与国家出台的"五纵七横"国道主干线规划有关，其目的是建立由高等级公路组成的国道网络体系，经过十几年的发展，中国公路里程有了明显的增加和质量有了明显的改善，一个将省会城市、交通枢纽和主要陆上口岸连接起来的国道主干线系统逐渐形成。值得注意的是，2004年之后企业到高速公路距离均值有所上升，这主要与2004年全国经济普查有关，更多的私营企业被收录到中国工业企业数据库中，具体而言，1998年所报告的企业主要是国有企业和集体企业，私营企业数量很少，到2004年之后，私营企业进入数量迅速增加，而国有企业和集体企业退出的数量较多。由于土地成本和企业发展历程等问题，私营企业所处的地理区位远不及国有企业和集体企业，多数位于较为偏远和交通不发达的地区，位于高速公路距离较远的企业数量迅速增加，使企业到高速公路距离的均值上升。在对不同区域的分析中可以发现，企业到高速公路距离的均值呈现西部区＞中部区＞东部区的状态，但是西部区距离下降得最多，从1998年的55.71公里下降到2007年的43.22公里，西部区由于地广人稀以及交通基础设施发展基础较差，所以企业到高速公路的距离最远，随着"西部大开发战略"的实施，交通基础设施作为连接区域之间的桥梁，承载着缩小区域差距的重任，是政府政策关注的重点，更多的资金被投入交通基础设施领域，所以发展速度较快，西部区企业到高速公路的距离持续缩短，但是与中东部地区相比还存在很大差距。中部区企业到高速公路距离的均值比西部区低一半左右，说明中部区交通基础设施的发展基础相对较好，具体而言，距离均值从1998年的27.03公里下降到2007年的26.75公里，下降幅度较为微弱。东部区企业到高速公路距离的均值有所上升，从1998年的13.55公里上升到2007年的14.04

公里，说明东部区出现了大量的私营企业，拉升了企业到高速公路距离的均值。

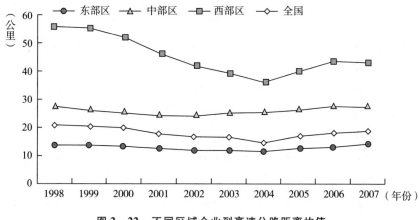

图 2 - 22　不同区域企业到高速公路距离均值

利用 Arcgis 软件计算得出 1998 年和 2007 年基于省级层面的企业到高速公路距离的均值，进一步用自然断裂法将企业到高速公路距离的均值从低到高划分为 5 个级别，依次为距离的最低区、距离的次低区、距离的中间区、距离的次高区、距离的最高区。[①]

通过对省级层面的研究可知，企业到高速公路距离均值的空间分布从东南沿海到内陆地区的梯度是递增的，导致了显著的沿海与内陆的空间分异，但是随着内陆地区交通基础设施的快速发展，这种差距有逐步缩小的趋势。研究期间企业到高速公路距离均值一直处于最低区的为北京、天津、上海，这三个直辖市具有绝对的优势；而中部地区的山西、河南、江西处于较低水平区；企业到高速公路距离处于较高水平区的为内蒙古、新疆、西藏等西部地区省份（见表 2 - 13）。

---

① 1998 年距离均值的 5 个级别分别是：最高区为 109. 3859 ~ 920. 424，次高区为 44. 1981 ~ 109. 3859，中间区为 24. 9492 ~ 44. 1981，次低区为 13. 8572 ~ 24. 9492，最低区为 5. 7629 ~ 13. 8572。2007 年距离均值的 5 个级别分别是：最高区为 180. 2451 ~ 742. 9171，次高区为 64. 0441 ~ 180. 2451，中间区为 37. 9946 ~ 64. 0441，次低区为 20. 0823 ~ 37. 9946，最低区为 5. 5629 ~ 20. 0823。单位均为公里。

表 2-13　部分省份企业到高速公路距离均值

单位：公里

省份	1998 年	2007 年
北京	10. 2263	6. 88018
天津	5. 762914	8. 896193
河北	16. 08402	16. 36529
山西	17. 23844	16. 84375
内蒙古	83. 81806	117. 1231
辽宁	16. 83051	19. 54824
吉林	92. 97913	55. 72405
黑龙江	89. 39443	64. 04404
上海	7. 904822	5. 562926
江苏	12. 08115	14. 54581
浙江	13. 46076	15. 06665

注：全部数据结果见附录。

1998 年，距离均值较小的区域为北京、天津、上海、浙江、江苏等东部沿海地区，这主要与地区土地面积较小、经济活动密度较高等影响因素有关。而西部地区由于地广人稀，企业的分布往往较为分散，所以企业到高速公路距离较远，此外地理和气候条件的恶劣在一定程度上限制了交通基础设施的发展，所以西部地区的内蒙古、新疆、西藏、甘肃、青海等的企业可达性较差，均处于较高水平区。2007 年，北京、天津、上海仍然处于最低区，主要与直辖市的特殊政策和地区土地面积较小有关，广东的企业到高速公路的距离改善较为明显，从次低区下降到最低区。沿海地区的浙江省和江苏省一直处于最低区，辽宁省、河北省、山东省、福建省均从次低区下降到最低区。

第三章 交通基础设施与企业全要素生产率

一 微观企业的重点文献借鉴

交通基础设施存在正外部性已经被诸多研究所证实。在宏观层面，交通基础设施通过促进技术进步、提高规模效率、优化资源配置等几个方面提升区域全要素生产率，保证经济能够长期高质量增长，而宏观经济体是由无数个微观企业组成，随着微观数据可利用性增强，从企业层面对经济效应的研究成为一个新的视角。

在企业库存研究方面，Shirley 和 Winston（2003）建立了企业最优库存决策的 EOQ 模型，将公路运输的成本、速度以及可靠性统一纳入研究框架中，说明公路系统的优化能够最大限度地降低企业库存成本以及物流成本，并利用美国的企业数据分析了高速公路降低企业库存进而对整体经济效率的影响。在此基础上，H. Li 和 Z. Li（2013）利用 1998～2007 年中国的工业企业数据，将理论机制与中国的实际情况进行结合，发现交通基础设施投资使企业库存下降一半，节省的资本相当于工业总产出的一半。此外，还有学者从交通基础设施对企业库存的溢出效应方面展开研究。李涵和唐丽淼（2015）通过构建四种空间权重发现，省级公路交通基础设施对企业库存具有显著的空间溢出效应，估计得出的弹性值为 - 0.087，进一步研究还发现，外省交通基础设施对国企和内陆地区企业库存作用较小。Datta（2012）

对印度黄金四边形公路网展开研究，发现黄金四边形公路网升级，使位于沿线的制造业企业库存管理能力和资源投入水平有了明显的提升。

在贸易与全球化方面，盛丹等（2011）以新新贸易理论为视角，探讨了交通基础设施对企业出口行为的影响机制，发现交通基础设施主要改变企业出口的固定成本，降低企业出口门槛，增加了出口企业数量，但对出口量的影响微弱，即交通基础设施对企业出口的影响更多地体现在"扩展的边际"上。刘民权（2018）研究了交通基础设施在中小企业融入全球供应链和价值链中的作用，发现交通基础设施不仅能够直接促进中小企业各项经营业绩提升，还有助于中小企业融入全球生产网络体系中。

在其他种类基础设施与企业生产经营方面，刘新梅等（2011）考察基础设施产业放松规制对企业效率的影响，发现放松规制能够激发企业的生产积极性，提高被规制企业的生产效率，此外，放松规制改变了企业的外部经营环境，加强了竞争程度，进而促使企业提高内部效率。李坤望等（2015）分析信息基础设施与企业出口绩效的关系，发现信息基础设施水平高的国家在信息化密度高的行业有优势，企业的出口绩效更好，此外，信息化密度的提高会影响企业的劳动生产率，进而提高企业的出口绩效。蔡晓慧和茹玉骢（2016）探讨了基础设施投资对企业技术创新的影响，发现该影响在短期与长期存在异质性，从短期来看基础设施投资会通过金融市场挤出企业研发投资，不利于企业的技术创新；从长期来看随着基础设施存量的累积，产品市场规模的扩大能够提高创新的资本回报，激励企业进行创新投资。另外，从企业规模来看，基础设施投资有利于大企业的创新，而不利于小企业的创新。

有两种观点解释了基础设施影响企业全要素生产率的机制，第一种是直接方式，基础设施作为一种独立的生产要素直接地进入企业的生产过程，从而提高全要素生产率（Nadiri and Mamuneas，1994）；第二种是间接方式，基础设施通过提高企业现有要素的生产效率进而提高全要素生产率（Hulten and Schwab，1991）。但是迄今为止并没有得到一致的结论，所以研究基础设施改善对企业全要素生产率的作用机制仍具有很强的理论意义。随着半参数 OP 法和 LP 法的提出，企业进入和退出被纳入计算体系中，学者对微观企业全要素生产率的研究变得更加准确,特别是 Brandt 等 (2012) 在其经典著作中,运用序贯判别法对中国工业企业数据进行跨期匹配并形成了完整的面板数据,为后来的研究奠定了基础。此后龙小宁和高翔 (2014)、刘冲和周黎安 (2014) 探讨了县级高速公路能否提高企业全要素生产率的问题;高翔等 (2015) 主要关注交通基础设施对服务业企业全要素生产率的作用;张梦婷等 (2018) 以市场准入为视角,研究高铁开通对企业全要素生产率的影响;施震凯等 (2018) 考察了铁路提速对企业全要素生产率增长的作用。通过对以往的研究进行梳理可以发现,从交通基础设施种类来看,学者们通常选取铁路和公路作为研究对象;从数据选取层面来看,学者们主要运用实物形态的宏观 (国家、省级、市级) 公路、铁路里程作为衡量指标;还有部分学者比较交通基础设施开通前后的影响。随着地理信息技术的发展,我们利用 Arcgis 软件计算出每家企业到最近高速公路的距离,以此作为交通基础设施的替代指标,这能够体现出交通基础设施对每家企业影响的异质性,成为微观企业研究的前沿方法。本章就采取这种方式,主要关注交通基础设施优化带来的可达性提高如何增加企业全要素生产率,然后从企业的不同特征进行考察,研究交通基础设施对国有企业与非国有企业、资本密集型企业与劳动密集型企业、出口型企业与内销型企业、东中西部地区企业以及不同区位企业全要素生产率的影响。

二　运输距离缩短提升企业全要素生产率的理论模型

在 Keller (2002) 基准模型的基础上,将两地区之间的距离进一步细化,区分为企业到最近高速公路入口距离和两地高速公路运输距离,其中假定企业到最近高速公路入口的距离随企业区位条件或高速公路入口的修建而变化,两地高速公路运输距离是不变的。以此探讨企业到最近高速公路距离的缩短对企业全要素生产率的影响。

假设甲、乙两地之间相互影响且存在对称关系,两地之间的总运输距离为 D,其由企业到最近高速公路入口的距离 S_1 和两地高速公路运输距离 S_2

构成，所以两地区的总运输距离可表示为：$D = S_1 + S_2$。假设甲地企业产出 Y 符合迪克西特－斯蒂格利茨的固定替代弹性生产函数（CES 生产函数）：

$$Y = AK^{1-\alpha} \left[\int^N d(i)^\alpha di + \int^{N^*} m(i^*)^\alpha di^* \right] \tag{3.1}$$

其中，A 为常数项，K 是资本，α 是产出弹性，满足 $0 < \alpha < 1$，d 和 m 分别表示来自甲地和乙地垄断厂商提供的中间投入品数量，i 和 i^* 为投入种类，N 和 N^* 是相应的投入组合。假设甲、乙两地中间投入品价格分别为 p 和 p^*：

$$p = \alpha AK^{1-\alpha} d^{\alpha-1} \tag{3.2}$$

$$p^* = \alpha AK^{1-\alpha} m^{\alpha-1} \tag{3.3}$$

劳动作为垄断厂商生产中间产品的唯一投入要素，w 和 w^* 是两地区的工资水平，使用本地区的中间投入品运输成本为 0，使用外地中间投入品的运输成本为 e^D，垄断厂商的最优价格为 $p = w/\alpha$ 和 $p^* = w^* e^D/\alpha$，当达到均衡时，m 和 d 之间存在如下关系：

$$m = de^{-D/(1-\alpha)} = de^{-(S_1+S_2)/(1-\alpha)} \tag{3.4}$$

假定两地区以不可替代的劳动 L 和 L^* 作为投入要素，N 和 N^* 是相应的中间投入品的组合，可进一步推导出如下关系式：

$$d = L\{N[1 + e^{-(S_1+S_2)\alpha/(1-\alpha)}]\}^{-1} \tag{3.5}$$

$$m = L^*\{N^* e^{(S_1+S_2)}[1 + e^{1/(1-\alpha)}]\}^{-1} \tag{3.6}$$

对式（3.5）、式（3.6）进行简化，我们假设 $\xi^*(D) = (\xi_d/\xi_m)^\alpha$，此外，$\xi_d(D) = 1 + e^{-(S_1+S_2)\alpha/(1-\alpha)}$ 和 $\xi_m(D) = e^{(S_1+S_2)}[1 + e^{1/(1-\alpha)}]$，由此可知，$\xi^*(D)$ 与 $S_1 + S_2$ 项负相关，$\xi_d(D)$ 与 $S_1 + S_2$ 项负相关，$\xi_m(D)$ 与 $S_1 + S_2$ 项正相关。另外假设 $\tilde{A} = A\xi_d^{-\alpha}$，将上述 d 和 m 的公式代入 CES 生产函数，可推导出甲地企业的生产函数：

$$Y = \tilde{A}K^{1-\alpha} L^\alpha [N^{1-\alpha} + N^{*1-\alpha}\xi^*(D)] \tag{3.7}$$

进一步假定企业全要素生产率可由 Cobb-Douglas 生产函数求得，即 $TFP = Y/(K^{1-\alpha}L^\alpha)$，通过取对数将生产函数进一步化简，可得：

$$\ln TFP = \ln \tilde{A} + \ln \left[N^{1-\alpha} + N^{*1-\alpha} \xi^{*}(D) \right] \qquad (3.8)$$

式（3.8）显示了 TFP 与 $\xi^{*}(D)$ 是正相关的，而 $\xi^{*}(D)$ 与 $D = S_1 + S_2$ 负相关，由此可以推断出，当企业到最近高速公路距离缩短时（即 S_1 减小），将会使总运输距离 D 减小，并最终使企业全要素生产率提高，即企业到最近高速公路的距离是影响企业全要素生产率的重要因素。

三　企业全要素生产率的测算

（一）中国工业企业数据库的匹配及数据处理

数据来源于 1998～2007 年中国工业企业数据库，中国工业企业数据库的样本包含全部国有工业企业以及主营业务收入在 500 万元以上的非国有企业，由于中国工业企业数据库并非由学术机构所整理收集，所以存在样本值缺失、指标大小异常、样本匹配混乱等诸多问题，需要对数据进行处理，以便后续能够进行更好的分析。

在样本匹配方面，按照 Brandt 等（2012）所使用的序贯判别法，依次使用法人代码、企业名称、法人名称和区域代码、电话号码和行业代码、开业年份 + 乡镇 + 主要产品进行匹配。经过上述匹配过程，总共得到 597459 家企业的 2122345 个样本。

在缺失值和异常值处理方面，删除总产出、工业增加值、工业中间投入品、固定资产净值等变量为负值、缺失或为零值以及从业人数小于 8 人的样本企业，删除企业成立年份失效以及不满足会计准则的样本；2004 年缺失的工业增加值，利用公式"工业增加值 = 销售收入 + 期末存货 - 期初存货 - 工业中间投入 + 增值税"进行计算。

在研究行业的选取方面，由于不同行业的差异性显著，例如矿产采选、石油开采加工及水电煤气生产等行业中，自然资源在生产中的作用很大，生产函数不能简单地设定为 Cobb-Douglas 生产函数，此外服务业的生产函数也较为复杂，并非 Cobb-Douglas 生产函数所能刻画。所以选取国民经济行业分类（GB/T 4754—2002）中 13—42 类（不包括 38）共 29 个制造业行业进行分析，值得注意的是，由于 2002 年国家对行业分类进行调整，1994 年分类标准与 2002 年分类标准在两位数行业分类标准上没有差异，但是在三位数以及四位数行业上有较大差异，因此在行业方面主要研究两位数行业；水电煤气生产行业在 2002 年的新标准中也被包括在制造业行业中，因此把这些行业排除在外。

（二）基于半参数 OP 法和 LP 法的测算

1. 基于 OP 法的测算

在估计全要素生产率之前需要对生产函数的形式进行设定，我们可以选择超越对数生产函数和 Cobb-Douglas 生产函数，尽管超越对数生产函数在理论上有诸多优点，但是由于 Cobb-Douglas 生产函数的结构形式灵活、能够较好地避免函数形式误设带来偏差以及能够更直观地测度规模经济情况，所以我们的生产函数形式选择 Cobb-Douglas 生产函数形式：

$$Y_{it} = A_{it} L_{it}^{\alpha} K_{it}^{\beta} \tag{3.9}$$

其中，Y 表示产出，L 和 K 分别表示劳动和资本，A 表示全要素生产率，通过对式（3.9）取对数可以转化为线性形式：

$$y_{it} = \beta_0 + \beta_l l_{it} + \beta_k k_{it} + u_{it} \tag{3.10}$$

根据索洛余值法，式（3.10）的误差项和常数项包含了企业全要素生产率，但是，直接以做差的形式计算企业全要素生产率会产生两个问题。第一个是同时性偏差（Simultaneity Bias），与宏观经济的情况不同，企业作为生产经营的微观个体，其生产效率有一部分在当期是可以被观察到的，生产经营者能够通过调整生产要素的投入来对这些信息进行反映，以达到生产最大化的目标。当这种情况发生时，代表企业生产率的残差项和解释变量会产生相关性，导致普通最小二乘法的估计是有偏的。第二个是样本选择性偏差（Selectivity and Attrition Bias），这是由生产率的差异，导致企业退出市场的概率与资本存量或存活年数存在相关性造成的。

为了解决同时性偏差，可以将式（3.10）的残差项做拆分，即 $u_{it} = \omega_{it} + \eta_{it}$，$\omega_{it}$ 是能被企业观测到并影响当期要素选择的生产率，η_{it} 是真正的残差项。利用永续盘存法建立企业资本存量和投资额之间的关系：$k_{it+1} = (1-\delta)k_{it} + i_{it}$，其中 i 表示投资，δ 表示折旧率，k 表示资本存量。建立一个包含资本存量、生产率的多项式，并将其代入线性方程可得：

$$y_{it} = \beta_l l_{it} + \phi_t(i_{it} k_{it}) + \eta_{it} \tag{3.11}$$

上述方程是一个半参数回归方程，它主要解决样本的同时性偏差。为了解决第二个问题，即样本选择性偏差，需要建立一个企业生存概率 Probit 模型：

$$Pr\{\chi_{t+1} \mid \underline{\omega}_{t+1}(k_{t+1}), J_t\} = \rho_t\{\underline{\omega}_{t+1}(k_{t+1}), \omega_t\} = \rho_t(i_t, k_t) \equiv P_t \tag{3.12}$$

利用半参数回归方程和 Probit 模型，我们可以分别得到 β_l、β_k 和 ϕ_t，最后通过索洛余值法得到企业全要素生产率：

$$TFP_{it} = \exp(y_{it} - \beta_l l_{it} - \beta_k k_{it}) \tag{3.13}$$

OP 法的实质是用投资作为无法观察的生产率的代理变量，能够较好地解决同时性偏差以及样本选择性偏差问题。但是在实证分析中，企业的投资并不好测量，中国工业企业数据库中存在大量零投资的企业，造成了样本信息的损失，由此，Levinsohn 和 Petrin（2003）对 OP 法进行了拓展和修正，利用工业中间投入代替投资作为不可观测的生产率的代理变量，在有效控制样本选择性偏差和同时性偏差的情况下，能够很好地解决样本信息损失的问题。由此 OP 法和 LP 法成为估计企业全要素生产率最流行的方法。

我们建立如下模型：

$$\ln Y_{it} = \beta_0 + \beta_k \ln K_{it} + \beta_l \ln L_{it} + \beta_a age_{it} + \beta_s sta_{it} + \beta_e expor_{it} + \varepsilon_{it} \tag{3.14}$$

其中，Y 代表产出，用工业增加值表示；i 代表企业；t 代表年份；age 表示企业存活年数；K 和 L 分别表示资本和劳动；sta 表示企业是否为国有企业的虚拟变量，当企业为国有企业时取 1，为非国有企业时取 0；$expor$ 表示企业是否有出口行为的虚拟变量，当企业有出口行为时取 1，反之取 0。

值得注意的是，半参数 OP 法有三步估计，其中涉及状态变量（*state*）、控制变量（*cvars*）、自由变量（*free*）和代理变量（*proxy*）的选择，具体而言，代理变量利用投资来衡量，控制变量包含是否为国有企业和企业是否有出口行为，状态变量包含资本和企业年龄，自由变量由劳动表示。

在平减及指标选择方面，根据以往文献的做法，用各企业每年的固定资产净值作为企业资本存量，并用 1998 年为基期的固定资产投资价格指数进行平减；利用永续盘存法求企业每年的投资，我们选取的折旧率为 10%；以各地区的工业品出厂价格指数对工业增加值和工业中间投入品进行平减，并利用工业增加值衡量企业的总产出；其他与价格相关的指标，利用 CPI 指数进行平减。此外根据 Hsieh 和 Klenow（2009）的做法，在计算出全要素生产率之后，去除前后各 1% 分位的极端值。最终得到 546877 家企业的 1861088 个观测值。

利用平减及整理后的数据，我们分别采用 OP 法、普通最小二乘法（OLS）以及固定效应法（FE）计算得出资本和劳动的弹性系数以及全要素生产率的平均值。按照理论预期，与其他方法相比，半参数 OP 法能够克服样本的同时性偏差，所以 OP 法计算的 Cobb-Douglas 生产函数的资本弹性系数会上偏，高于传统生产函数方法和固定效应法计算的结果。由表 3-1 可知，OP 法估计的资本弹性系数为 0.3983，显著高于 OLS 法估计的资本弹性系数 0.2833 和 FE 法估计的资本弹性系数 0.2098。此外，由于存在样本选择性偏差，OLS 法和 FE 法得出的全要素生产率（TFP）均值高于 OP 法的计算结果，由表 3-1 可知，OP 法计算得出的 TFP 均值为 3.1202，而 OLS 法和 FE 法得出的均值分别为 4.0792 和 4.6244，符合理论预期。以上两点可以说明，OP 法能够克服同时性偏差和样本选择性偏差带来的估计系数有偏问题，所以采用 OP 法估计出的企业全要素生产率是有效的。

表 3-1　OP 法、OLS 法及 FE 法估计结果比较

估计方法	β_k	β_l	TFP 均值
OP	0.3983	0.4891	3.1202

续表

估计方法	β_k	β_l	TFP 均值
OLS	0.2833	0.4864	4.0792
FE	0.2098	0.4979	4.6244

注：估计系数均在 1% 的水平下显著。

2. 基于 LP 法的测算

如何选取中国工业企业数据库中的投入产出变量对结果的准确性有重要影响，利用 OP 法计算企业全要素生产率时，资本存量和投资变量的选取有两种方法，第一种是利用永续盘存法求资本存量，利用 1998 年的固定资产净值或首次出现在资料中的固定资产净值作为初始资本存量，并把相邻两年的固定资产原值的差作为实际投资额，折旧额选本年折旧进行衡量，以上指标均使用相关的价格指数进行平减处理（简泽、段永瑞，2012；李玉红等，2008）；第二种是利用永续盘存法求投资，用各企业每年的固定资产净值作为企业资本存量，折旧额选取本年折旧指标或通过设定一个折旧率（通常为 9.6%、10% 或 15%）来计算（鲁晓东、连玉君，2012）。但是在实际应用中，采用上述两种方法都会导致投资数据的缺失，浪费了大量的有用信息，此外，投资与生产率之间可能并不满足单调性条件，导致 OP 法估计有偏。Levinsohn 和 Petrin（2003）通过对 OP 法的研究发现，利用投资数据代替不可观测生产率存在很多不足之处，进一步他们提出利用中间投入品指标代替投资也能解决同时性偏差带来的内生性问题，使用中间投入品代替不可观测的生产率冲击有如下优点：第一，中间投入品指标缺失很少，而且基本是正数；第二，在企业实际经营中，中间投入品的调整较为灵活，所以中间投入品对生产率冲击的反应比投资更灵敏；第三，由于中间投入品不是状态变量，使用该变量计算的生产率模型与经济理论联系更加紧密。

（三）企业全要素生产率水平及演变趋势

由于行业间的生产技术是不同的，所以计算整体的全要素生产率是很困难的，文献中最常用的方法是采用企业层面全要素生产率加权得到整体的全要素生产率，根据 Brandt 等（2012）、Hsieh 和 Klenow（2009）的做法，权重可以用工业增加值、工业总产值、从业人数等代替。我们采用工业增加值为权重、工业总产值为权重、从业人数为权重以及简单平均四种方法，值得注意的是，利用该方法得到的全要素生产率没有含义，但是在不同的年份之间具有可比性，所以需要进一步分析不同年份企业全要素生产率的演变特征。在年份选取方面，由于在中国工业企业数据库 2004 年的数据中，工业增加值、工业总产值等关键指标缺失，采用符合会计准则的相关方法予以补充，所以计算出的企业全要素生产率与其他年份有差异，无法进行比较，在本部分的分析中予以剔除，但是并不破坏全要素生产率整体的演变趋势。

从图 3-1 的结果可知，在四种方法下得到的全要素生产率都呈现逐年

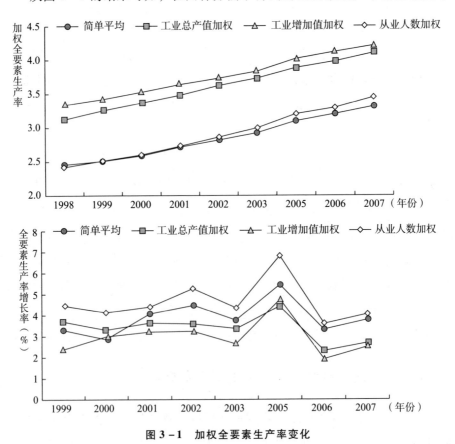

图 3-1 加权全要素生产率变化

增加的趋势，但是以工业增加值为权重和以工业总产值为权重计算出的全要素生产率要高于以从业人数为权重和简单平均计算出的全要素生产率。在全要素生产率增长率方面，在四种方法下以从业人数为权重计算的结果最高，而以工业增加值为权重计算的结果最低。以工业增加值为权重时，全要素生产率由 1998 年的 3.3374 上升到 2007 年的 4.2165，年均增长 2.63%，1999~2007 年，全要素生产率的增长率保持在 2%~5%。以从业人数为权重时，全要素生产率由 1998 年的 2.3997 上升到 2007 年的 3.4436，年均增长 4.09%，1999~2007 年，全要素生产率的增长率大多高于 4%。

四　高速公路运输距离影响企业全要素生产率的计量模型

（一）计量模型构建

在研究高速公路如何影响企业全要素生产率时，以企业到最近高速公路的距离来作为交通基础设施的替代指标，试图回答当企业到最近高速公路的距离缩短时（或者可以表述为高速公路运输距离的缩短），是否会提升企业全要素生产率，建立如下基本计量模型：

$$TFP_{it} = \alpha_0 + \beta_1 highway_{it} + \beta_2 X_{it} + \beta_3 D_{jt} + \varepsilon_{it} \tag{3.15}$$

式（3.15）中 i、j、t 分别代表企业、省级区域、时间，TFP 代表企业全要素生产率，$highway$ 代表企业到最近高速公路的距离，X 代表一系列企业级控制变量，企业规模（$employment$）用企业平均就业人数衡量，企业资本密集度（ppk）用人均固定资本量衡量。D 代表宏观省级控制变量，gov 代表政府的影响，用财政支出占 GDP 的比重表示；$pgdp$ 是地区经济发展水平，用省级人均 GDP 表示；$open$ 代表地区开放水平，用进出口贸易总额占 GDP 的比重表示，其中，贸易总额用历年人民币年平均汇率折算；ser 为第三产业增加值占 GDP 的比重，用以衡量地区的产业结构；ε 代表误差项。

主要变量的描述性统计结果如表 3-2 所示。

表 3-2　主要变量的描述性统计结果

变量	变量解释	均值	标准差	样本数
lnTFP	企业全要素生产率对数	3.1202	1.0368	1765473
ln$highway$	企业到最近高速公路的距离对数	8.7692	1.4023	1236654
ln$employment$	企业规模对数	4.7992	1.0745	1765473
lnppk	企业资本密集度对数	3.8249	1.2417	1763846
gov	政府的影响	0.1118	0.0376	1765473
$open$	地区开放水平	0.3583	0.3551	1765473
$pgdp$	地区经济发展水平	9.7016	0.6236	1765473
ser	第三产业增加值占 GDP 的比重	0.3976	0.0647	1765473

（二）计量方法和内生性问题的解决

1. 计量方法

在估计方法方面，采取了三种计量方法，分别为普通最小二乘法（OLS）、固定效应法（FE）或随机效应法（RE）、工具变量法（IV），普通最小二乘法能够得出变量之间的相关关系，但不能解释变量之间的因果关系，企业全要素生产率由于与企业到最近高速公路的距离、企业规模等变量之间可能存在逆向因果关系而导致内生性问题，例如，企业到最近高速公路的距离缩短，使企业可达性提高，扩大了企业的市场范围，提高了信息沟通效率，由此带来企业全要素生产率的提高；同时，全要素生产率高的企业可能更倾向于分布在交通便利的区域，值得注意的是，模型设置时遗漏重要变量也会导致内生性问题的存在。为了解决可能导致偏误的内生性问题，本书首先运用静态面板数据方法，即固定效应或随机效应模型，控制不随时间变化的变量，但是，逆向因果关系导致的内生性问题仍无法解决，为了克服这一问题，采用三种方法构建工具变量，第一种是以解释变量的滞后项作为工具变量，第二种是利用各省份的地形平坦程度构建工具变量，第三种是利用 1985 年公路网络密度作为工具变量，并通过 LM 统计量验证选取的工具变量是否为可识别的，以及 Wald 检验中的 F 统计量来确定工具变量是否为弱工具变量，基于以上三种方法可以有效地解决内生性问题。

2. 内生性问题的解决

普遍存在的内生性问题会导致计量模型的回归结果有失准确，工具变量法因为可以有效缓解内生性问题而受到学者们的青睐，在原理上工具变量需要满足"排他性约束"，即工具变量影响被解释变量的唯一渠道是通过对内生解释变量产生影响，进而改变被解释变量，它排除了所有其他的可能影响渠道，所以在现有文献中有两种方法来获取工具变量：①使用内生解释变量的滞后项作为工具变量；②创造性地选取只与内生解释变量相关而与随机扰动项不相关的外生变量。

滞后项工具变量的选取：为了解决可能导致偏误的内生性问题，可以使用解释变量的滞后项作为工具变量并采用两阶段最小二乘法（2SLS）进行估计，考虑到企业规模和企业资本密集度与全要素生产率存在逆向因果关系，而微观企业全要素生产率与宏观经济变量不存在逆向因果关系，将企业到最近高速公路的距离、企业规模和企业资本密集度视为内生变量，并以它们的滞后项作为工具变量。

通过选取各省份的地形平坦程度以及1985年公路网络密度作为交通基础设施的工具变量，对于地形平坦程度，使用各省份平地面积占土地总面积的比重来衡量，该数据来源于中国自然资源数据库。工具变量的合理性在于地形与交通基础设施的建设与维护有关，而地形情况是自然形成的与其他的经济变量不相关。现实情况是，地区的平地面积占比越高，修建交通基础设施的成本越低，交通基础设施的发展越好；而自然地理条件较差，建设与维护成本较高通常导致基础设施供给不足。对于公路网络密度，选取的1985年公路网络密度反映了历史上的交通基础设施发展状况，由于历史延续性的存在，早年交通基础设施发达的地区，现在的发展基础较好，该工具变量同样满足外生性条件，与其他变量不相关。

五 其他变量的选取

(一) 企业层面的影响因素

1. 企业到最近高速公路的距离

现有文献基于可达性角度对交通基础设施与微观企业的关系进行测量，主要有两种方法。第一种是测量企业到最近高速公路或收费站点（入口处）的距离（Holl，2016），距离越远说明交通基础设施对企业的影响越小，从理论上来讲，测量企业到最近高速公路入口的距离更符合实际情况，但是相关的高速公路地图中缺乏对高速公路入口的具体定位，而且不同地区高速公路入口的密集程度又会不一样，例如东部沿海地区高速公路入口比中西部地区密集，城市的高速公路入口又会比偏远乡镇密集，中国的现实情况是，不但较大的县城有高速公路入口，而且较大的乡镇一般也有高速公路入口，所以用企业到最近高速公路的直线距离来测量是一种可行性较高且误差较小的方式。第二种方法是设置虚拟变量，确定一个合理的距离阈值（Faber，2014），例如阈值设定为 30 公里，企业或者企业所在县在 30 公里内有高速公路时，变量取值为 1，否则取值为 0，具体研究中可以根据研究的具体问题和数据情况来选择阈值。

我们采用如下两种测量方法。第一种方法，首先调用国家地理信息公共服务平台天地图 API，确定 1998～2007 年中国工业企业数据库中每家企业的经纬度和全国高速公路位置；然后导入 Arcgis 软件，利用 ArcToolbox 测算出每家企业到最近高速公路的距离。第二种方法，测量高速公路的建设情况，即构造是否有高速公路的虚拟变量，根据 Faber（2014）对高速公路的测量方法，首先设定一个距离界限（用 *expressway* 表示），假如定为 40km，则企业在 40km 之内有高速公路相连，虚拟变量取值为 1，当企业在 40km 之内没有高速公路相连，虚拟变量取值为 0；然后分别以 50km、60km、70km、80km、90km 为界限，重构企业是否有高速公路相连的虚拟变量。

2. 企业规模

企业规模的大小对企业全要素生产率会有重要的影响，大企业资金雄厚，更愿意对风险较高的创新研发投资，采购先进的生产技术设备，完善组织机构和管理制度，以上因素均有利于企业全要素生产率的提升。但是大企业同样会由于管理层级过多、内部协调成本过大而导致低效的情况（Fernandes，2007），当企业规模扩张到一定程度时，创新投入与企业产出的关系由正变负（Scherer，1965），基于中国的特殊情况，大企业往往又是国有企业，属于国家重要的基础性产业或战略性产业，所以它们是政府关注的焦点，适当的扶持政策会对其发展有利，但是过多的政府干预不利于企业全要素生产率的提升。

3. 企业资本密集度

资本密集度高意味着企业倾向于使用更为先进的技术和设备，可以为企业提供更高的生产效率（Jason，2008），企业全要素生产率的提升与技术进步和效率提升有关，资本密集度高的企业有更为强烈的意愿把生产技术和生产条件的新组合引入生产函数形成技术进步，它们往往规模较大、拥有的资金较多，容易形成规模报酬递增的效果，可以有效促进规模效率的提升。此外，随着资本密集度的提高，资本和劳动逐渐接近最优的配比水平，资本有机构成不断优化，技术进步与效率提升带来产出的持续增加。与企业规模一样，资本密集度高的企业一般是电子与通信设备制造业、运输设备制造业、石油化工业、重型机械工业、电力工业等关系国计民生的基础性产业，是国家调控经济的有力抓手，过多的行政性指令会降低企业的生产效率，同时这些基础性产业并不只是以经济效率作为唯一的衡量标准，其给相关经营部门带来的稳定性作用以及对社会福利的最大化作用同样不容小觑。

（二）地区层面的影响因素

1. 政府的影响

政府对宏观经济有正负两方面的影响。一方面政府对教育以及创新的投入，可以增加区域人力资本积累以及创造良好的创新环境，有利于企业全要素生产率的提升；政府对本地区公共基础设施的投资增加了地区的发展潜力，能够吸引更多的企业到该地区集聚，由此带来劳动力共享、知识溢出、中间投入品共享等正外部性因素，对企业乃至整个地区具有良好的作用。但是另一方面政府过大的行政成本带来了经济的低效，占用了大量本该投入教育、科技、基础设施领域的资金，不利于外部环境的优化，阻滞了企业全要素生产率的提升。

2. 地区经济发展水平

经济发展水平高的地区，往往市场环境良好、法律制度健全、拥有良好的金融支持服务与产品交易平台，企业能够方便地接触到先进的科学技术，企业之间的交流沟通较为频繁，容易掌握市场最新的动向，克服信息不透明带来的生产损失，此外经济发达地区的人均收入较高，便于形成庞大的消费市场，地区内的企业有更强的动力以及更多的资金去提升自身的生产效率，进而获得更多的利润。另外，北京、上海、深圳等经济发达地区的企业密集，企业之间竞争激烈，生产效率低下的企业往往很容易被淘汰出局，留下来的都是生产率较高的企业。由于市场环境较好、进入壁垒较低等缘故，新进入的企业较多，这些朝气蓬勃的企业有更强烈的创新动机。经济发达地区的市场对资源的配置作用更强，使资源从效率低下的企业流向优秀的企业，促进在位高效率企业的进一步发展。

3. 地区开放水平

地区开放水平的提升增加了企业与国外市场联系的机会，一方面国外直接投资带来的技术与资本，能够促进国内企业进一步发展，另一方面企业也能够"走出去"开展对外直接投资，在"接近效应"的作用下，拉近了企业与世界先进技术和产品信息的距离，它们通过对东道国科技资源及研发要素的使用，有助于自己掌握更为先进的技术，而技术在整个公司体系的分享会提高母公司的全要素生产率。在东道国生产的"规模经济效应"降低了企业的单位平均成本，在"研发费用分摊"和"利润反馈机制"的作用下，提升母国企业的全要素生产率（蒋冠宏、蒋殿春，2014）。此外，开放水平的提升，增加了本地企业参与进出口的机会，由于中国的企业存在"学习效应""出口选择效应",这两种效应可以促进企业全要素生产率的提升(张杰等,2009;邱斌等,2012)。

4.产业结构

不同地区由于历史原因以及区位因素的影响,产业结构差异较大。产业结构对全要素生产率具有重要的影响,产业结构合理化水平和产业结构高度化水平的提升伴随着要素配置效率的提高,最终会增进全要素生产率(刘伟、张立元,2018)。具体而言,东南沿海地区以轻工业为主,产业链条完善,产品附加值高,容易形成产业集聚,良好的产业结构有利于全要素生产率的提升;而东北地区以重工业为主,城市部门具有资本密集型投资倾向,产业结构相对单一,政府和社会更多关注于重要的大型项目,由于气候条件、地理区位等因素的影响,高效率的民营经济难以形成集聚规模,产业结构的单一化不利于全要素生产率的提高;而西部地区由于地处内陆,产业基础较差,交通条件不便,尽管市场化改革仍在不断推进,但是民营经济发展有限,经济活力仍然不足,地区产业结构对全要素生产率并没有产生显著的正向影响。

六 回归结果分析

(一) 基于 OLS、RE、2SLS 的回归结果分析

表 3-3 中共有六个回归模型,模型 1 是采用 OLS 估计单一企业到最近高速公路的距离对企业全要素生产率的影响。模型 2 是在模型 1 的基础上加入了相关的宏观和微观控制变量,对企业到最近高速公路的距离与企业全要素生产率的关系进行分析。模型 3 是采用随机效应模型(RE)对企业到最近高速公路的距离与企业全要素生产率的关系进行估计。模型 4 是以内生变量的滞后项作为工具变量(IV1)并采用 2SLS 对企业到最近高速公路的距离与企业全要素生产率的关系进行估计。模型 5 是以各省份地形平坦程度作为工具变量(IV2)并采用 2SLS 对企业到最近高速公路的距离与企业全要素生产率的关系进行估计。模型 6 是以 1985 年公路网络密度作为工具变

量（IV3）并采用 2SLS 对企业到最近高速公路的距离与企业全要素生产率的关系进行估计。

从表 3 - 3 中模型 1 的回归结果可知，企业到最近高速公路的距离与企业全要素生产率呈负向变动关系，即企业到最近高速公路的距离缩短 1%，企业全要素生产率提高 0.046%，初步验证了基础设施的改善有助于企业全要素生产率提高。现实的情况是，经济发展水平、各地区政府在"招商引资"上的标尺竞争以及向发展型政府的转型是中国基础设施建设的重要决定因素（张军等，2007），所以宏观经济因素和微观企业自身特征都会对企业全要素生产率产生影响。在之后的五个模型中，加入了相关控制变量并采用了不同的计量方法，对影响交通基础设施和企业全要素生产率的相关因素进行控制，微观层面加入企业资本密集度（lnppk）和企业规模（lnemployment），宏观层面加入政府的影响（gov）、地区开放水平（open）、地区经济发展水平（pgdp）和区域产业结构（ser）。由后五个模型的结果可以发现，在加入了相关控制变量后，企业到最近高速公路的距离的系数仍然为负且显著，以上六个模型共同验证了企业到最近高速公路的距离的增加降低了企业的全要素生产率，进一步说明了结果的可靠性。如上所述，企业到最近高速公路的距离的增加（即可达性降低），不利于企业融入更大范围的市场和参与不同产业链中的分工与协作，并以提高运输费用的方式增加了要素自由流动的摩擦成本，降低了企业全要素生产率。另外，交通基础设施条件的恶化，减弱了两地区之间的经济联系，增加了技术传播过程中的损漏，阻碍了企业在更广阔的空间内寻找更为先进的技术与资源。

值得注意的是，虽然 OLS 和 RE 方法能够有效说明变量之间的相关关系，但是由于内生性问题的存在，变量之间的因果关系不能明确，所以在模型 4 至模型 6 中加入不同形式的工具变量，采用 2SLS 方法来克服内生性问题。2SLS 估计只有通过"不可识别检验"和"工具变量检验"，才可以确定工具变量是否为可识别的和有效的。从后三个模型的回归结果来看，LM 统计量均在 1% 的显著性水平下拒绝原假设，表明工具变量是可识别的，F 统计量很显著，拒绝存在弱工具变量的原假设，由此得到的 2SLS 估计结果是一致且有效的，企业到最近高速公路的距离对企业全要素生产率的影响为负且很显著，与前三个模型的结果保持一致。

其他几个影响企业全要素生产率的因素中，企业规模和企业资本密集度的系数均为负且显著，这与中国的实际情况相符，在经济增长锦标赛的激励下，地方政府的资金和政策偏向资本密集型领域（Chen and Yao，2011）。大型企业和资本密集型企业往往是政府关注的焦点，过度的政策干预会降低企业的全要素生产率。地区开放水平和地区经济发展水平的系数基本显著为正，说明市场范围的扩大和开放型经济的确立，打破了区域市场分割，强化了区域之间的经济联系，对企业资源配置效率的提高有正向的作用。同样，经济发达的地区市场发育成熟，企业信息沟通顺畅，劳动力和资本资源丰富，对全要素生产率的提高有利。

表 3 - 3　交通基础设施与企业全要素生产率的关系

变量	OLS	OLS	RE	IV1	IV2	IV3
	模型 1	模型 2	模型 3	模型 4	模型 5	模型 6
ln$highway$	− 0.0464 ***	− 0.0205 ***	− 0.0272 ***	− 0.0101 ***	− 2.0034 ***	− 1.0947 ***
ln$employment$	—	− 0.0409 ***	− 0.0844 ***	− 0.0235 ***	− 0.1446 ***	− 0.0920 ***
lnppk	—	− 0.1142 ***	− 0.1510 ***	− 0.0760 ***	− 0.1739 ***	− 0.1549 ***
gov	—	1.7010 ***	0.9799 ***	1.8823 ***	2.6636 ***	5.5012 ***
$open$	—	0.1278 ***	0.1933 ***	0.0969 ***	− 1.1876 ***	− 0.4147 ***
$pgdp$	—	0.5026 ***	0.4786 ***	0.4502 ***	− 0.0113	0.3510 ***
ser	—	− 2.4579 ***	− 2.4271 ***	− 2.3846 ***	—	− 5.4456 ***
LM 统计量	—	—	—	5.10E + 05 ***	23.288 ***	1557.25 ***
F 统计量	—	—	—	5.70E + 05 ***	23.289 ***	1559.21 ***
常数项	3.5487 ***	− 0.2117 ***	0.4571 ***	− 0.0749 ***	22.2966 ***	12.0391 ***
观测值	1236654	1235589	1235589	725272	1235589	1235589

注：*** 表示在 1% 的水平下显著。

（二）稳定性检验

为了检验结论的稳定性，用 LP 法计算企业全要素生产率，在中国工业企业数据库中，大量企业缺失投资数据，导致样本量的损失，根据 Levinsohn 和 Petrin（2003）的建议，利用工业企业中间投入品代替投资，以求得更为准确的企业全要素生产率估计值。从表3-4中可知，稳定性检验的结果与基准模型的回归结果基本一致，企业到最近高速公路的距离的系数均为负且在1%的水平下显著，说明交通基础设施状况的恶化，不利于企业全要素生产率的提升，即企业到最近高速公路的距离缩短，有助于企业全要素生产率的提升。可见交通基础设施的改善带来了可达性提高，加快作为知识和技术载体的人力资本的流动，使企业能够获得新的生产技术与管理方式，提升企业全要素生产率。此外交通基础设施条件改善提升了区位优势，吸引企业在该地区集聚，提高了区域的经济活力，产生了密集的技术溢出，进而影响企业全要素生产率。最后交通基础设施带来的时空压缩效应，降低了企业的运输成本和时间成本，使企业能够融入更大范围的市场，带来企业分工水平的进一步深化，由此可以借助发达地区更为专业化的财务、法律等服务，提高企业的技术效率。

表3-4　稳定性检验：交通基础设施与企业全要素生产率的关系

变量	OLS	OLS	RE	IV1	IV2	IV3
	模型1	模型2	模型3	模型4	模型5	模型6
ln$highway$	− 0.0563 ***	− 0.0183 ***	− 0.0257 ***	− 0.0076 ***	− 2.2579 ***	− 1.0816 ***
ln$employment$	—	0.4938 ***	0.4489 ***	0.1518 ***	0.3768 ***	0.4432 ***
lnppk	—	0.1082 ***	0.0660 ***	0.5115 ***	0.0404 ***	0.0679 ***
gov	—	1.6896 ***	0.8375 ***	1.8417 ***	2.9035 ***	5.4515 ***
$open$	—	0.0922 ***	0.1629 ***	0.0578 ***	− 1.3869 ***	− 0.4448 ***
$pgdp$	—	0.5134 ***	0.4704 ***	0.4612 ***	− 0.6224 ***	0.3633 ***
ser	—	− 2.6093 ***	− 2.5001 ***	− 2.5197 ***		− 5.5668 ***
LM 统计量	—	—	—	5.10E + 05 ***	23.288 ***	1557.25 ***
F 统计量	—	—	—	5.70E + 05 ***	23.289 ***	1559.21 ***
常数项	6.9564 ***	− 0.3108 ***	0.5620 ***	− 0.2102 ***	25.114 ***	11.8164 ***
样本量	1236654	1235589	1235589	725272	1235589	1235589

注：*** 表示在1%的水平下显著。

我们还通过另外一种方式来测量高速公路的建设情况，即构造是否有高速公路的虚拟变量（方法见本章第五节），再次确定结果的稳定性。由表3-5中六个模型的回归结果可知，距离界限从40km到90km的变化中，企业到最近高速公路的距离的系数均为正且很显著，说明在不同距离范围内，高速公路条件的改善有助于提高企业全要素生产率。但是随着距离界限的增加，高速公路开通对企业全要素生产率的影响逐步减小，系数从40km时的0.0118下降到90km时的0.0032。可能的原因是，随着距离界限的增加，更多的企业可以连接到高速公路，由于企业到最近高速公路的距离越远，高速公路对其全要素生产率的促进作用越低，所以远距离企业数量不断增加会降低高速公路对其全要素生产率的边际作用。

表3-5　不同距离条件下交通基础设施与企业全要素生产率的关系

变量	40km	50km	60km	70km	80km	90km
	模型 1	模型 2	模型 3	模型 4	模型 5	模型 6
expressway	0.0118 ***	0.0105 ***	0.0090 ***	0.0070 ***	0.0057 ***	0.0032 ***
ln*employment*	− 0.0421 ***	− 0.0421 ***	− 0.0422 ***	− 0.0422 ***	− 0.0423 ***	− 0.0424 ***
ln*ppk*	− 0.1024 ***	− 0.1024 ***	− 0.1024 ***	− 0.1025 ***	− 0.1025 ***	− 0.1025 ***
gov	− 0.1825 ***	− 0.1834 ***	− 0.1851 ***	− 0.1871 ***	− 0.1883 ***	− 0.1901 ***
open	0.4384 ***	0.4385 ***	0.4388 ***	0.4391 ***	0.4393 ***	0.4396 ***
pgdp	0.0351 ***	0.0352 ***	0.0352 ***	0.0350 ***	0.0349 ***	0.0347 ***
常数项	− 0.5383 ***	− 0.5393 ***	− 0.5406 ***	− 0.5417 ***	− 0.5422 ***	− 0.5427 ***
样本量	1763846	1763846	1763846	1763846	1763846	1763846

注：*** 表示在1%的水平下显著。

七　对不同企业的异质性分析

由于不同所有权、不同行业以及不同地区的企业在生产规模、外部环境等方面存在较大差异，而是否参与出口同样会对企业的技术水平和规模效率产生影响，所以分析交通基础设施对不同类型企业的影响有重要的意义。基于上述考虑，从不同异质性视角分析二者之间的关系，此外，鉴于企业到最近高速公路的距离不同，产生的经济效应也会有差异，进一步把企业到最近高速公路距离的远近作为划分标准，分析距离异质性对企业全要素生产率的影响，在估计方法方面，使用 OLS 和以 1985 年公路网络密度作为工具变量（IV）的 2SLS 进行估计。

（一）基于企业所有权分类

由表 3-6 的回归结果可知，在 OLS 估计下，国有企业的高速公路项系数的绝对值大于非国有企业，但是由于内生性的存在，结果有失准确，所以在加入相关工具变量的 2SLS 估计下，得到的结果更让人信服。具体而言，非国有企业高速公路项的系数为 -1.5107，且在 1% 的水平下显著，国有企业高速公路项的系数为 -0.3706，同样在 1% 的水平下显著，说明可达性提高带来的区位优势增加，对非国有企业全要素生产率的促进作用更大。可能的原因是，非国有企业比国有企业的生产率更高，在市场竞争以及偏向政策的倒逼下，非国有企业的规模效率更高、技术创新动力更强，此外，非国有企业的运行机制灵活，对外部市场的变化更为敏感，良好的交通基础设施条件会进一步激发非国有企业的生产活力；而国有企业受制于自身的委托代理问题，管理机制较为僵化，对外部市场的变化不敏感且需要较长的调整期，所以高速公路条件的改善对国有企业全要素生产率的提升作用小。更重要的是，可达性的提升使企业面对的市场范围和竞争规模不断扩大，降低了空间距离带来的"保护性关税"，会使一些管理机制落后、创新能力不足、市场竞争力较低的国有企业退出（张天华等，2018）。

表 3-6　交通基础设施与全要素生产率所有权异质性回归结果

变量	国有企业		非国有企业	
	OLS	IV	OLS	IV
lnhighway	-0.0365 ***	-0.3706 ***	-0.0138 ***	-1.5107 ***
lnemployment	0.0817 ***	0.0513 ***	-0.0570 ***	-0.1123 ***

续表

变量	国有企业		非国有企业	
	OLS	IV	OLS	IV
ln*ppk*	− 0. 0519 ***	− 0. 0690 ***	− 0. 1121 ***	− 0. 1661 ***
gov	2. 5620 ***	3. 7094 ***	1. 7591 ***	7. 0742 ***
open	0. 8142 ***	− 0. 3608 ***	0. 3489 ***	− 0. 5891 ***
pgdp	− 0. 2259 ***	0. 7395 ***	0. 1846 ***	0. 1788 ***
ser	− 2. 1776 ***	− 3. 0345 ***	− 2. 1074 ***	− 6. 4484 ***
常数项	− 4. 4243 ***	− 0. 2787	1. 1976 ***	17. 8436 ***
观测值	159497	159497	1076092	1076092

注: *** 表示在 1% 的水平下显著。

（二） 基于企业所属行业分类

由表 3 – 7 的回归结果可知，高速公路项的系数均为负且在 1% 的水平下显著，说明高速公路能够缩短货物、旅客的运输时间，提高企业资源配置效率以及加快信息流动，有利于不同行业中企业全要素生产率的提升，但是由于两种行业自身的特征不同，高速公路对行业内企业的影响有差异。资本密集型行业对技术和设备的依赖程度更高，商务出行往往对时间比较敏感而对票价不敏感，所以航空、高铁等高端运输方式更能满足这一要求；而劳动密集型行业的劳动力对价格很敏感，价格便宜、时间灵活、运输流量大的公路运输成为劳动力转移的主要运输方式，因此高速公路对劳动密集型行业中的企业影响更大。

表 3 – 7 交通基础设施与全要素生产率行业异质性回归结果

变量	资本密集型行业		劳动密集型行业	
	OLS	IV	OLS	IV
ln*highway*	− 0. 0159 ***	− 0. 8069 ***	− 0. 0193 ***	− 1. 4136 ***
ln*employment*	− 0. 0145 ***	− 0. 0450 ***	− 0. 0664 ***	− 0. 1471 ***
ln*ppk*	− 0. 1074 ***	− 0. 1349 ***	− 0. 1319 ***	− 0. 1797 ***

续表

变量	资本密集型行业		劳动密集型行业	
	OLS	IV	OLS	IV
gov	1.9273 ***	4.1890 ***	1.3268 ***	7.3912 ***
open	0.5075 ***	− 0.2951 ***	0.4942 ***	− 0.5314 ***
pgdp	0.1368 ***	0.4507 ***	0.1299 ***	0.2161 ***
ser	− 2.2662 ***	− 4.5275 ***	− 2.7433 ***	− 6.4438 ***
常数项	− 0.4802 ***	8.0047 ***	0.1304 ***	16.7535 ***
观测值	595616	595616	639973	639973

注：*** 表示在 1% 的水平下显著。

（三）基于企业出口和内销分类

高速公路对内销型企业和出口型企业有不同的影响。表 3 - 8 列出了出口型企业与内销型企业的回归结果，出口型企业的高速公路项系数在两种方法的回归结果中均不显著，而内销型企业的高速公路项系数在两种方法的回归结果中均表现出负向且显著，说明内销型企业从高速公路连接中获得的全要素生产率提升更大。在普通最小二乘法估计下，内销型企业高速公路项系数为 − 0.0264，出口型企业高速公路项系数为 0.0020。主要的原因可能是，出口型企业主要位于东南沿海地区，企业布局倾向于接近港口和码头，货物运输方式主要选择航运，此外发达的国道和省道运输对高速公路运输有一定的替代作用，而内陆地区的出口型企业，多以整箱或拼箱的方式将集装箱直接运往港口，其中铁路集装箱多式联运是主要的运输方式（施震凯等，2018），所以对于出口型企业而言，高速公路对企业全要素生产率的促进作用有限。内销型企业主要面向国内市场，陆路运输成为企业的首选方式，而灵活、便利的高速公路更适合远距离运输，不仅可以直接地降低运输成本和减少时间，还可以使企业融入更大范围市场，由此带来分工与协作的进一步深化，企业的创新水平和全要素生产率都会得到提升（Grubel and Walker，1989）。

表 3 - 8 交通基础设施与全要素生产率出口和内销异质性回归结果

变量	出口型企业		内销型企业	
	OLS	IV	OLS	IV
ln*highway*	0.0020	- 1.6275	- 0.0264 ***	- 1.0839 ***
ln*employment*	- 0.0188 ***	- 0.0828	- 0.0612 ***	- 0.0922 ***
ln*ppk*	- 0.0736 ***	- 0.1693	- 0.1331 ***	- 0.1642 ***
gov	2.6373 ***	6.4622	1.6561 ***	5.3357 ***
open	0.4550 ***	- 0.6504	0.5116 ***	- 0.4216 ***
pgdp	0.1442 ***	0.3235	0.1092 ***	0.3623 ***
ser	- 2.7035 ***	- 6.4230	- 2.4654 ***	- 5.4564 ***
常数项	- 0.1793 ***	17.2288	- 0.0766 ***	11.9157 ***
观测值	334315	334315	901274	901274

注： *** 表示在 1% 的水平下显著。

（四）基于企业区位分类

由表 3 - 9 的回归结果可知，在两种估计方法下，高速公路项的系数的绝对值总体呈现内陆地区大于沿海地区的现象，这与出口和内销异质性分析得出的结论基本一致，同样说明沿海地区出口型企业较多，而内陆地区出口型企业相对较少，导致两区域的企业对高速公路的依赖程度不同。其中，中部地区高速公路项系数的绝对值分别为 0.0513 和 0.9083，而西部地区高速公路项系数的绝对值分别为 0.0534 和 0.5254，这两个地区的系数的绝对值大多大于东部地区。值得注意的是，尽管在 IV 方法估计下，东部地区的系数大于西部地区，但是其符号为正，说明企业到最近高速公路的距离缩短不利于全要素生产率的提升。相比于中西部内陆地区，东部地区交通基础设施发展更加多元化，高铁、航运较为发达，综合交通运输体系发展成熟，高速公路对企业全要素生产率的提升作用并不明显。对于内陆地区而言，高速公路条件改善带来的可达性提高，提升了区域的开放水平，使内陆企业与国外企业的互动趋于频繁，在竞争效应的作用下，企业不断学习先进的技术和管理经验，提高自身全要素生产率，此外交通条件的改善必然降低企业产品到边境和港口的运输成本，增强产品在国际市场上的竞争力（白重恩、冀东星，2018），有助于中西部地区的企业更好地融入国际市场。由于中西部地区交通基础设施基数低、增速快，在运输方式上更加依赖陆路运输，高速公路对企业全要素生产率的边际作用大，所以高速公路给中西部地区企业带来的改善更加显著。此外随着"西部大开发战略"的实施，西部地区高速公路质量显著提高，使其能够便捷地连接到东部发达地区，学习先进的管理方式，降低资源的获取难度，利用后发优势不断缩小与东部地区企业的差距。

表 3 - 9 交通基础设施与全要素生产率区位异质性回归结果

变量	东部地区		中部地区		西部地区	
	OLS	IV	OLS	IV	OLS	IV
ln$highway$	− 0.0100 ***	0.5650 ***	− 0.0513 ***	− 0.9083 ***	− 0.0534 ***	− 0.5254 ***
ln$employment$	− 0.0387 ***	− 0.0215 ***	− 0.0878 ***	− 0.1489 ***	0.0068 ***	− 0.0505 ***
lnppk	− 0.1084 ***	− 0.0929 ***	− 0.1307 ***	− 0.2000 ***	− 0.1225 ***	− 0.1454 ***
gov	− 0.3018 ***	− 1.3096 ***	− 9.1840 ***	− 6.4067 ***	− 0.1626 ***	0.7907 ***
$open$	0.5320 ***	0.4963 ***	1.0878 ***	6.0342 ***	0.9139 ***	− 3.5461 ***
$pgdp$	0.2511 ***	0.5768 ***	5.5433 ***	1.0698 ***	4.2283 ***	1.0164 ***
ser	− 2.1126 ***	− 0.5715 ***	− 0.0538 ***	0.4336 ***	0.1227	− 0.8094 ***
常数项	− 0.6492 ***	− 6.8196 ***	− 4.5137 ***	3.6324 ***	− 4.5106 ***	− 0.3754 ***
观测值	926890	926890	197058	197058	111641	111641

注：*** 表示在 1% 的水平下显著。

（五）基于不同距离分类

已有大量文献研究交通基础设施与企业区位之间的关系，一般认为，交通基础设施通过降低运输成本进而影响企业的生产和布局决策（Holl, 2016；Duran-Fernandez and Santos, 2014；张天华等, 2018），本部分主要关注高速公路对不同区位企业全要素生产率的作用，将企业到高速公路的距离分为 0 ~ 10km、10 ~ 30km、30 ~ 50km、50 ~ 70km 四组区位。由表 3 - 10

的回归结果可以发现，企业距离高速公路在 50km 之内时，随着距离的增加，高速公路项对企业全要素生产率的提升作用越强，具体而言，当企业距离高速公路在 0～10km 之内时，高速公路项对企业全要素生产率影响系数的绝对值为 0.0065，由于高速公路能够给沿线企业带来更多的红利（Ghani and Goswami，2016），企业有向其周边布局的倾向，处在该范围之内的企业数量最多，在土地成本、拥挤效应的影响下（李力行等，2016；张光南、宋冉，2013），企业全要素生产率的提升缓慢。随着距离的增加，这种负外部性逐渐降低，高速公路带来的经济集聚、技术溢出等正向作用逐渐发挥（Holl，2016），所以在 10～30km 范围内时，高速公路项系数的绝对值增加到 0.0645，在 30～50km 范围内时达到峰值 0.0984。但是当企业位于 50～70km 区位时，高速公路项对企业全要素生产率的作用不在显著，说明高速公路项对企业全要素生产率的促进作用存在地理距离限制，过远的距离会导致有利作用消失。

表 3－10　交通基础设施与全要素生产率距离异质性回归结果

变量	0～10km	10～30km	30～50km	50～70km
ln*highway*	－0.0065 ***	－0.0645 ***	－0.0984 ***	－0.0319
ln*employment*	－0.0412 ***	－0.0552 ***	－0.0420 ***	－0.0418 ***
ln*ppk*	－0.1110 ***	－0.1180 ***	－0.1271 ***	－0.1425 ***
gov	1.8382 ***	3.0897 ***	1.9668 ***	1.2145 ***
open	0.4773 ***	0.4520 ***	0.6060 ***	0.6951 ***
pgdp	0.1431 ***	0.2178 ***	－0.1058 ***	0.6951 ***
ser	－2.2540 ***	－3.2500 ***	－3.1167 ***	－2.3092 ***
常数项	－0.1942 ***	0.9511 ***	－0.0468 ***	－1.7329 ***
观测值	790813	287403	75883	40226

注：*** 表示在 1% 的水平下显著。

第四章 交通基础设施、资源
错配与行业效率

一 资源错配与效率损失的重点文献借鉴

国外学者对资源配置与全要素生产率的研究较早。Syrquin（1986）拓展了索洛内生经济增长模型，把全要素生产率的增长分解为行业全要素生产率的增长以及生产要素的结构配置效应。Baily 等（1992）发现，要素从低生产率企业向高生产率企业的重新分配，使 20 世纪 80 年代的美国制造业总生产率增长 50%。Hsieh 和 Klenow（2009）构建异质性企业的垄断竞争模型并提出"内涵型资源错配"相关理论，设定包含价格因素的收益全要素生产率（TFPR），进而对资源配置扭曲测算后发现，当中国的资源配置效率提高到美国的水平时，其制造业全要素生产率能够提高 30%～50%。随后的研究主要集中于资源错配导致的生产效率损失以及经济结构失衡（Aoki，2012；Brandt et al.，2012；Restuccia and Rogerson，2008）。

我国对资源配置与全要素生产率的研究较晚，初期主要集中于宏观资源错配、全要素生产率贡献等方面（鲁晓东，2008；郭庆旺、贾俊雪，2005；易纲等，2003）。随着数据可利用性的增强，研究从宏观区域层面逐步转移到微观企业层面，特别是 Hsieh 和 Klenow（2009）的开创性研究发表后，很多学者通过将 HK 模型进行修改与拓展来对中国的资源错配情况展开研究。龚关和胡关亮（2013）通过放松 HK 模型中规模报酬不变的假设，并利用资本边际产出价值和劳动边际产出价值来衡量资源错配程度，发现 1998～2007 年资本配置效率的改善促进全要素生产率提高 10.1%，劳动配置效率的改善促进全要素生产率提高 7.3%。邵宜航等（2013）利用 HK 的方法并把研究期限扩展到 2007 年，进行重新推算后发现，十年间中国制造业全要素生产率呈现先改善后恶化的态势，小企业资源配置效率持续恶化，大企业资源配置效率逐渐改善。陈永伟和胡伟民（2011）把 HK 模型与 Syrquin（1986）的分解相结合，计算 29 个行业的资源扭曲情况以及资源扭曲造成的效率损失，他们发现中国行业间的资源错配造成实际产出与最优产出之间 15% 的缺口。此外李思龙和郭丽虹（2018）、毛其淋（2013）、陈斌开等（2015）分别从市场依赖程度、贸易自由化、住房价格角度对资源配置与企业全要素生产率展开研究。

随着企业层面研究的不断深入，有关企业全要素生产率的研究取得了丰硕的成果，在此基础之上，更多学者将目光投入行业全要素生产率的研究中，由于行业是由内部多家企业组成的，所以企业间资源配置情况会对行业生产率产生重要影响，沿着这一思路，影响行业全要素生产率的因素被不断发现。杨光等（2015）发现由于调整成本的存在，全要素生产率的波动会影响行业内资源配置。企业跨期投资时调整成本是不断增加的，由于资金约束的存在，企业资本边际报酬无法下降到行业平均水平，此时资本的边际报酬差异便形成了资源错配，而全要素生产率波动的增加会使企业间资本报酬差异增加。余静文等（2017）分析了高房价对行业全要素生产率的影响，发现高房价没有通过流动性效应改善资源错配，反而使其进一步恶化，所以高房价对行业全要素生产率产生不利影响，房价收入比提高 10%，行业全要素生产率下降 2.56%。金晓雨（2018）研究政府补贴的资源错配效应对制造业生产率影响的机制，发现政府补贴会改变市场的广延边际和集约边际，导致生产要素在受补贴企业和未受补贴企业之间的错配，降低行业全要素生产率。肖兴志和李沙沙（2018）研究了产业集聚对行业资源错配的影响，发现产业集聚和资源错配之间呈现倒 U 形关系，此外产业集聚改善资源错配存在显著的滞后性，进一步对可能的影响机制进行分析，结果表明产业集聚带来的规模经济、技术溢出和市场竞争能够缓解资源错配，而政府的不当干预会加剧资源错配。

二 资源错配视角下交通基础设施影响
行业效率的理论模型

（一）资源错配与行业效率损失

资源错配是相对于资源"有效配置"而言的，要素能够在企业和行业间自由流动，投入的资本和劳动要素能够获得最大的产出就是"最优配置"状态，错配是对最优配置状态的偏离。现有文献对错配有两种不同的定义，第一种是 Hsieh 和 Klenow（2009）提出的"内涵型资源错配"，即在有效配置条件下，要素在每一个企业的边际产出应该相同，否则就存在错配的情况；第二种是"外延型资源错配"，当企业的边际产出都相等时，还可以通过要素重新配置，带来产出增加，这主要是由于经济中企业存在技术非凸的情况和潜在进入企业有更高的生产率。基于 Hsieh 和 Klenow（2009）提出的"内涵型资源错配"理论，建立基本模型并进行机制分析。

假设有一个单独最终产品 Y，该产品由一个代表性厂商在完全竞争的市场中生产，市场上存在 $S(s = 1, 2, \cdots, S)$ 个不同的行业，它们的产出作为这个代表性厂商的投入，行业 s 的产出为 Y_s，代表性厂商的生产函数符合 Cobb-Douglas 生产函数形式：

$$Y = \prod_{s=1}^{s} Y_s^{\theta_s}, \sum_{s=1}^{s} \theta_s = 1 \qquad (4.1)$$

根据成本最小化，可推导出：

$$P_s Y_s = \theta_s PY \qquad (4.2)$$

其中，θ_s 为投入要素 Y_s 的产出弹性，P_s 为行业 s 的产品价格，P 为最终产品的价格（由于最终产品市场是完全竞争的，所以 $P = 1$）。行业 s 的总产出表示为一个 CES 生产函数：

$$Y_s = \left(\sum_{i=1}^{M_s} Y_{si}^{\frac{\sigma-1}{\sigma}} \right)^{\frac{\sigma}{\sigma-1}} \tag{4.3}$$

式（4.3）中，M_s 表示行业 s 内的厂商数量，σ 表示替代弹性。每种产品都具有差异性，由具有垄断性的企业通过 K 和 L 两种生产要素以 Cobb-Douglas 生产函数生产：

$$Y_{si} = A_{si} K_{si}^{\alpha_s} L_{si}^{1-\alpha_s} \tag{4.4}$$

其中，A_{si} 为企业全要素生产率，K_{si} 和 L_{si} 分别为企业资本和劳动力投入，α_s 为行业 s 的资本产出弹性。在垄断竞争市场中，企业面临两种形式的扭曲，模型中的扭曲以从价税的方式体现：①产品市场扭曲系数 $(1-\tau_{Y_{si}})$，通过扭曲最终产品市场中企业产品的价格体现，例如对于那些面临政府限制规模或高运输成本的公司而言，其企业商品的相对价格提高了，导致企业市场扭曲系数降低（负向扭曲），而受益于政策性补贴和运输成本较低的公司，市场扭曲系数则会升高（正向扭曲）；②资本市场扭曲系数 $(1+\tau_{K_{si}})$，通过影响企业获取资本的价格体现，例如对于那些可以获得廉价信贷的公司来说，企业会倾向于过度使用资本，减少劳动力的投入，由此会带来资本扭曲程度的增加，如果企业所在地区能够获得更为廉价的劳动力，企业则会加大劳动力的投入，减少资本的使用，形成资本扭曲程度的下降。

结合企业 Cobb-Douglas 生产函数和扭曲的定义，企业的利润最大化问题可表述为：

$$\pi_{si} = (1-\tau_{Y_{si}}) P_{si} Y_{si} - \omega L_{si} - (1+\tau_{K_{si}}) R K_{si} \tag{4.5}$$

根据利润最大化条件，当存在产出扭曲和资本扭曲的情况下，可以得到企业的价格为：

$$P_{si} = \frac{\sigma}{\sigma-1} \left(\frac{R}{\alpha_s} \right)^{\alpha_s} \left(\frac{\omega}{1-\alpha_s} \right)^{1-\alpha_s} \frac{(1+\tau_{K_{si}})^{\alpha_s}}{A_{si}(1-\tau_{Y_{si}})} \tag{4.6}$$

同时可以推导出资本－劳动比率、劳动力的投入数量以及产出数量：

$$\frac{K_{si}}{L_{si}} = \frac{\alpha_s}{1-\alpha_s} \cdot \frac{\omega}{R} \cdot \frac{1}{(1+\tau_{K_{si}})} \tag{4.7}$$

$$L_{si} = \frac{A_{si}^{\sigma-1}(1-\tau_{Y_{si}})^{\sigma}}{(1+\tau_{K_{si}})^{\alpha_s(\sigma-1)}}\left(\frac{\sigma-1}{\sigma}\right)^{\sigma}\left(\frac{1-\alpha_s}{\omega}\right)^{\sigma(1-\alpha_s)}\left(\frac{\alpha_s}{R}\right)^{\sigma\alpha_s}P_s^{\sigma}Y_s\left(\frac{1-\alpha_s}{\alpha_s}\right)^{\alpha_s}\left(\frac{R}{\omega}\right)^{\alpha_s} \quad (4.8)$$

$$Y_{si} = \frac{A_{si}^{\sigma}(1-\tau_{Y_{si}})^{\sigma}}{(1+\tau_{K_{si}})^{\sigma\alpha_s}}\left(\frac{\sigma-1}{\sigma}\right)^{\sigma}\left(\frac{1-\alpha_s}{\omega}\right)^{\sigma(1-\alpha_s)}\left(\frac{\alpha_s}{R}\right)^{\sigma\alpha_s}P_s^{\sigma}Y_s \quad (4.9)$$

由上述分析可知，在面临扭曲时，企业的产品价格和要素投入比都会受到市场扭曲的影响，同时也会影响到行业内企业资源的配置状况。为了进一步分析两种扭曲对全要素生产率和企业资源再配置的影响，下面将说明扭曲与企业劳动边际收益产品（$MRPL_{si}$）和资本边际收益产品（$MRPK_{si}$）的关系。

$$MRPL_{si} = (1-\alpha_s)\frac{\sigma-1}{\sigma}\frac{P_{si}Y_{si}}{L_{si}} = \omega\frac{1+\tau_{K_{si}}}{1-\tau_{Y_{si}}} \quad (4.10)$$

$$MRPK_{si} = \alpha_s\frac{\sigma-1}{\sigma}\frac{P_{si}Y_{si}}{K_{si}} = R\frac{1+\tau_{K_{si}}}{1-\tau_{Y_{si}}} \quad (4.11)$$

由资本和劳动的边际收益产品函数可知，企业的资源再配置会受到产品市场和资本市场扭曲的影响，如果产品扭曲系数和资本扭曲系数都为0，表明不同企业的资本和劳动边际收益产品是相同的，要素是完全流动的，行业内所有企业的资源配置状况达到最优；当两种扭曲系数不为0时，产品市场扭曲和资本市场扭曲会导致不同企业的资本和劳动边际收益产生差异，资源在企业间不能完全流动，造成资源错配与行业效率损失。

（二）交通基础设施发展提升行业效率的机制

行业 s 的劳动平均边际收益产品为：

$$\overline{MRPL_s} \triangleq \frac{\omega}{\left[\sum_{i=1}^{M_s}(1-\tau_{Y_{si}})\frac{P_{si}Y_{si}}{P_sY_s}\right]} \quad (4.12)$$

行业 s 的资本平均边际收益产品为：

$$\overline{MRPK_s} \triangleq \frac{R}{\left[\sum_{i=1}^{M_s}\frac{1-\tau_{Y_{si}}}{1+\tau_{K_{si}}}\frac{P_{si}Y_{si}}{P_sY_s}\right]} \quad (4.13)$$

行业 s 的平均收益全要素生产率为：

$$\overline{TFPR_s} = \frac{\sigma}{\sigma - 1}\left(\frac{\overline{MRPK_s}}{\alpha_s}\right)^{\alpha_s}\left(\frac{\overline{MRPL_s}}{1 - \alpha_s}\right)^{1 - \alpha_s} \tag{4.14}$$

企业 i 的收益全要素生产率为：

$$TFPR_{si} = \frac{Y_{si}P_{si}}{K_{si}^{\alpha_s}L_{si}^{1 - \alpha_s}} \tag{4.15}$$

在定义了 $TFPR$ 之后，我们将行业 s 的全要素生产率表达为：

$$TFP_s = \left[\sum_{i=1}^{M_s}\left(A_{si}\frac{\overline{TFPR_s}}{TFPR_{si}}\right)^{1 - \sigma}\right]^{\frac{1}{1 - \sigma}} \tag{4.16}$$

通过上述分析可知，行业 s 的全要素生产率与产品市场扭曲和资本市场扭曲有关，说明微观企业面临的两种扭曲会影响整个行业的全要素生产率。具体而言，当扭曲系数 $\tau_{Y_{si}} = 0$，$\tau_{K_{si}} = 0$ 时，$\overline{MRPK_s} = MRPK_{si}$，$\overline{MRPL_s} = MRPL_{si}$。此时，行业 s 的平均收益全要素生产率等于企业的收益全要素生产率，即 $\overline{TFPR_s} = TFPR_{si}$，资源可以在不同的企业和行业之间自由流动，行业达到资源配置最优状态，行业的全要素生产率可以简化为：$TFP_s = \left[\sum_{i=1}^{M_s}(A_{si})^{1 - \sigma}\right]^{\frac{1}{1 - \sigma}}$。

如果当 $\tau_{Y_{si}} \neq 0$，$\tau_{K_{si}} \neq 0$ 时，假定 A 和 $TFPR$ 服从联合对数正态分布，产品市场和资本市场的扭曲会导致行业 s 的全要素生产率损失，此时行业全要素生产率可以渐进地表示为：

$$\log TFP_s = \frac{1}{\sigma - 1}\left[\log M_s + \log E(A_{si}^{\sigma - 1})\right] - \frac{\sigma}{2}var(\log TFPR_{si}) - \frac{\alpha_s(1 - \alpha_s)}{2}\sigma_K^2 \tag{4.17}$$

通过式（4.17）可知，行业 s 的全要素生产率不仅与微观企业加总的全要素生产率有关，还与行业内企业的资源错配程度有关，即两种资源配置的扭曲通过影响微观企业的要素边际收益，使企业资源错配程度恶化（这里用企业 $TFPR$ 的标准差来代表资源错配程度），进而造成行业 s 的全要素生产率下降。

如果经济资源能够从效率低的企业流向效率高的企业，从而推动产业内不同企业之间资本和劳动要素的边际产出相等，那么，制造业部门的全要素生产率将会得到提高。交通基础设施的发展通过对企业的产品扭曲系数（$1 - \tau_{Y_{si}}$）和资本扭曲系数（$1 + \tau_{K_{si}}$）产生影响，进而降低扭曲导致的行业内企业间资源错配程度，提高行业的全要素生产率，即交通基础设施的发展能够减少行业的效率损失。

三 资源错配的测算

在完全竞争市场上，行业内的资源可以自由流动，企业之间的全要素生产率最终会趋于一致，资源配置达到帕累托最优状态。而在垄断竞争的市场条件下，受到外部因素的干扰，例如政府对企业的差异化补贴与税收，不同行业的进入、退出壁垒等，资源在行业内不能够自由流动，无法从低生产率的企业流入高生产率的企业，高生产率的企业由于受到要素限制而被迫缩减生产，本应退出的低生产率企业由于获得大量的补贴而继续在市场上生存，这会导致企业全要素生产率离散度的增大。所以我们利用企业全要素生产率的离散度来衡量资源错配，全要素生产率的离散度越大代表资源错配情况越严重。

（一）HK 方法测算企业全要素生产率的离散度

当扭曲因素不存在时，行业的资本产出弹性与劳动产出弹性之比等于企业使用两种要素的价格，所以行业内不同企业的资本边际收入与劳动边际收入是相等的；当扭曲因素存在时，例如一些企业能够得到政府的补贴，则该企业的产品在销售市场上的价格将会改变，由此产生产品扭曲。在资本市场上由于所有制的不同，企业面对不同的融资约束，融资约束程度较低的国有企业较倾向于过度使用资本，由此带来了资本扭曲。产品市场扭曲和资本市场扭曲会导致不同企业的资本和劳动边际收益产生差异，资源在企业间不能完全流动，造成资源错配与行业效率损失。我们所研究的扭曲包括产品市场扭曲和资本市场扭曲，扭曲系数的测算基于 Hsieh 和 Klenow

（2009）提出的方法：

$$1 + \tau_{K_{si}} = \frac{\alpha_s}{1 - \alpha_s} \cdot \frac{\omega L_{si}}{R K_{si}} \tag{4.18}$$

$$1 - \tau_{Y_{si}} = \frac{\sigma}{\sigma - 1} \cdot \frac{\omega L_{si}}{(1 - \alpha_s) P_{si} Y_{si}} \tag{4.19}$$

$$TFPR_{si} = \left(\frac{R}{\alpha_s}\right)^{\alpha_s} \left(\frac{1}{1 - \alpha_s}\right)^{1 - \alpha_s} \left(\frac{1 + \tau_{K_{si}}}{1 - \tau_{Y_{si}}}\right)^{\alpha_s} \tag{4.20}$$

式中，$1 + \tau_{K_{si}}$ 和 $1 - \tau_{Y_{si}}$ 分别表示企业 i 的资本扭曲系数和产品扭曲系数。关于相关参数的选择，参考 Hsieh 和 Klenow（2009）的做法，资本的租赁价格 $R = 10\%$，其中包括 5% 的真实利率、5% 的折旧率。替代弹性 σ 为 3，资本产出弹性 α_s 为 0.33，ω 为按照企业总工资等比例调整至占增加值 50% 后的微观企业工资。根据 HK 模型可知，在没有市场扭曲的情况下，企业之间价值形式的全要素生产率应该相等，这意味着我们观察到的企业间价值形式的全要素生产率的差异与产品扭曲和资本扭曲存在内在的关联关系，因此企业间面临的两种扭曲可以利用企业全要素生产率的标准差（$sdtfp$）或四分位距（$iqrtfp$）综合地表现出来：

$$sdtfp_{it} = sd(tfp_{it}), \quad iqrtfp_{it} = tfp_{it}^{75} - tfp_{it}^{25} \tag{4.21}$$

由表 4-1 的结果可知，资本扭曲系数为正且在样本期间总体呈现增加的趋势，产品扭曲系数为负且在样本期间呈现恶化的趋势。但是扭曲系数表现的是行业内的企业过多或过少使用要素的情况，并不能说明行业内企业之间的资源配置情况。借鉴 HK 的方法，通过一个更为综合的全要素生产率离散度指标进行分析，当行业中的要素能够自由流动时，资源必定从低效企业流入高效企业，最终使行业内所有企业的全要素生产率相同；当资源不能够自由流动时，资源错配情况就会发生，行业的全要素生产率离散度加大能够说明资源错配的进一步加剧。随着时间的推移，企业全要素生产率的均值不断增加，表现为所有行业全要素生产率的整体提升，这可能是由于低效企业的退出以及高效企业的不断进入，推高了行业整体的全要素生产率。由全要素生产率标准差的结果可知，能够反映资源错配程度的企业全要素生产率标准差总体呈现下降的状态，从 1998 年的 1.2728 下降到 2007 年的 1.0304，反映了我国企业全要素生产率具有收敛趋势，不同企业的全要素生产率与平均全要素生产率的差异正在缩小，资源错配情况有所缓解。

表 4-1　各行业资本扭曲、产品扭曲及全要素生产率的分布

年份	资本扭曲分布			产品扭曲分布			全要素生产率分布		
	均值	标准差	四分位距	均值	标准差	四分位距	均值	标准差	四分位距
1998	1.6056	1.2983	1.5555	-0.2289	1.1046	1.3432	6.5873	1.2728	1.2990
1999	1.5929	1.3149	1.5840	-0.2711	1.0971	1.3305	6.6720	1.2758	1.3405
2000	1.6619	1.3411	1.6126	-0.3088	1.0841	1.3111	6.7762	1.2519	1.3483
2001	1.7503	1.3821	1.6617	-0.3664	1.0661	1.2988	6.8776	1.2035	1.3172
2002	1.8315	1.3893	1.6790	-0.4350	1.0504	1.2839	7.0139	1.1607	1.3063
2003	1.9099	1.4057	1.7113	-0.5005	1.0441	1.2810	7.1250	1.1502	1.3128
2004	2.1790	1.3720	1.7412	-0.4848	0.9479	1.1840	7.1871	0.9889	1.2016
2005	2.1406	1.3615	1.7143	-0.5036	0.9689	1.2175	7.2944	1.0369	1.2910
2006	2.1792	1.3662	1.7391	-0.5236	0.9840	1.2524	7.3739	1.0455	1.3348
2007	2.2545	1.3695	1.7453	-0.5606	0.9762	1.2583	7.4860	1.0304	1.3438

注：四分位距用上四分位数和下四分位数之差表示。

（二）OP 法测算企业全要素生产率的离散度

与宏观全要素生产率的测量方法不同，由于企业的部分生产率在当期是可以被观测到的，所以来自当期生产率冲击产生的同时性偏差问题会导致回归结果的有偏估计。此外非随机因素导致的企业样本缺失会产生样本选择性偏差，进而造成对企业全要素生产率的高估。Olley 和 Pakes（1996）提出的半参数 OP 法，能够有效克服同时性偏差和样本选择性偏差造成的问题，得到更为精准的估计结果。陈永伟和胡伟民（2011）指出，Hsieh 和 Klenow（2009）在生产函数中没有考虑工业中间投入的作用，而我国制造业的现实情况却是十分依赖中间投入。根据测算，工业中间投入在生产函数中的作用超过了劳动和资本，此外在考虑中间投入后，行业满足规模报

酬不变的假设，能够与 HK 模型的假设相一致，所以本部分在生产函数中加入了中间投入项，以求得到更为准确的估计值。

将中间投入纳入生产函数后建立的估计模型为：$\ln Y_{it} = \beta_0 + \beta_k \ln K_{it} + \beta_l \ln L_{it} + \beta_m \ln M_{it} + \omega_{it} + \varepsilon_{it}$。其中 Y 为工业总产值，利用省级层面的工业品出厂价格指数进行平减；K 为资本存量，采用每年的固定资产净值来表示，投资利用永续盘存法计算，即 $l_{it} = K_{it} - K_{it-1} + D_{it}$，资本存量和投资用各地区固定资产投资价格指数进行平减；L 为从业人员数量；ω 为企业能够观测到的生产率冲击；ε 为其他误差系数。与 HK 方法一样，最后采用行业内企业全要素生产率的离散度来衡量资源错配情况，即利用企业全要素生产率的标准差和四分位距来衡量资源错配情况。

由于不同行业的生产技术不同，资本、劳动力、中间投入在生产过程中的重要程度有差异，运用全样本整体回归会掩盖行业之间的生产异质性，所以运用 OP 法对制造业 29 个两位数行业的产出弹性进行重新估计。从表 4-2 的估计结果可知，中间投入的弹性系数远大于资本和劳动的弹性系数，验证了我国制造业的一个特点，即对原材料的依赖程度较高，近期的文献也发现中间投入在生产中的重要作用（余淼杰，2010；聂辉华、贾瑞雪，2011）。另外一个特点是，不同行业的资本、劳动和中间投入三项弹性系数之和约等于 1，说明各行业的生产都保持了规模报酬不变的特征。从所有行业的估计结果中可知，三项弹性系数之和等于 1.0030，进一步验证了这一情况。

表 4-2　部分两位数行业的生产函数估计

行业代码	行业名称	资本弹性系数 b_1	劳动弹性系数 b_2	中间投入弹性系数 b_3	$b_1 + b_2 + b_3$	样本量
18	纺织服装、鞋、帽制造业	0.0416	0.1199	0.8184	0.9799	47270
19	皮革、毛皮、羽毛（绒）及其制品业	0.0370	0.0915	0.8699	0.9984	23362
25	石油加工、炼焦及核燃料加工业	0.0371	0.0153	0.9026	0.9550	7156
26	化学原料及化学制品制造业	0.0577	0.0419	0.8880	0.9876	75839
31	非金属矿物制品业	0.0526	0.0575	0.9080	1.0181	86923

行业代码	行业名称	资本弹性系数 b_1	劳动弹性系数 b_2	中间投入弹性系数 b_3	$b_1 + b_2 + b_3$	样本量
32	黑色金属冶炼及压延加工业	0.0313	0.0370	0.9314	0.9997	23284
33	有色金属冶炼及压延加工业	0.0451	0.0440	0.9235	1.0125	19365
35	通用设备制造业	0.0597	0.0503	0.8870	0.9970	76745
36	专用设备制造业	0.0556	0.0534	0.9007	1.0096	42258
37	交通运输设备制造业	0.0614	0.0826	0.8638	1.0078	46692
40	通信设备、计算机及其他电子设备制造业	0.0690	0.0989	0.8426	1.0106	41912
	所有行业	0.0533	0.0647	0.8849	1.0030	996808

对表 4-2 中部分行业的产出弹性系数进行分析。①纺织服装、鞋、帽制造业（18），皮革、毛皮、羽毛（绒）及其制品业（19）属于劳动密集型行业，劳动在生产中的作用相对较大，上述两个行业的劳动弹性系数在 0.1 左右，大于资本弹性系数。②石油加工、炼焦及核燃料加工业（25），非金属矿物制品业（31），黑色金属冶炼及压延加工业（32），有色金属冶炼及压延加工业（33）属于资源类行业，对自然资源等原材料的依赖程度较高，上述四个行业的中间投入弹性系数都超过 0.9。③化学原料及化学制品制造业（26），通用设备制造业（35），专用设备制造业（36），交通运输设备制造业（37），通信设备、计算机及其他电子设备制造业（40）属于资本密集型行业，资本在生产中的作用较大，上述五个行业的资本弹性系数都超过了 0.05。其中化学原料及化学制品制造业（26）、通用设备制造业（35）、专用设备制造业（36）的资本弹性系数大于劳动弹性系数。交通运输设备制造业（37）、通信设备、计算机及其他电子设备制造业（40）更加偏向于技术密集型行业，尽管资本的产出与劳动的产出相比并没有优势，但是行业总体的规模报酬呈现增加趋势，总体弹性系数之和均大于 1。

估计出不同行业的产出弹性系数后，可以计算出企业全要素生产率，并进一步得出行业的全要素生产率。由表 4-3 可以发现，各行业的全要素生产率具有较大差别，非金属矿物制品业（31）、黑色金属冶炼及压延加工业（32）、有色金属冶炼及压延加工业（33）的初始全要素生产率较低，相较于其他行业，在观测期内全要素生产率始终处于低水平。通信设备、计算机及其他电子设备制造业（40）的全要素生产率在观测期内提升幅度最大，1998 年为 0.7186，到 2007 年已经提高到 1.0102，增加了约 0.3。石油加工、炼焦及核燃料加工业（25）的全要素生产率较高，但是在观测期内增长幅度较低。以上分析反映了三种具有代表性行业（即生产率低下的夕阳产业、成长较快的新兴产业、增长较慢的成熟行业）的全要素生产率情况。

表 4 – 3 部分两位数行业的 TFP 情况

行业代码	1998 年	1999 年	2000 年	2001 年	2002 年	2003 年	2004 年	2005 年	2006 年	2007 年
18	1.0054	1.0650	1.0672	1.1224	1.1121	1.1823	1.1721	1.2554	1.2983	1.2910
19	0.7136	0.7262	0.7609	0.7588	0.8222	0.8114	0.8265	0.8725	0.9635	0.9319
25	1.0016	1.0084	1.0485	1.0144	1.0462	1.0752	1.0546	1.0710	1.0777	1.0989
26	0.6419	0.6411	0.6985	0.7027	0.7367	0.8058	0.7704	0.8564	0.8624	0.8783
31	0.3653	0.3432	0.3976	0.3859	0.4117	0.4404	0.4466	0.5164	0.6009	0.5470
32	0.4620	0.4377	0.5217	0.4617	0.4881	0.5574	0.5467	0.5894	0.5858	0.6295
33	0.3287	0.3730	0.3887	0.4744	0.4336	0.5545	0.4408	0.5206	0.5507	0.5842
35	0.5644	0.5748	0.5984	0.5954	0.6395	0.6968	0.6754	0.7527	0.7798	0.7924
36	0.4349	0.4859	0.4887	0.5715	0.5373	0.5404	0.5553	0.6477	0.6902	0.6641
37	0.6364	0.6536	0.7164	0.7156	0.7778	0.8155	0.7587	0.8131	0.8040	0.8520
40	0.7186	0.7430	0.8215	0.7953	0.8422	1.0420	1.0507	1.0682	2.8407	1.0102

表 4 – 4 为利用 OP 法计算出的全要素生产率分布。由结果可知，随着时间的推移，全要素生产率的均值不断提高，由 1998 年的 0.4676 上升到 2007 年的 0.7571，提高了 0.2895，这与 HK 模型得出的结果相一致。而全要素生产率的标准差总体呈现下降的趋势，从 1998 年的 0.5806 下降到 2007 年的 0.3897，下降了 0.1909，再次证明了我国资源错配情况有所缓解。进一步利用四分位距来对全要素生产率的离散度进行考察，发现全要素生产率的离散度表现出总体下降的趋势，从 1998 年的 0.4553 下降到 2007 年的 0.3673，下降了 0.088。

表 4 - 4　全要素生产率分布

年份	均值	标准差	四分位距
1998	0.4676	0.5806	0.4553
1999	0.4927	0.5555	0.4446
2000	0.5306	0.5322	0.4265
2001	0.5536	0.5160	0.4147
2002	0.5851	0.5284	0.3994
2003	0.6493	0.4906	0.4061
2004	0.7015	0.4221	0.3608
2005	0.7142	0.4044	0.3712
2006	0.7409	0.4306	0.3678
2007	0.7571	0.3897	0.3673

四　二分位行业结果分析

（一）　模型构建与数据说明

1. 模型构建

交通基础设施的发展能够降低行业内资源错配程度，优化要素资源在企业之间的配置，使生产要素从低生产率的企业流入高生产率的企业，进而促进整个行业生产率的提升。利用企业数据的加总形式研究交通基础设施对行业内企业之间资源错配的影响，构建地区、行业维度的模型如下：

$$Misallocation_{cjt} = \beta_0 + \beta_1 highway_{cjt} + \beta_2 X_{cjt} + \varepsilon_{cjt} \tag{4.22}$$

在式（4.22）中，下标 c、j、t 分别代表地区、行业和时间。$Misallocation$ 代表资源错配，用各省份二分位行业内企业全要素生产率的标准差（$sdtfp$）和四分位距（$iqrtfp$）衡量。$highway$ 代表交通基础设施，利用两种方法进行衡量，第一种是地区 – 行业层面内所有企业到最近高速公路距离的均值（$highway1$），第二种是地区层面的交通基础设施密度（即省份交通基础设施的里程与该省份土地面积的比值，此处指公路密度）（*highway2*）。
X 为行业层面的控制变量，包括赫芬达尔－赫希曼指数（*HHI*），该指标衡
量了行业中市场垄断程度；补贴收入（*subsidized*），补贴对行业的生产效率
有不同的影响，一方面对低效国企的补贴会加剧行业内的资源错配，带来
效率损失，另一方面政府的补贴可以促进企业 R&D 投入的增加，提高企业
的生产率，由于沉没成本的存在，企业的研发收益往往低于社会最优值，
政府的补贴不仅能够缓解融资约束对企业研发的限制，还能够对企业研发
投入产生挤入效应，以优化研发资源的配置效率，因此行业补贴的增加也
有可能带来整个行业生产率的提升；出口企业所占比重（*exporti*），出口的
企业数量越多，行业与国外市场的联系越多，企业就能够从外部获得越多
的市场信息和科学技术，整个行业的生产效率就越高；国有资本占实收资
本比例（简称国有资本所占比重，*soei*）、私人资本占实收资本比例（简称
私人资本所占比重，*privatei*），国有企业由于预算软约束问题、所有权问题、
委托代理关系问题导致全要素生产率较低，其却占用了大量的要素资源，
对灵活、高效的私人资本具有挤出效应，导致行业内资源错配情况的发生，
所以行业中国有资本和私人资本的比例能够影响资源错配以及行业层面的
全要素生产率。

2. 数据说明

使用的数据源自 1998～2007 年中国工业企业数据库，该数据库存在指
标缺失、数据异常等问题，利用 Brandt 等（2012）的方法对数据进行匹配，
形成面板数据，同时对样本期间的行业和地区代码进行统一。在样本筛选
方面，删除工业总产值、工业增加值、固定资产净值、工业中间投入等为
零或缺失的样本，删除从业人数小于 8 人的样本，删除企业成立年份失效的
样本（例如成立时间大于 2007 年或企业年龄小于零）；此外，删除明显不
符合会计准则的样本，例如总资产小于流动资产、总资产小于固定资产、
工业增加值大于总产出等。由于从微观企业出发考察变量在行业层面的关
系，所以本章对于行业层面的变量采用微观企业加总的方式予以处理。

核心变量的描述性统计结果如表 4－5 所示。

表4-5　核心变量的描述性统计结果

变量	符号	观测值	均值	标准差	最小值	最大值
HK 法全要素生产率标准差	sdtfpr	8257	1.1792	0.3588	0.0040	3.9569
HK 法全要素生产率四分位距	iqrtfpr	8467	1.4280	0.5955	0	6.9064
OP 法全要素生产率标准差	sdtfp_op	8259	0.4593	0.2711	0.0054	3.1443
OP 法全要素生产率四分位距	iqrtfp_op	8471	0.3638	0.2814	0	5.9861
赫芬达尔－赫希曼指数	HHI	8471	0.1867	0.2423	0.0008	1
补贴收入	subsidized	7658	9.1371	2.2345	0	14.2752
出口企业所占比重	exporti	8471	0.1859	0.1926	0	1
国有资本所占比重	soei	8464	0.3209	0.2903	0	1
私人资本所占比重	privatei	8464	0.1604	0.1619	0	1

（二）基本结果分析

为了检验交通基础设施条件的改善对跨企业资源错配的影响，采用 OLS 和加入工具变量（IV）的 2SLS 进行估计。在工具变量选取方面，将各省份的平地面积占本省份总面积的比重作为外生的工具变量，以此解决内生性问题带来的有偏估计。在资源错配指标选取方面，运用 HK 法求得的全要素生产率的标准差与四分位距，进而考察行业内企业之间的资源错配情况，表4-6 为回归模型的基本估计结果。

由模型 1 和模型 2 的回归结果可知，交通基础设施项的系数为正且显著，说明当行业中企业到最近高速公路距离的均值增加时，资源错配程度有恶化的趋势。不同行业对高速公路的依赖性有所不同，导致行业中的企业在高速公路周围布局的意愿有差异，当整个行业对高速公路依赖性较大时，行业内的企业较倾向于选址在高速公路附近，因此该行业中企业到最近高速公路的平均距离较近，行业与外部市场的联系较紧密，在一体化效应的影响下，行业内的资源与信息流动较为活跃，带来资源配置水平的提高。此外较高的可达性同样会吸引大量企业的集中布局，在竞争效应的影响下，低效企业不断被淘汰出局，高效企业的大量进入会倒逼在位企业进行技术升级与管理创新，导致在位企业的生产率不断提升，整个行业的资源配置水平也不断提升，行业中企业的全要素生产率会向一个较高水平集中，在上述机制的影响下，行业中全要素生产率的离散度有缩小的趋势。由模型 3 和模型 4 的结果可知，当采用全要素生产率的四分位距来衡量资源错配时，交通基础设施项的系数为 0.0229 和 0.3701，同样验证了行业中所有企业到最近高速公路距离的均值增加，加剧了资源在行业内的错配程度。

为了进一步验证交通基础设施条件的改善对资源错配的影响，下面将交通基础设施变量替换为各省份的公路密度，由模型 5 和模型 6 的结果可知，当省份公路密度增加时，各行业内企业之间的资源错配程度是降低的。在普通最小二乘法估计下，当省份交通基础设施密度提高 1% 时，资源错配程度降低 0.0555%。在工具变量法估计下，当省份交通基础设施密度提高 1% 时，资源错配程度降低 0.1824%。模型 7 和模型 8 继续采用全要素生产率的四分位距来衡量资源错配，发现在普通最小二乘法估计下公路密度项的系数不显著，但是在工具变量法估计下公路密度项的系数为 −0.2932，影响效果大于模型 6。

在其他几个影响资源错配的因素中，赫芬达尔 − 赫希曼指数在回归模型中均为正向且很显著，说明市场垄断程度的提高恶化了资源错配，由于市场垄断力量越强，资源等要素更多地被行业内较大的企业占有，企业间的竞争程度下降，资源在企业之间自由流动受阻，错配情况也就比较严重。补贴收入项的系数为负向，可能是补贴收入促进了企业创新投入增加，提高了企业全要素生产率，从而促进行业内企业全要素生产率向高水平集中，使行业内资源错配程度降低，进而带来整个行业全要素生产率的提升。总体上，行业中出口企业所占比重越高，行业内的资源错配程度越低，验证了与外部市场的交流、互动有助于本地区资源配置水平的提升，这与交通基础设施带来的效果具有一致性。国有资本所占比重增加会使行业资源错配程度进一步增加，而私人资本所占比重的增加会使资源错配情况有所缓解。这是由于国有企业与政府的天然关系，使政府和金融机构对其的扶持力度更大，政府的担保和银行的持续输血使一些原本低效的国有企业无法退出市场，占用大量的资源，转变为无效的"僵尸企业"。而生产经营灵活、效率高的私人企业无法获得政府的担保和银行的信贷资金，生产规模受限和在所有制歧视下，一些高效的私人企业甚至被挤出市场，行业内的资源错配情况进一步加重。而行业内国有资本少、私人资本多恰恰能够说明该行业开放程度较高，市场准入低，能够激发企业之间的充分竞争，使资源从低效企业流入高效企业中，整个行业的全要素生产率都会得到显著的提升。

表 4 - 6　交通基础设施对资源错配的影响

变量	sdtfpr		iqrtfpr		sdtfpr		iqrtfpr	
	OLS	IV	OLS	IV	OLS	IV	OLS	IV
	模型 1	模型 2	模型 3	模型 4	模型 5	模型 6	模型 7	模型 8
highway1	0.0076 *	0.2273 ***	0.0229 ***	0.3701 ***	—	—	—	—
highway2					- 0.0555 ***	- 0.1824 ***	0.0035	- 0.2932 ***
HHI	0.3779 ***	0.4189 ***	0.3169 ***	0.3830 ***	0.3868 ***	0.3912 ***	0.2174 ***	0.2271 ***
subsidized	- 0.0096 ***	- 0.0057 ***	- 0.0131 ***	- 0.0078 ***	- 0.0072 ***	- 0.0030	- 0.0140 ***	- 0.0041
exporti	- 0.1530 ***	0.0456	- 0.1558 ***	0.1266 *	- 0.1346 ***	- 0.1044 ***	- 0.2191 ***	- 0.1508 ***
soei	0.2170 ***	0.0793 **	0.3094 ***	0.0796	0.1985 ***	0.1421 ***	0.3118 ***	0.1821 ***
privatei	- 0.4369 ***	- 0.5276 ***	- 0.3853 ***	- 0.5324 ***	- 0.4435 ***	- 0.4627 ***	- 0.4234 ***	- 0.4678 ***
常数项	1.1730 ***	- 0.8231 *	1.3042 ***	- 1.8317 ***	1.2469 ***	1.2803 ***	1.5454 ***	1.6232 ***
N	7588	7588	7621	7621	7601	7601	7656	7656
LM 统计量	—	74.657 ***	—	80.043 ***	—	876.727 ***	—	893.191 ***
F 统计量	—	75.329 ***	—	80.818 ***	—	990.124 ***	—	1010.234 ***

注：* 、** 、*** 分别表示在 10% 、5% 、1% 的水平下显著。

（三）稳定性检验

1. 替换指标检验

运用 OP 法求得全要素生产率的标准差（sdtfp_op）与四分位距（iqrtfp_op），考察行业内企业之间的资源错配情况，表 4 - 7 为回归模型的基本估计结果。由模型 1 至模型 4 的回归结果可知，行业内企业到最近高速公路距离的均值增加，会使全要素生产率的离散度增加，资源错配程度恶化，这与用 HK 法计算资源错配的结果一致。此外运用公路密度进行回归的结果同样与 HK 法的结果基本一致，在工具变量法估计下，当省份公路密度提高 1% 时，全要素生产率的标准差降低 0.0299%，全要素生产率的四分位距降低 0.1333%，说明公路密度的增加有利于缓解资源错配。在其他几个变量中，国有资本所占比重对资源错配具有放大效果，出口企业所占比重、补贴收入、私人资本所占比重有利于缓解资源错配情况的发生。

表 4 – 7 稳定性检验结果

变量	sdtfp_op		iqrtfp_op		sdtfp_op		iqrtfp_op	
	OLS	IV	OLS	IV	OLS	IV	OLS	IV
	模型 1	模型 2	模型 3	模型 4	模型 5	模型 6	模型 7	模型 8
highway1	0.0260 ***	0.0159 *	0.0207 ***	0.0685 ***	—	—	—	—
highway2					– 0.0351 ***	– 0.0299 *	– 0.077 ***	– 0.1333 ***
HHI	– 0.1307 ***	– 0.1326 ***	0.0758 ***	0.0855 ***	– 0.1358 ***	– 0.1360 ***	0.0472 ***	0.0490 ***
subsidized	– 0.0203 ***	– 0.0205 ***	– 0.019 ***	– 0.0185 ***	– 0.0194 ***	– 0.0196 ***	– 0.017 ***	– 0.0151 ***
exporti	– 0.0722 ***	– 0.0814 ***	– 0.063 ***	– 0.0245	– 0.0845 ***	– 0.0858 ***	– 0.073 ***	– 0.0598 ***
soei	0.1370 ***	0.1433 ***	0.1499 ***	0.1184 ***	0.1379 ***	0.1403 ***	0.1254 ***	0.1009 ***
privatei	– 0.2661 ***	– 0.2619 ***	– 0.118 ***	– 0.1387 ***	– 0.2611 ***	– 0.2603 ***	– 0.134 ***	– 0.1420 ***
常数项	0.4408 ***	0.5331 ***	0.3174 ***	– 0.1147	0.6840 ***	0.6826 ***	0.5331 ***	0.5477 ***
N	7588	7588	7623	7623	7601	7601	7658	7658
LM 统计量	—	1242.906 ***	—	1234.209 ***	—	2713.33 ***	—	2749.67 ***
F 统计量	—	1485.000 ***	—	1471.286 ***	—	4215.72 ***	—	4286.14 ***

注：*、*** 分别表示在 10%、1% 的水平下显著。

2. 动态滞后模型检验

由于 OLS 和 2SLS 都属于静态面板数据模型，无法从动态视角考察相关经济问题，而系统广义矩估计方法（System-GMM）包含了被解释变量的滞后项，可以有效克服这一不足。此外由于 2SLS 在球形扰动项的假定下才是最有效率的，因此当扰动项存在异方差和自相关问题时，静态面板数据模型得到的估计量并非最有效率的估计量，Blundell 和 Bond（1998）将差分

GMM 估计和水平 GMM 估计结合在一起，作为一种更有效的估计方法（系统广义矩估计方法）。系统 GMM 方法从矩条件出发，在有效解决异方差和自相关问题的情况下，将内生的被解释变量滞后项（L.1）和解释变量的滞后项（L.2）作为工具变量，构造包含总体未知参数的方程来求解参数，不需要对变量和误差项的分布情况进行假定，因此可以有效地解决内生性问题。

由于系统 GMM 方法要求扰动项无自相关以及不存在过度识别问题，因此在回归模型中使用两步系统广义矩估计，针对工具变量过多引起的过度识别问题，采用 collapse 技术限制工具变量数量。由表 4 - 8 中 8 个模型的回归结果可知，AR（2）的 P 值均大于 0.1，接受扰动项无自相关的原假设，Hansen 检验说明模型不存在过度识别问题，所以模型得出的结果是一致且有效的。被解释变量的滞后项（L.1）系数为正且均在 1% 的水平下显著，说明资源错配具有惯性发展的特征，上期的资源错配会对本期的资源错配产生影响。从模型 1 中可知，前一期资源错配程度每提高 1%，造成当期的资源错配程度提高 0.4318%。从模型 1、模型 3、模型 5、模型 7 的回归结果可知，在四种测量资源错配的方法下，行业中企业到最近高速公路距离的均值增加会使资源配置进一步恶化，这与上文中利用 OLS 以及 2SLS 估计得到的结果相一致。而从模型 2、模型 4、模型 6、模型 8 的结果可知，当省份公路密度增加时，资源错配程度有降低的趋势，在模型 8 中这一结果还很显著，反映出交通基础设施条件的改善有利于缓解资源错配。由于在系统 GMM 方法下，同样得出交通基础设施条件的改善有利于缓解资源错配，与上文中的结论一致，因此可以断定结果是稳定的。

表 4 - 8 内生性检验结果

变量	sdtfpr		iqrtfpr		sdtfp_op		iqrtfp_op	
	模型 1	模型 2	模型 3	模型 4	模型 5	模型 6	模型 7	模型 8
L.1	0.4318 ***	0.4789 ***	0.3659 ***	0.4067 ***	0.1922 ***	0.2136 ***	0.3050 ***	0.2861 ***
L.2	0.1301 ***	0.1406 ***	0.0394	0.0628	0.0317	0.0485	0.0847 *	0.0620
highway1	0.1989 *	—	0.3277 *	—	0.2349 **	—	0.1601 **	—

续表

变量	sdtfpr		iqrtfpr		sdtfp_op		iqrtfp_op	
	模型 1	模型 2	模型 3	模型 4	模型 5	模型 6	模型 7	模型 8
highway2	—	- 0.0302	—	- 0.0108	—	- 0.0416	—	- 0.0932 ***
HHI	0.3381 ***	0.2688 ***	- 0.0242	- 0.1415	- 0.2650	- 0.2135	0.0869	0.0487
subsidized	0.0013	0.0041	0.0041	0.0082	- 0.0737 ***	- 0.0539 **	- 0.0161 ***	- 0.0099 **
exporti	- 0.0634	- 0.1830 ***	- 0.1011	0.2172	- 0.2163	- 0.5245 ***	- 0.0993	- 0.2724 ***
soei	0.1711 ***	0.1596 ***	0.0733	0.1032	- 0.0479	0.1304	0.0591	0.0265
privatei	- 0.2084 ***	- 0.1788 **	- 0.0694	- 0.1237	- 0.3437 *	- 0.2044	- 0.1414 **	- 0.0766
常数项	- 1.3498	0.3798 ***	- 2.1170	0.7287 ***	- 0.9325	0.9631 ***	- 1.0649 *	0.4017 ***
N	5812	5822	5870	5892	5812	5822	5873	5895
AR(1)P 值	0	0	0	0	0	0	0.002	0.003
AR(2)P 值	0.673	0.801	0.337	0.322	0.734	0.483	0.403	0.424
Hansen P 值	0.184	0.103	0.413	0.16	0.085	0.129	0.168	0.672

注: * 、** 、*** 分别表示在 10% 、5% 、1% 的水平下显著。

（四）异质性分析

1. 不同等级公路的异质性分析

交通基础设施对资源错配的影响与交通基础设施的质量有关, 不同类型的交通基础设施对资源错配的影响可能存在异质性, 进一步将公路细分为高速公路（gs）、一级公路（yj）、二级公路（ej）, 交通基础设施对资源错配的异质性检验回归结果如表 4 - 9 和表 4 - 10 所示。

表 4 - 9 中的被解释变量为 HK 法求得的全要素生产率的标准差, 表 4 - 10 的被解释变量为 HK 法求得的全要素生产率的四分位距。由表 4 - 9 的结果可知, 在普通最小二乘法估计下, 高速公路、一级公路、二级公路密度的增加均有助于改善资源错配; 在工具变量法估计下, 高速公路和一级公路不再显著, 二级公路的显著性水平下降, 变为在 10% 的水平下显著。由表 4 - 10 的结果可知, 在普通最小二乘法估计下, 三种公路对资源错配的系数均为负, 在一级公路条件下还很显著, 初步验证了公路密度的增加有助于改善

资源错配。从模型 8、模型 10、模型 12 的结果可知，在工具变量法估计下，公路质量越高，其对资源错配的改善作用越大，即高速公路 > 一级公路 > 二级公路。高速公路项的系数为 −2.6455 且在 1% 的水平下显著，一级公路项的系数为 −2.5784 且在 1% 的水平下显著，二级公路项的系数为 −0.6364，同样在 1% 的水平下显著。主要原因在于，高等级公路带来的时空压缩效应比低等级公路更明显，有利于资源和信息的流动以及市场一体化的形成，对资源错配的缓解作用更强。此外，高等级公路网的形成使高速公路的作用能够更好发挥，从 1991 年我国提出 "五纵七横" 国道主干线规划以来，高速公路从无到有，发展速度加快，1998 年为应对金融危机，国家实施积极的财政政策，高速公路年均通车里程超过 4000 公里，截至 2007 年，我国高速公路里程达到 5.39 万公里，居世界第二位。

表 4 − 9　不同等级公路回归结果 （1）

变量	sdtfpr		sdtfpr		sdtfpr	
	OLS	IV	OLS	IV	OLS	IV
	模型 1	模型 2	模型 3	模型 4	模型 5	模型 6
gs	− 1.0101 ***	0.5400	—	—	—	—
yj	—	—	− 1.6645 ***	0.5270	—	—
ej	—	—	—	—	− 0.3181 ***	− 0.2170 *
HHI	0.3883 ***	0.3830 ***	0.3818 ***	0.3859 **	0.3829 **	− 0.1384 ***
$subsidized$	− 0.0079 ***	− 0.0097 ***	− 0.0063 ***	− 0.0099 ***	− 0.0072 ***	− 0.0193 ***
$exporti$	− 0.1361 ***	− 0.1539 ***	− 0.1164 **	− 0.1577 ***	− 0.1282 ***	− 0.0795 ***
$soei$	0.2059 ***	0.2323 ***	0.1885 ***	0.2340 ***	0.1996 **	0.1375 **
$privatei$	− 0.4481 ***	− 0.4282 ***	− 0.4781 ***	− 0.4215 ***	− 0.4575 ***	− 0.2711 ***
常数项	1.2364 ***	1.2302 ***	1.2371 ***	1.2308 ***	1.2410 ***	0.6807 ***
N	7601	7601	7601	7601	7601	7601
LM 统计量	—	1459.693	—	1401.799	—	1433.011
F 统计量	—	1804.976	—	1717.198	—	1764.316

注：*、**、*** 分别表示在 10%、5%、1% 的水平下显著。

表 4 - 10　不同等级公路回归结果（2）

变量	iqrtfpr		iqrtfpr		iqrtfpr	
	OLS	IV	OLS	IV	OLS	IV
	模型 7	模型 8	模型 9	模型 10	模型 11	模型 12
gs	- 0.1068	- 2.6455 ***	—	—	—	—
yj	—	—	- 1.0145 ***	- 2.5784 ***	—	—
ej	—	—	—	—	- 0.1271	- 0.6364 ***
HHI	0.2179 ***	0.2264 ***	0.2161 ***	0.2138 ***	0.2167 **	0.2135 ***
subsidized	- 0.0138 ***	- 0.0108 ***	- 0.0123 ***	- 0.0097 ***	- 0.0132 **	- 0.0102 ***
exporti	- 0.2171 ***	- 0.1891 ***	- 0.1997 ***	- 0.1711 ***	- 0.2107 ***	- 0.1807 ***
soei	0.3084 ***	0.2657 ***	0.2895 ***	0.2575 **	0.3010 ***	0.2638 ***
privatei	- 0.4253 ***	- 0.4576 ***	- 0.4493 ***	- 0.4883 ***	- 0.4327 ***	- 0.4679 ***
常数项	1.5467 ***	1.5571 ***	1.5492 ***	1.5535 ***	1.5498 ***	1.5638 ***
N	7656	7656	7656	7656	7656	7656
LM 统计量	—	1489.341 ***	—	1428.186 ***	—	1457.1 ***
F 统计量	—	1847.349 ***	—	1754.098 ***	—	1797.957 ***

注：**、***分别表示在 5%、1%的水平下显著。

2. 不同类型行业的异质性分析

不同类型行业对公路系统的依赖程度有差别，按照要素密集度将 29 个两位数行业分为劳动密集型行业、资本密集型行业、技术密集型行业和资源密集型行业四类。

从表 4 - 11 和表 4 - 12 的结果可知，在工具变量法估计下，用行业中企业到最近高速公路距离的均值作为交通基础设施变量时，劳动密集型行业、资本密集型行业、资源密集型行业的系数为正且显著，从影响程度来看，劳动密集型行业 > 资源密集型行业 > 资本密集型行业，说明行业内企业到最近高速公路距离的均值缩短可以缓解行业资源错配，这主要与三种行业对高速公路的依赖性较大有关。行业内企业到最近高速公路距离的缩短，一方面降低了时间成本与运输成本，使劳动密集型行业能够更加接近劳动力市场，资源密集型行业更加接近原材料产地，资本密集型行业更容易获取外部市场的资金，市场范围的进一步扩大，提高了企业与不同要素之间的匹配度，有利于要素在区域内自由流动与合理配置；另一方面会吸引更多的企业在该区域布局，迫使低生产率的企业不断退出，使要素资源流入高生产率的企业，降低行业内的资源错配程度。而技术密集型行业的系数却不显著，说明技术密集型行业对高速公路系统的依赖性更小，相比于前三种行业的产品，技术密集型行业的产品具有高附加值特征，对原材料和劳动力的依赖性更小，产品中技术含量所占比重更大，方便快捷的高铁、航空运输方式更能满足对时间敏感而对价格不敏感的技术密集型行业。此外相比于劳动密集型行业与资本密集型行业，技术密集型行业垄断性较高，市场准入条件同样高于其他行业，行业间的技术差别较大，加之技术密集型行业近年来成为政府关注的重点行业，政府对不同行业的差别化扶持政策，会阻碍要素在行业中的自由流动，进而产生资源错配，因此在短期内，交通基础设施的优化对降低技术密集型行业资源错配程度的作用较小。

由表4-11和表4-12中的模型4、模型8、模型12、模型16的回归结果可知，在工具变量法估计下，当采用省份公路密度来衡量交通基础设施时，发现公路密度的提高可以降低行业内的资源错配程度。从交通基础设施的影响程度来看，劳动密集型行业＞资本密集型行业＞资源密集型行业＞技术密集型行业。劳动密集型行业交通基础设施项的系数为 -0.1855 且在1%的水平下显著，资本密集型行业的系数为 -0.0708 且在5%的水平下显著，技术密集型行业的系数为 -0.0623 且在1%的水平下显著，资源密集型行业的系数为 -0.0678，同样在1%的水平下显著。

表4-11 不同类型行业回归结果（1）

变量	劳动密集型行业				资本密集型行业			
	OLS	IV	OLS	IV	OLS	IV	OLS	IV
	模型1	模型2	模型3	模型4	模型5	模型6	模型7	模型8
highway1	0.0332 ***	0.0819 ***	—	—	0.0372 ***	0.0327 **	—	—
highway2	—	—	-0.1078 ***	-0.1855 ***	—	—	-0.0113	-0.0708 **
HHI	0.1365 ***	0.1258 ***	0.0939 ***	0.0801 ***	0.1747 ***	0.1715 ***	0.1163 ***	0.1286 ***

续表

变量	劳动密集型行业				资本密集型行业			
	OLS	IV	OLS	IV	OLS	IV	OLS	IV
	模型 1	模型 2	模型 3	模型 4	模型 5	模型 6	模型 7	模型 8
$subsidized$	- 0.0167 ***	- 0.0170 ***	- 0.0140 ***	- 0.0119 ***	- 0.0104 ***	- 0.0104 ***	- 0.0112 ***	- 0.0099 ***
$exporti$	- 0.0167 ***	- 0.0334	- 0.0824 ***	- 0.0699 ***	0.1923 ***	0.1892 ***	0.1421 ***	0.1611 ***
$soei$	0.1974 ***	0.1669 ***	0.1638 ***	0.1251 ***	0.1722 ***	0.1754 ***	0.1954 ***	0.1732 ***
$privatei$	- 0.1046 ***	- 0.1166 ***	- 0.1214 ***	- 0.1337 ***	- 0.1486 ***	- 0.1461 ***	- 0.1288 ***	- 0.1298 ***
常数项	0.1649 ***	- 0.2704 ***	0.5105 ***	0.5395 ***	- 0.0317 ***	0.0099	0.3283 ***	0.3487 ***
N	2868	2868	2876	2876	1220	1220	1227	1227
LM 统计量	—	555.513 ***	—	986.794 ***	—	241.383 ***	—	485.166 ***
F 统计量	—	687.279 ***	—	1498.572 **	—	299.196 ***	—	797.89 ***

注：** 、*** 分别表示在 5%、1% 的水平下显著。

表 4 - 12 不同类型行业回归结果 （2）

变量	技术密集型行业				资源密集型行业			
	OLS	IV	OLS	IV	OLS	IV	OLS	IV
	模型 9	模型 10	模型 11	模型 12	模型 13	模型 14	模型 15	模型 16
$highway1$	- 0.0048	0.0148	—	—	0.0257 ***	0.0434 ***	—	—
$highway2$	—	—	- 0.0444 ***	- 0.0623 ***	—	—	- 0.0663 ***	- 0.0678 ***
HHI	0.1955 ***	0.1908 ***	0.1460 ***	0.1423 ***	- 0.0344 *	- 0.0273	- 0.0496 ***	- 0.0494 **
$subsidized$	- 0.0306 ***	- 0.0309 ***	- 0.0283 ***	- 0.0277 ***	- 0.0191 ***	- 0.0192 ***	- 0.0159 ***	- 0.0159 ***
$exporti$	- 0.1732 ***	- 0.1571 ***	- 0.1974 ***	- 0.1932 ***	- 0.1410 ***	- 0.1137 ***	- 0.1469 ***	- 0.1462 ***
$soei$	0.0874 ***	0.0706 ***	0.0373 *	0.0285 **	0.0464 ***	0.0360 *	0.0421 **	0.0415 **
$privatei$	- 0.1984 ***	- 0.2114 ***	- 0.2490 ***	- 0.2516 ***	- 0.0682 **	- 0.0669 **	- 0.0838 ***	- 0.0839 ***
常数项	0.7362 ***	0.5711 ***	0.7255 ***	0.7301 ***	0.2830 ***	0.1233	0.5214 ***	0.5216 ***
N	2192	2192	2207	2207	1343	1343	1348	1348
LM 统计量	—	321.093	—	712.159	—	190.535 ***	—	451.81 ***
F 统计量	—	374.999	—	1048.105	—	220.879 ***	—	676.058 ***

注：* 、** 、*** 分别表示在 10%、5%、1% 的水平下显著。

3. 不同地区的异质性分析

由于改革开放后的差异化发展政策，中国不同地区之间产生了较大的差距，具体表现为东部地区经济发达，市场化程度较高，各种类型的交通基础设施发展成熟，而中西部地区的经济发展相对落后，开放程度较低，交通基础设施水平不高。但需要注意的是，东部地区的经济发展水平较高、市场体系成熟并不代表其资源错配程度一定比中西部地区低。东部地区作为市场经济最发达的区域，外资进入产生的市场竞争效应的确会带来资源配置效率的改善，但为了加入国际大循环，通过一整套扭曲的制度安排，增加企业出口优势反而可能会带来更严重的资源错配。基于上述分析，从不同地区视角分析交通基础设施对行业资源错配的影响是有意义的。

从表4-13的结果可知，用行业中企业到最近高速公路距离的均值来代表交通基础设施变量，考察交通基础设施对资源错配的影响，发现在工具变量法估计下其对东部区资源错配的影响效果并不是很显著，对中部区和西部区的影响系数分别为0.0825和0.0702且均在1%的水平下显著。从表4-14的结果可知，用省份公路密度代表交通基础设施变量，发现在工具变量法估计下其对东部区资源错配的影响不显著，而对中部区的影响系数为-0.1686且在1%的水平下显著，对西部区的影响系数为-0.2705，同样在1%的水平下显著。相对于中部区、西部区而言，东部区的交通网络体系较为密集，多种运输方式都会影响行业内的资源错配情况，所以公路系统的影响不太显著。而中部区、西部区的交通基础设施条件比较差，早期的发展受制于交通基础设施的约束，经过"西部大开发战略"的实施，西部区的交通基础设施条件有所改善，这对中部区、西部区的边际作用更大。此外，与东部区相比，西部区企业分布较为分散，运输方式上更加依赖公路运输，公路网络的发展有利于缓解市场上的信息不对称，促进生产要素与高生产率企业的匹配，进而改善行业内的资源错配情况。另外，交通基础设施的发展还能够促进西部区与东部区的联系，有利于西部区的企业融入更大范围的市场，企业交流、沟通更为便利，可以产生密集的知识溢出效应，缓解企业之间的资源错配。

表 4 – 13　不同地区回归结果（1）

变量	东部区		中部区		西部区	
	OLS	IV	OLS	IV	OLS	IV
	模型 1	模型 2	模型 3	模型 4	模型 5	模型 6
*highway*1	0.0097	– 0.0240 *	– 0.0036	0.0825 ***	0.0240 ***	0.0702 ***
HHI	0.1117 ***	0.1066 ***	– 0.0267	– 0.0095	0.0576 *	0.0602 **
subsidized	– 0.0143 ***	– 0.0148 ***	– 0.0106 ***	– 0.0116 ***	– 0.0252 ***	– 0.0258 ***
exporti	– 0.0030	– 0.0073	– 0.0078	0.0006	– 0.0557	0.0072
soei	0.1664 ***	0.1831 ***	0.1363 ***	0.1285 ***	0.1057 ***	0.0867 ***
privatei	– 0.1443 ***	– 0.1158 ***	– 0.2638 ***	– 0.2474 ***	– 0.1063 ***	– 0.0812 *
常数项	0.3297 ***	0.6195 ***	0.4930 ***	– 0.3023 *	0.3780 ***	– 0.0449
N	3031	3031	2019	2019	2573	2573
LM 统计量	—	628.181 ***	—	206.325 ***	—	445.948 ***
F 统计量	—	790.58 ***	—	229.013 ***	—	537.976 ***

注：*、**、*** 分别表示在 10%、5%、1% 的水平下显著。

表 4 – 14　不同地区回归结果（2）

变量	东部区		中部区		西部区	
	OLS	IV	OLS	IV	OLS	IV
	模型 7	模型 8	模型 9	模型 10	模型 11	模型 12
*highway*2	0.0061	0.0324	– 0.0715 ***	– 0.1686 ***	– 0.1811 ***	– 0.2705 ***
HHI	0.0486 ***	0.0431 ***	– 0.0271	– 0.0195	0.0303	0.0266
subsidized	– 0.0158 ***	– 0.0165 ***	– 0.0087 ***	– 0.0061 ***	– 0.0214 ***	– 0.0201 ***
exporti	– 0.0416 ***	– 0.0381 ***	0.0030	0.0178	– 0.0278	– 0.0138
soei	0.1507 ***	0.1640 ***	0.1267 ***	0.1108 ***	0.0823 ***	0.0675 ***
privatei	– 0.1577 ***	– 0.1493 ***	– 0.2159 ***	– 0.1520 ***	– 0.1169 ***	– 0.1085 ***
常数项	0.4445 ***	0.4299 ***	0.4677 ***	0.4777 ***	0.6228 ***	0.6374 ***
N	3046	3046	2021	2021	2591	2591
LM 统计量	—	574.734 ***	—	301.746 ***	—	905.76 ***
F 统计量	—	706.77 ***	—	353.477 ***	—	1388.813 ***

注：*** 表示在 1% 的水平下显著。

综上所述，中部区、西部区更加依赖方便快捷的陆路运输，公路网络对其资源错配的改善作用较为显著，东部区运输方式多样化且发展较为成熟，因此公路对其资源有效配置的作用较小。

五 四分位行业结果分析

（一） 模型构建与数据说明

在上文的分析中，我们在各省份二分位行业层面对交通基础设施与资源错配的关系进行考察，为了进一步细化行业分类和确定二者关系的稳定性，接下来采用各省份四分位行业展开研究，由于 2002 年以前我国采用的是 1994 年出版的《国民经济行业分类与代码》（GB/T 4754—1994），而 2002 年开始我国出台了新的行业分类标准，即《国民经济行业分类与代码》（GB/T 4754—2002），由于两种分类标准在四分位行业层面差异较大，不能直接用来运算处理，本书参照 Brandt 等（2012）的方法，将两个分类标准进行统一化处理，其他样本筛选方法与上文相同，此外还要删除观测值少于 10 个的行业样本。与二分位行业的方法一致，利用企业数据的加总形式研究交通基础设施对行业资源错配的影响，构建省份－行业层面的模型如下：

$$Misallocation_{cjt} = \beta_0 + \beta_1 highway_{cjt} + \beta_2 X_{cjt} + \varepsilon_{cjt} \qquad (4.23)$$

在式（4.23）中，c、j、t 同样代表地区、行业和时间；$Misallocation$ 代表行业内跨企业资源错配，用各省份四分位行业内企业全要素生产率的标准差（$sdtfp$）和四分位距（$iqrtfp$）来衡量；$highway1$ 代表行业内企业到最近高速公路距离的均值，$highway2$ 代表省份公路密度；X 为行业层面变量，包括赫芬达尔－赫希曼指数（HHI）、行业的研发强度（$YFQD$）、行业内国有资本所占比重（$soei$）、行业内私人资本所占比重（$privatei$）、政府的影响（gov）、行业内所有企业的补贴收入（$subsidized$）、行业内出口企业所占比重（$exporti$）。表 4-15 为核心变量的描述性统计结果。

表 4 – 15 核心变量的描述性统计结果

变量	符号	观测值	均值	标准差	最小值	最大值
全要素生产率标准差	sdtfp	33484	0.9945	0.2915	0.2094	3.5356
全要素生产率四分位距	iqrtfp	33484	1.2105	0.4204	0.1507	4.7158
赫芬达尔－赫希曼指数	HHI	33484	0.1602	0.1367	0.0016	0.9666
研发强度	YFQD	33484	0.0493	0.0895	0	0.6790
国有资本所占比重	soei	33484	0.1843	0.2367	0	1
私人资本所占比重	privatei	33484	0.2217	0.2042	0	1
政府的影响	gov	29972	0.0341	0.0193	0	0.4718
补贴收入	subsidized	33484	7.3944	2.1512	0	14.2184
出口企业所占比重	exporti	33484	0.2320	0.2221	0	1

（二）基本结果分析

在基准回归中，本书构建了四个模型，分别采用面板数据固定效应法（FE）和两阶段最小二乘法（2SLS）进行回归分析，工具变量的选取与上文的方法一致，采用各省份的平地面积占本省份总面积的比重来表示，被解释变量资源错配采用全要素生产率的标准差来表示。

由表 4 – 16 中模型 1 和模型 2 的结果可知，交通基础设施项的系数为正，具体而言，模型 1 的系数为 0.0152 且在 1% 的水平下显著，模型 2 的系数为 0.0066，同样在 1% 的水平下显著，说明行业中企业到最近高速公路距离的均值增加会导致资源错配程度加深，这与二分位行业得出的结果一致，但是两阶段最小二乘法估计的系数比固定效应法估计的系数小，说明克服了内生性问题后，企业到最近高速公路距离的均值增加带来的不利影响会减小。

为了进一步验证交通基础设施对资源错配的影响，继续采用省份公路密度来代表交通基础设施，由模型 3 和模型 4 的结果可知，交通基础设施项的系数均为负，同样与二分位行业的回归结果基本保持一致，当省份公路密度增加时，资源错配程度会降低。在固定效应法估计下，省份公路密度每增加1%，资源错配程度就会降低0.0518%；在两阶段最小二乘法估计下，省份公路密度每增加1%，资源错配程度就会降低0.1435%。两种交通基础设施变量的结果都表明，交通基础设施条件的改善，会带来可达性提高，有利于降低行业内企业间的资源错配程度，反之亦然。

在其他几个影响资源错配的因素中，赫芬达尔－赫希曼指数在四个模型中均为正向且很显著，具体而言，模型1的系数为0.1220，模型2的系数为0.2945，模型3的系数为0.1051，模型4的系数为0.5165，说明市场垄断程度的提高增加了资源错配程度，原因可能是少数企业利用非市场性的手段垄断了资源，使行业中企业间的竞争程度降低，资源无法有效地从低效企业流向高效企业，低效企业得以继续生存，阻碍高效企业的进入和在位企业扩大生产经营规模，行业的整体效率提升缓慢。在固定效应法估计下，研发强度的作用并不显著；但是采用工具变量法克服内生性问题后，在两阶段最小二乘法估计下，研发强度具有显著的负向作用。由于对研发的投资能够产生新的知识与技术创新，新的知识又具有较强的溢出效应，可以提高企业的全要素生产率，行业内企业的全要素生产率向较高水平集中，降低全要素生产率的离散度，进而提高行业的整体全要素生产率水平。国有资本所占比重的系数在四个模型中均为正向且显著，说明行业中国有资本较多时，行业内资源错配程度会增加，低效的国有企业能够继续存在，这与政府的政绩考核和稳定需求相关，在上述两种动机的影响下，本应退出市场的低效国企会继续得到政府的政策支持与银行的资金帮助，因而继续在市场上生存。而私人资本所占比重的系数在四个模型中均为负向且显著，这与实际预期结果相一致，行业中私人企业资本的增加会加剧企业间的竞争，打破少数企业的垄断，不仅能够倒逼企业研发创新，还能够淘汰掉生产率低下的企业，以上因素均能够改善行业资源错配。政府的影响系数具有差异性，这与政府对经济的影响有关，政府对国企的偏向性补贴使资源错配程度进一步恶化，这体现的是一种不当干预，而政府对科技教育的投入，能够增加行业中所有企业的资源配置水平，这体现的是一种正向的干预，在本书中政府对行业的干预能够降低资源错配程度。最后是考察行业内出口企业所占比重（*exporti*）对资源错配的影响，在固定效应法估计下，*exporti* 的系数为负，但是并不显著，当采用工具变量法克服内生性问题后，在两阶段最小二乘法估计下，发现系数变得十分显著，说明行业中出口企业数量的增加有利于降低资源错配程度，出口企业更容易接触到国外先进的管理经验和科学技术，它们能够嵌入国际价值链体系中，不断扩大市场范围，有利于企业全要素生产率的提升，以及行业资源配置效率的提升。

表 4 – 16　基准回归结果

变量	FE	2SLS	FE	2SLS
	模型 1	模型 2	模型 3	模型 4
*highway*1	0.0152 ***	0.0066 ***	—	—
*highway*2	—	—	− 0.0518 ***	− 0.1435 ***
HHI	0.1220 ***	0.2945 ***	0.1051 ***	0.5165 ***
YFQD	− 0.0314	− 0.1537 ***	− 0.0214	− 0.5206 ***
soei	0.1382 ***	0.1315 ***	0.1219 ***	0.0475 *
privatei	− 0.1461 ***	− 0.2653 ***	− 0.1210 ***	− 0.2705 ***
gov	0.1129	− 2.0158 ***	− 0.0203	− 2.6286 ***
subsidized	− 0.0021 **	0.0385 ***	− 0.0005	0.1542 ***
exporti	− 0.0183	− 0.2042 ***	− 0.0257	− 0.1412 ***
常数项	0.8753 ***	0.7756 ***	1.0345 ***	0.0767
N	25231	25231	25232	25232
LM 统计量	—	136.212 ***	—	18.987 ***
F 统计量	—	136.902 ***	—	18.995 ***

注：* 、** 、*** 分别表示在 10% 、5% 、1% 的水平下显著。

（三）稳定性检验

1. 替换指标检验

为了进一步确定交通基础设施与资源错配的关系，被解释变量采用全要素生产率的四分位距来表示。由表 4 – 17 的回归结果可知，*highway*1 的系数为正且具有显著性，而 *highway*2 的系数为负（虽然在模型 4 中为正，但不显著），这与利用全要素生产率的标准差表示资源错配的结果一致，说明交通基础设施能够改善资源错配程度这一结果具有稳定性。具体而言，在固定效应法估计下，行业内企业到最近高速公路距离的均值每提高 1%，资源错配程度增加 0.0130%；省份公路密度每增加 1%，资源错配程度会降低 0.0169%。其他几个影响因素同样与基准回归的结果基本一致，赫芬达尔 - 赫希曼指数（HHI）和国有资本所占比重（$soei$）均显著为正，私人资本所占比重（$privatei$）、政府的影响（gov）、行业中出口企业所占比重（$exporti$）的系数大多显著为负，值得注意的是，模型 1 中研发强度的系数尽管显著为正，但是系数很小，只有 0.0005，剩下三个模型中系数并不显著。

表 4 - 17 稳定性检验结果

变量	FE	2SLS	FE	2SLS
	模型 1	模型 2	模型 3	模型 4
$highway1$	0.0130 *	0.0109 ***	—	—
$highway2$	—	—	- 0.0169 *	0.0546
HHI	0.1070 ***	0.3099 ***	0.1012 ***	0.2012 **
$YFQD$	0.0005 ***	0.0723	0.0033	0.2405
$soei$	0.1347 ***	0.1155 ***	0.1303 ***	0.1597 ***
$privatei$	- 0.1548 ***	- 0.2933 ***	- 0.1471 ***	- 0.2813 ***
gov	- 0.0073	- 2.6326 ***	- 0.0461	- 2.3467 ***
$subsidized$	0.0014	- 0.0180	0.0019	- 0.0741 *
$exporti$	- 0.0643 ***	- 0.3212 ***	- 0.0676 ***	- 0.3583 ***
常数项	1.0986 ***	1.4089 ***	1.2219 ***	1.8818 ***
N	25231	25231	25232	25232
LM 统计量	—	136.212 ***	—	18.987 ***
F 统计量	—	136.902 ***	—	18.995 ***

注：*、**、***分别表示在 10%、5%、1% 的水平下显著。

2. 动态滞后模型检验

固定效应法和两阶段最小二乘法均属于静态面板数据模型，无法从动态视角考察交通基础设施与资源错配的关系，为了进一步检验结果的稳定性，采用系统 GMM 方法来予以检验。系统 GMM 方法要求扰动项无自相关和不存在过度识别问题，与上文的方法步骤一致，运用 AR（2）检验和 Hansen 检验的同时，采用 collapse 技术限制工具变量数量。由表 4 - 18 的结果可知，模型 2、模型 3 和模型 4 中 AR（2）的 P 值均大于 0.1，接受扰动项无自相关的假定，Hansen 检验的 P 值在四个模型中均大于 0.1，说明模型不存在过度识别问题，由此可知，模型的回归结果是有效的。被解释变量的滞后项（L.1）系数均为正向且显著，与二分位行业的运行结果基本一致，同样验证资源错配的惯性特征，上期对当期会有一定影响，例如，在模型 1 中，上期的资源错配程度每提高 1%，造成当期资源错配程度增加 0.2392%。由模型 2 和模型 4 的结果可知，省份公路密度的增加有利于资源错配程度的缓解，系数分别为 - 0.1862 和 - 0.1460，这与 FE 法和 2SLS 法得到的结果基本一致，说明在考虑动态因素条件下，结果仍然是稳定的。

表 4 - 18　内生性检验结果

变量	*sdtfp*		*iqrtfp*	
	模型 1	模型 2	模型 3	模型 4
L.1	0.2392 ***	0.2346 ***	0.2858 ***	0.2903 ***
L.2	0.0727 ***	0.0505 ***	0.0480	0.0243
*highway*1	0.0642	—	0.0827	—
*highway*2	—	- 0.1862 ***	—	- 0.1460 ***
HHI	0.4395 ***	0.2643 ***	0.1917	0.0936
YFQD	0.2946 ***	- 0.0121	0.2949 ***	0.1197 *
soei	0.1667	0.0904	0.0091	- 0.0081
privatei	- 0.2129 ***	- 0.1612 ***	- 0.2158 ***	- 0.2059 ***
gov	- 15.5873 *	- 11.6587 ***	- 2.3808	- 2.7286
subsidized	- 0.1204 ***	- 0.0021	- 0.0657 *	0.0005
exporti	- 0.7385 *	- 0.6963 ***	- 0.1753	- 0.3877 *
常数项	1.6816	1.3943 ***	0.6995	1.1296 ***
N	17628	17628	17628	17628
AR（1）P 值	0	0	0	0

变量	sdtfp		iqrtfp	
	模型 1	模型 2	模型 3	模型 4
AR（2）P 值	0.038	0.195	0.423	0.812
Hansen P 值	0.555	0.328	0.597	0.606

注：* 、*** 分别表示在10% 、1% 的水平下显著。

通过基准回归和稳定性检验说明交通基础设施条件的改善能够降低资源错配程度，但是以上分析都是基于整体层面的研究，在不同地区层面或者不同行业层面是否存在异质性，成为接下来研究的重点。与上文中二分位行业的划分标准相同，本部分包括三个层面的考察，第一个是不同等级公路的异质性分析，第二个是不同类型行业的异质性分析，第三个是不同地区的异质性分析。

（四）异质性分析

1. 不同等级公路的异质性分析

对交通基础设施的考察，不仅要体现其"量"，还要考察其"质"，所以我们进一步将公路按质量划分为高速公路（gs）、一级公路（yj）和二级公路（ej），高速公路的路况质量最好，行车限速为 80 ~ 120km/h，缺点是高速公路的收费较为昂贵，而且高速公路主要连接大中城市，对于城市内部的影响不大。一级公路是我国公路等级中的一种类型，质量位居高速公路之后、二级公路之前，广泛用于主干线路的建设。在 20 世纪 80 年代以前，一级公路处于早期中国公路等级中的首位，高速公路引进国内后，为了避免重新大改旧式公路等级体系所带来的麻烦，交通部门就直接将高速公路加入传统公路等级的行列中，位于一级公路之前，成为最高级别的公路类型，一级公路则退居第二位。一级公路不仅对城市之间的影响较大，同时对于城市内部的影响也较为显著。二级公路还广泛存在于城镇或市郊内的主次干道和支线道路中，城市内部纵横交错的次干路和高架路几乎都按照二级公路标准建设。在不少经济欠发达、人口不密集、地势较起伏等不宜兴建高速公路或一级公路的地区，二级公路无疑是最佳选择。

由表 4 – 19 的回归结果可知，四分位行业与二分位行业的结果基本保持一致。在四分位行业结果中，一级公路对资源错配的改善作用最为强烈，高速公路的作用次之，而二级公路的作用最小，例如，在全要素生产率标准差代表资源错配程度的情况下，模型 1 中高速公路的系数为 – 0. 4030，模型 3 中一级公路的系数为 – 2. 6391，模型 5 中二级公路的系数为 – 0. 1998，可能的原因是四分位行业的划分更为细致，更加真实地反映了企业的布局情况。其他几个变量的回归结果与基准回归结果基本一致，赫芬达尔 – 赫希曼指数、国有资本所占比重对资源错配产生了正向且显著的作用，私人资本所占比重、行业中出口企业所占比重对资源错配大多产生了负向且显著的作用。

表 4 – 19　不同等级公路回归结果

变量	sdtfp	iqrtfp	sdtfp	iqrtfp	sdtfp	iqrtfp
	模型 1	模型 2	模型 3	模型 4	模型 5	模型 6
gs	– 0. 4030 ***	0. 1936	—	—	—	—
yj	—	—	– 2. 6391 ***	– 2. 0580 ***	—	—
ej	—	—	—	—	– 0. 1998 ***	– 0. 0268
HHI	0. 1180 ***	0. 1083 ***	0. 1047 ***	0. 0935 ***	0. 1161 ***	0. 1059 ***
YFQD	– 0. 0260	– 0. 0034	– 0. 0174	0. 0113	– 0. 0274	0. 0004
soei	0. 1369 ***	0. 1378 ***	0. 1206 ***	0. 1211 ***	0. 1344 ***	0. 1355 ***
privatei	– 0. 1402 ***	– 0. 1588 ***	– 0. 1230 ***	– 0. 1369 ***	– 0. 1356 ***	– 0. 1540 ***
gov	0. 0570	0. 0311	– 0. 0356	– 0. 1224	0. 0143	– 0. 0142
subsidized	– 0. 0018 *	0. 0012	0. 0004	0. 0034 **	– 0. 0017 *	0. 0015
exporti	– 0. 0192	– 0. 0661 ***	– 0. 0334 **	– 0. 0763 ***	– 0. 0165	– 0. 0653 ***
常数项	1. 0144 ***	1. 2115 ***	1. 0508 ***	1. 2460 ***	1. 0251 ***	1. 2159 ***
N	25232	25232	25232	25232	25232	25232

注：＊、＊＊、＊＊＊分别表示在 10%、5%、1% 的水平下显著。

2. 不同类型行业的异质性分析

接下来研究交通基础设施对不同类型行业资源错配的影响，与上文的划分方法一致，本部分根据要素密集度将行业划分为劳动密集型行业、资本密集型行业、技术密集型行业、资源密集型行业，资源错配程度由全要素生产率的标准差来表示。由表 4 - 20 的回归结果可知，当采用行业内企业到最近高速公路距离的均值代表交通基础设施变量时，劳动密集型行业的系数最大且显著，其他类型行业的作用较小。具体而言，劳动密集型行业中交通基础设施对资源错配的影响系数为 0.0380 且在 1% 的水平下显著，技术密集型行业中的影响系数为 0.0139 且在 10% 的水平下显著，资本密集型行业和资源密集型行业中的影响系数分别为 - 0.0352 和 0.0041，但均不显著。当采用省份公路密度代表交通基础设施变量时，劳动密集型行业中交通基础设施对资源错配的影响系数为 - 0.0673 且在 1% 的水平下显著，资本密集型行业中的影响系数为 - 0.0443 且在 10% 的水平下显著，技术密集型行业中的影响系数为 - 0.0488 且在 1% 的水平下显著，资源密集型行业中的影响系数为 - 0.0409 且在 1% 的水平下显著，即影响程度的大小排序为劳动密集型行业 > 技术密集型行业 > 资本密集型行业 > 资源密集型行业。与二分位行业的回归结果相一致，公路系统对劳动密集型行业的作用最为显著。

表 4 - 20　不同类型行业回归结果

变量	劳动密集型行业	资本密集型行业	技术密集型行业	资源密集型行业	劳动密集型行业	资本密集型行业	技术密集型行业	资源密集型行业
$highway1$	0.0380 ***	- 0.0352	0.0139 *	0.0041	—	—	—	—
$highway2$	—	—	—	—	- 0.0673 ***	- 0.0443 *	- 0.0488 ***	- 0.0409 ***
HHI	0.1941 ***	0.1731 ***	0.1236 ***	0.0347	0.1870 ***	0.1657 **	0.1053 ***	0.0147
$YFQD$	0.0443	0.0344	- 0.0650 *	- 0.1038 *	0.0667	0.0521	- 0.0581 *	- 0.0951
$soei$	0.2280 ***	0.0660 *	0.1008 ***	0.1117 ***	0.2073 ***	0.0526	0.0848 ***	0.1013 ***
$privatei$	- 0.2008 ***	- 0.0936 **	- 0.1529 ***	- 0.1192 ***	- 0.1727 ***	- 0.0762 *	- 0.1290 ***	- 0.0946 ***
gov	- 0.3810	0.4819	0.0124	- 0.1903	- 0.3797	0.4595	- 0.1559	- 0.2939
$subsidized$	- 0.0062 ***	0.0101 ***	- 0.0028 *	0.0011	- 0.0045 **	0.0115 ***	- 0.0013	0.0022
$exporti$	- 0.0417	0.0259	- 0.0307	0.0673 *	- 0.0682 **	0.0188	- 0.0346	0.0652 *
常数项	0.7383 ***	1.2200 ***	0.9070 ***	0.9059 ***	1.1092 ***	0.9131 ***	1.0555 ***	0.9611 ***
N	6452	1969	9238	5081	6452	1969	9239	5081

注：* 、** 、*** 分别表示在 10% 、5% 、1% 的水平下显著。

3. 不同地区的异质性分析

改革开放以来，中国的非平衡发展导致不同区域的发展差距持续加大，交通基础设施对不同区域资源错配的影响是有差异的，通过二分位行业的回归结果可知，中西部地区更加依赖方便快捷的陆路运输，公路网络对中西部地区资源错配的改善作用较为显著，东部地区运输方式多样化且发展较为成熟，因此公路对其资源有效配置的作用小。由表 4 – 21 的回归结果可知，在四分位行业条件下，回归结果与二分位行业基本一致，系数绝对值的大小排列为：西部区均大于东部区、中部区。例如，在利用四分位距衡量资源错配程度的情况下，交通基础设施对东部区资源错配的影响系数为 – 0.0050，但是不显著；对中部区资源错配的影响系数为 – 0.0353，且在10% 的水平下显著；对西部区资源错配的影响系数为 – 0.1289，且在 1% 的水平下显著。

表 4 – 21　不同地区回归结果

变量	sdtfp	sdtfp	sdtfp	iqrtfp	iqrtfp	iqrtfp
	东部区	中部区	西部区	东部区	中部区	西部区
highway2	– 0.0499 ***	– 0.0398 ***	– 0.1447 ***	– 0.0050	– 0.0353 *	– 0.1289 ***
HHI	0.1187 ***	0.0312	0.1863 ***	0.1314 ***	0.0222	0.1347
YFQD	0.0103	– 0.1463 **	– 0.0105	0.0322	– 0.0748	– 0.0342
soei	0.0925 ***	0.1736 ***	0.1067 ***	0.0961 ***	0.1788 ***	0.1117 ***
privatei	– 0.1252 ***	– 0.1191 ***	– 0.1165 ***	– 0.1387 ***	– 0.1594 ***	– 0.1476 ***
gov	0.0057	0.2422	– 0.4715	0.0116	0.5783	– 0.9985 *
subsidized	– 0.0016	– 0.0029	0.0082 ***	0.0005	– 0.0018	0.0137 ***
exporti	– 0.0575 ***	0.0304	– 0.0921	– 0.1276 ***	0.0246	– 0.0333
常数项	1.0398 ***	1.0663 ***	1.0107 ***	1.2133 ***	1.2944 ***	1.2156 ***
N	16111	5430	3667	16111	5430	3667

注：*、**、*** 分别表示在10%、5%、1% 的水平下显著。

第五章　交通基础设施、空间
溢出与城市效率

一　空间溢出重点文献借鉴

交通基础设施不仅具有一般公共物品的外部性，还具有网络性以及区域外部性，如果不考虑这种影响，则会错误地估计交通基础设施对经济效应的影响，得出有偏的结果。本章在空间视角下，研究交通基础设施对全要素生产率的影响，构建 0 – 1 权重、地理距离权重和经济距离权重，结合广泛使用的空间杜宾模型来研究溢出效应。

交通基础设施具有溢出效应已经被诸多文献所证实，由于各位学者采用不同的方法对不同的区域展开研究，所以得出的结论并不一致。Munnell（1992）指出交通基础设施提高了现有资源的利用效率，可以产生正向的溢出效应，从而有利于总产出的增长。Cantos 等（2005）利用西班牙数据对不同的行业以及不同种类的交通基础设施进行细化研究，发现交通基础设施对工业和农业具有显著的正向溢出效应，公路和港口对农业部门的溢出效应最大，铁路和港口对工业部门的溢出效应最大。Berechman 等（2006）通过对国家、州、城市三个层面进行分析后发现，由于经济活动主要发生在国家或州的内部，溢出效应在国家和州层面不显著，但是在城市层面发现了溢出效应为正向且显著的证据。此外，Pereira 和 Roca-Sagales（2003）、Cohen 和 Paul（2004）、Bronzini 和 Piselli（2009）分别利用西班牙、美国和意大利的交通基础设施数据，发现存在正向且显著的空间溢出效应。还有一些学者发现了负向空间溢出效应的证据，Boarnet（1998）对美国加州高速公路进行了研究，发现交通条件的改善提升了发达地区的吸引力，使要素不断向发达地区流动，给落后地区的经济增长带来了不利的影响。Holtz-Eakin 和 Schwartz（1995）分析国家层面交通基础设施投资与生产率溢出效应的关系，发现了交通基础设施投资对地区生产率的溢出效应为负向，但是并不显著。Cantos 等（2005）证实了交通基础设施对建筑行业存在负的溢出效应，公路基础设施溢出效应的系数为 − 0.063，对周边地区建筑业的影响很微弱。Ozbay 和 Berechman（2007）同样发现了高速公路投资导致经济活动的扩散（即负向溢出效应），进一步研究还发现，随着距离的增加溢出效应的作用不断降低。Gómez-Antonio 和 Fingleton（2011）在新经济地理理论框架下运用工资方程对交通基础设施和生产率的关系展开分析，发现在"竞争效应"的影响下，本地区交通基础设施投资增加会导致邻近地区的工资和生产率下降。

国内学者运用不同的方法和数据验证了交通基础设施的空间溢出效应，研究主要集中于交通基础设施对宏观区域和微观企业的影响。在宏观区域研究方面，张学良（2012）构建四种空间权重矩阵，结合中国省级面板数据研究发现，交通基础设施对经济增长存在显著的溢出效应，同时发现了负向溢出效应的存在。胡艳和朱文霞（2015）对不同区域和不同交通方式做了详细考察，发现东部地区交通基础设施对经济增长的溢出效应最大，西部次之，中部最小，铁路的溢出效应大于公路的溢出效应。张志和周浩（2012）从产业层面进行分析，发现交通基础设施对第二产业的溢出效应大于第三产业，产业结构的溢出效应大于市场规模的溢出效应，铁路的溢出效应呈现边际报酬递增，而公路的溢出效应呈现边际报酬递减。此外胡鞍钢和刘生龙（2009）、边志强（2014）、王雨飞和倪鹏飞（2016）考察了不同种类的交通基础设施，进一步确认了空间溢出效应的存在。在微观企业研究方面，李文启（2011）利用中国微观企业数据分析了交通基础设施对企业生产率的影响，发现交通基础设施的空间溢出效应显著提高了企业技术效率，在异质性分析中得出交通基础设施对中西部地区的企业和国有企业的溢出效应更大。张光南等（2014）运用中国工业企业面板数据和似不相关回归方法，研究交通基础设施空间溢出的成本效益和行业溢出，发现交通基础设施的空间溢出导致本地制造业边际成本提高，交通基础设施空间溢出的成本取决于制造业的集聚程度。李涵和唐丽淼（2015）对交通基础设施、空间溢出与企业库存展开研究，结果表明交通基础设施对企业库存有显著的空间溢出效应。

二 交通基础设施空间溢出效应的理论模型

在有关交通基础设施空间溢出效应的文献中，Hulten等（2006）以内生增长理论和新经济地理理论为基础，将交通基础设施纳入生产函数的研究框架中，来验证交通基础设施如何通过空间溢出效应促进经济增长，他们指出交通基础设施本身作为一种投入要素能够直接促进经济增长，又可以通过网络性和区域外部性间接促进经济增长，因此将生产函数设定为如下形式：

$$Y = A(B,t)F(K,L,B) \tag{5.1}$$

在式（5.1）中，Y 代表总产出；B 代表交通基础设施存量；K 代表资本存量（非交通基础设施）；L 代表劳动投入；$A(B, t)$ 是希克斯中性效率函数，可以通过该项来反映交通基础设施的外部性，希克斯中性效率项可使生产函数外生变化，即生产函数呈现规模报酬递增、规模报酬递减或规模报酬不变。通过式（5.1）可知，有两个渠道可以促进经济增长，第一个是资本、劳动力、交通基础设施等要素投资，表现在 $F(K, L, B)$ 项上；第二个是空间溢出效应，表现在 $A(B, t)$ 项上。交通基础设施的空间溢出效应对经济产生两方面的影响，首先，交通基础设施具有网络性，通过降低运输成本和缩短运输时间，提高了不同地区之间的可达性，使区域一体化水平提高，在扩散效应的作用下，使周边区域协同发展，这就是正的溢出效应；其次，交通基础设施提升了本地区的吸引力和区位优势，在集聚效应的作用下，周边地区的资金、人力等要素流向本地区，带来周边落后地区经济的衰退，这就是负的溢出效应。

事实上，交通基础设施不仅具有一般公共物品的外部性，能够促进本地全要素生产率的提高，而且会通过空间溢出效应对周边地区的全要素生产率产生影响。在对交通基础设施空间溢出效应分析的基础上，继续沿着Hulten 等（2006）的思路，假定希克斯中性效率项及其组成部分是可乘的，则希克斯中性效率项可表示为：

$$A_{it}(B,t) = A_{i0} e^{\lambda_i t} B_{it}^{\gamma_i} B_{jt}^{\gamma_j} \qquad (5.2)$$

式（5.2）中，i、j 和 t 分别表示本地区、相邻地区和时间，A_{i0} 代表初始的生产率水平，λ_i 是外生的生产率变化，γ_i 代表交通基础设施对本地区的影响，γ_j 代表相邻地区交通基础设施对本地区的空间溢出效应，B_{it} 和 B_{jt} 分别代表本地区和相邻地区的交通基础设施存量，具有时间和空间维度。由此将式（5.1）和式（5.2）联立可得：

$$Y_{it} = A_{i0} e^{\lambda_i t} B_{it}^{\gamma_i} B_{jt}^{\gamma_j} F^i(K_{it}, L_{it}, B_{it}, B_{jt}) \qquad (5.3)$$

空间溢出系数 γ_j 是关注的重点，但是在方程中不能直接求得，可以通过索洛余值来定义全要素生产率进而求出该系数，全要素生产率可以定义为产出与生产中投入要素的比率，可以表示为 $TFP_{it} = Y_{it}/F^i(K_{it}, L_{it}, B_{it}, B_{jt})$，将其代入式（5.3），并取对数可得：

$$\ln TFP_{it} = \ln A_{i0} + \lambda_i t + \gamma_i \ln B_{it} + \gamma_j \ln B_{jt} \qquad (5.4)$$

通过式（5.4）可知，全要素生产率与初始的生产率水平、外生的生产率变化、交通基础设施对本地区全要素生产率的直接效应以及相邻地区交通基础设施对本地区全要素生产率的空间溢出效应有关。上面的理论模型说明了交通基础设施存在本地直接效应和跨地区的空间溢出效应。

三　城市效率的测算与演变分析

（一）城市效率的测算

全要素生产率被定义为生产活动在一定时间内的效率，是除了资本、劳动等投入要素之外，能带来产出增长的因素，包括技术进步、生产效率提高、资源配置优化等带来的产出增加，传统的索洛余值常被定义为全要素生产率，在实证分析中，可以通过设定 Cobb-Douglas 生产函数来估算全要素生产率，假定生产函数符合下面的公式：

$$Y_{it} = A K_{it}^{\alpha} L_{it}^{\beta} \tag{5.5}$$

其中，i 和 t 分别代表所在城市和时间，Y 代表总产出，用所在城市的实际 GDP 表示。K 代表资本存量，由于资本流量无法准确地衡量地区资本状况，采用资本存量数据能够更好地衡量中国经济增长和全要素生产率情况，但是中国的诸多年鉴中并没有对资本存量进行统计，我们采用永续盘存法对资本存量进行估算，公式为 $K_{it} = K_{it-1}(1 - \delta_{it}) + I_{it}$，参考张军等（2004）对相关指标参数的设定，折旧率为 9.6%，基期资本存量采用初始年份固定资产投资额除以 10% 得到，投资数据选取每年的固定资产投资额，并利用省级固定资产投资价格指数进行平减处理，值得注意的是，很多文献采用固定资产形成额及其指数表示资本存量，但是由于城市层面缺乏该指标数据，所以采用固定资产投资额进行代替。L 代表劳动投入，由于数据的限制，选取在岗职工人数和城镇就业人数来衡量。α 为资本产出弹性，β 为劳动产出弹性，根据索洛经济增长模型的设定，在希克斯中性技术进步条件下，满足规模报酬不变，即 $\alpha + \beta = 1$，根据中国的实际情况，国内学者给出了很多估计值，普遍被采用的是 $\alpha = 0.4$ 和 $\beta = 0.6$（叶裕民，2002；蔡伟毅、陈学识，2010）。而全要素生产率可以表示为总产出和总投入的比值：

$$TFP_{it} = Y_{it} / K_{it}^{\alpha} L_{it}^{\beta} \tag{5.6}$$

进一步通过对式（5.6）取对数来消除量纲的影响，全要素生产率最终可以表示为：

$$\ln TFP_{it} = \ln Y - \alpha \ln K_{it} - \beta \ln L_{it} \tag{5.7}$$

（二）城市效率的演变及比较

自索洛提出全要素生产率的概念后，用总产出中不能由要素投入所解释的"剩余"来表示全要素生产率成为主流方法，在具体的测算方法中，较为常用的是索洛余值法、数据包络分析法、随机前沿生产函数法、半参数法等，由于采用不同的方法和数据得出的结论有差异，所以对全要素生产率的测算是一个经久不衰的问题，本部分以宏观城市数据为基础，运用索洛余值法对全要素生产率展开测算，并对全要素生产率增长率的演变趋势进行分析。

由图 5-1 的结果可知，全要素生产率增长率大体上经历了两个发展阶段。第一个阶段是 2005~2011 年，此阶段全要素生产率的增长率总体呈现波动下降趋势，但是仍然保持正向，与大多数文献的结论一致，尽管中国的经济增长率始终保持在9%左右，但主要还是依靠要素的大量投入，是一种低效的投入型增长方式，因此全要素生产率增长率呈现下降趋势。特别是在 2008 年之后，下降较为迅速，到 2011 年全要素生产率增长率甚至趋于零，主要原因在于 2008 年的全球金融危机发生后，中国为保持经济的稳定增长，提出了"4 万亿元投资刺激计划"，使经济的增长更加依赖要素的投入，本应逐渐退出市场的产能过剩行业以及效率低下的企业，在投资的拉动作用下依然能够保持生存，使中国的资源错配程度加深，宏观的效率损失严重，尽管经济增长继续保持强劲，但是全要素生产率增长率总体在下降。第二个阶段是 2012~2015 年，此阶段的全要素生产率增长率恶化加深，开始变为负向，全要素生产率均值从 2012 年的 1.0672 下降到 2015 年的

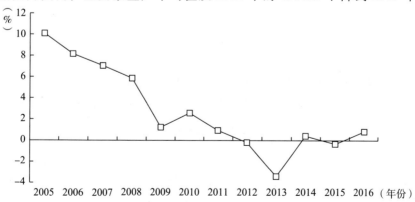

图 5-1　全要素生产率增长率的演变趋势

1.0371。从经济现状来讲，随着我国经济进入"三期叠加"阶段，早期积累的产能过剩问题和产业结构问题集中爆发，在结构调整的过程中，相关问题在短期内无法解决，经济增长率不断下降，经济增长进入新常态。随着产业结构的不断调整，产能过剩问题也得到有效控制，大量低效的"僵尸企业"不断退出生产经营，经济中的资源错配有所缓解，全要素生产率也展现出优化的趋势，2015年全要素生产率增长率趋于零，到2016年已经变为正向。

四 空间分析方法

（一）空间相关性的估计方法

由于"地理学第一定律"的存在，即事物相关性的高低与事物的空间距离有关，距离较近的事物相关性比较远的事物相关性高，在考察地区全要素生产率问题时，首先要判断地区间全要素生产率的空间相关性，当存在空间相关性时，才可以在后续的计量分析中运用空间计量模型，一般可以通过测算 Moran's I（莫兰指数）对变量的空间相关性进行检验，其计算公式为：

$$\text{Moran's I} = \frac{\sum_{i=1}^{n} \sum_{j=1}^{n} w_{ij} (Y_i - \bar{Y})(Y_j - \bar{Y})}{S^2 \sum_{i=1}^{n} \sum_{j=1}^{n} w_{ij}} \tag{5.8}$$

其中，$S^2 = \frac{1}{n} \sum_{i=1}^{n} (Y_i - \bar{Y})$ 是观测值的方差，$\bar{Y} = \frac{1}{n} \sum_{i=1}^{n} Y_i$ 是平均值，Y_i 为地区观测值，n 为城市总数，w_{ij} 是空间权重，空间权重有多种形式，可以通过权重矩阵的变换得到不同条件下的 Moran's I。Moran's I 的取值范围为 $-1 \leqslant \text{Moran's I} \leqslant 1$，它可以被看作各地观测值的乘积之和。当 Moran's I 接近 1 时，表示地区间呈现空间正相关；接近 -1 时，表示地区间呈现空间负相关；接近 0 时，表示地区间不存在空间相关性。

上述 Moran's I 测度了中国全域范围内各地区间的空间相关性。下面用局域 Moran's I 进一步考察随着时间的推移，存在较强空间相关性的区域数量是否也在增加。Anselin（1988）指出，地区间空间关联的局域分布可能会出现全域指标所不能反映的"非典型"情况，甚至出现局域空间关联趋势与全域趋势相反的情况，因此有必要使用空间关联局域指标（LISA）来分析空间关联的局域特性。局域 Moran's Ⅰ 是用来测度空间局域自相关的主要指标：

$$\text{Moran's } I_t = Z_i \sum_{j=1}^{n} W_{ij} Z_j \tag{5.9}$$

其中，$Z_i = Y_i - \bar{Y}$，$Z_j = Y_j - \bar{Y}$，分别是观测值和均值的偏差，其余变量与上文一致，该指数测度了第 i 个地区与周围其他地区间的相关程度，正值表示该地区与周围地区具有正相关的特征，负值表示该地区与周围地区存在负相关的特征。

（二）空间计量模型的介绍

空间分析的标准方法是从传统计量经济学的非空间线性回归模型开始，然后检验这个基准模型是否需要扩展成具有空间交互效应的模型。一般而言，存在三种不同的交互效应可以解释为何两个不同地区的变量之间存在相互依赖关系，即内生交互效应、外生交互效应、误差项之间的交互效应。线性回归模型中最简洁和最常用的当属普通最小二乘法（OLS），其不包含任何交互项，而广义嵌套空间模型包括了所有类型的交互项，含有不同的交互项则代表了不同经济意义的模型。

图 5 - 2 中总结了八种空间计量模型，最右侧的是普通最小二乘法模型（OLS），最左侧的是广义嵌套空间模型（GNS），其中，广义嵌套空间模型右侧的每一个模型都可以通过对其中的部分参数加以限制而获得，Elhorst（2014）指出很多计量模型在实证中是不被应用的，例如空间杜宾误差模型（SDEM），所以在接下来的研究中，主要关注空间滞后模型（SLM）、空间误差模型（SEM）和空间杜宾模型（SDM）。

1. 空间滞后模型

空间滞后模型（Spatial Lag Model，SLM）通过引入被解释变量的空间滞后项，来反映样本观测值的空间依赖作用，其模型表达式如下：

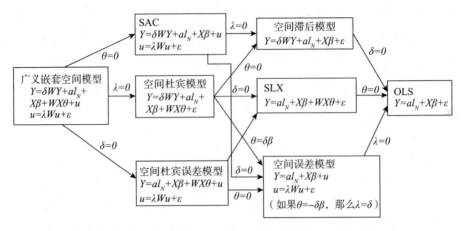

图 5 - 2　横截面数据的不同空间依赖模型之间的关系

注：al_N 为公式表达方式，下文分析中未显示。

资料来源：Vega 和 Elhorst（2013）。

$$Y = \delta WY + X\beta + \varepsilon \tag{5.10}$$

式（5.10）中，δ 为空间效应系数，$Y = (Y_1, \cdots, Y_N)$ 为被解释变量矩阵，$X = (X_1, \cdots, X_N)$ 是解释变量矩阵，$\beta = (\beta_1, \cdots, \beta_N)$ 为待估计的参数向量，W 是空间权重，体现出模型中变量之间的空间关系。值得注意的是，空间滞后模型与时间序列分析中的自回归模型相似，所以也被称为空间自回归模型（SAR）。

在估计方法方面，有两个因素会导致内生性问题，一是被引入模型中的被解释变量的空间滞后项作为解释变量导致的内生性，二是互为因果关系的变量产生的内生性，即交通基础设施会提高全要素生产率，反过来全要素生产率高的地区更倾向于改善本地区交通基础设施条件，因此使用传统的 OLS 估计出的系数是有偏的，此时需要使用最大似然估计法（ML）、工具变量法（IV）、广义矩估计方法（GMM）。Elhorst（2014）指出 IV 方法和 GMM 方法存在缺点，使用上述两种方法得出的最终系数估计值可能落在其参数空间（即 SLM 模型中 δ 的系数估计值，或者 SEM 模型中 λ 的系数估计值）之外。Anselin（1988）认为，对空间计量模型采用最大似然估计法所估计出的系数比较准确，因此本部分对模型的估计方法采用最大似然估计法。

2. 空间误差模型

空间误差模型（Spatial Error Model，SEM）通过加入误差项的空间滞后项，测量了由误差造成的空间依赖性，其模型表达式如下：

$$Y = X\beta + u, u = \lambda Wu + \varepsilon \tag{5.11}$$

式（5.11）中，λ 为空间误差相关系数，衡量了邻近个体关于被解释变量的误差冲击对本个体观测值的影响程度，空间权重矩阵 W 描述了不同截面个体误差项之间的相关性，其他符号含义与空间滞后项相同。

3. 空间杜宾模型

空间杜宾模型（Spatial Durbin Model，SDM）综合考虑了空间滞后模型和空间误差模型，该模型中包括了被解释变量和解释变量的空间滞后项，其公式可以表达为：

$$Y = \delta WY + X\beta + WX\theta + \varepsilon \tag{5.12}$$

其中，ε 是均值为 0、方差为 σ^2 的独立同分布随机误差项，WX 为解释变量的空间滞后项，θ 为待估计系数，其余符号含义与空间滞后模型和空间误差模型一致。空间杜宾模型可以通过一些约束条件进而变为空间滞后模型或空间误差模型。当 $\theta = 0$ 时，模型中只包含被解释变量的空间滞后项，排除了解释变量的空间滞后项，模型退化为空间滞后模型。当 $\theta = -\delta\beta$ 时，空间杜宾模型退化为空间误差模型。

为了进一步解释空间杜宾模型的边际影响，根据 LeSage 和 Pace（2009）的建议，利用偏微分的方法将总效应分解为直接效应和间接效应，直接效应是指一个特定单位中的特定解释变量的变化改变这个单位自身的被解释变量，间接效应是指一个特定单位中的特定解释变量的变化改变其他单位的被解释变量。空间杜宾模型可以改写为如下形式：

$$Y = (I - \delta W)^{-1}(X\beta + WX\theta) + R \tag{5.13}$$

其中，R 是包括截距和误差的剩余项，对于时间上从单位 1 到单位 N 的第 k 个解释变量 X，其对应的 Y 的期望值的偏导数矩阵可以写成：

$$\left[\frac{\partial Y}{\partial X_{1k}}\cdots\frac{\partial Y}{\partial X_{Nk}}\right] = (I-\delta W)^{-1}\begin{bmatrix} \beta_k & w_{12}\theta_k & \cdots & w_{1N}\theta_k \\ w_{21}\theta_k & \beta_k & \cdots & w_{2N}\theta_k \\ \vdots & \vdots & & \vdots \\ w_{N1}\theta_k & w_{N2}\theta_k & \cdots & \beta_k \end{bmatrix} \tag{5.14}$$

直接效应用矩阵右边的对角线元素的均值来度量，间接效应用这个矩阵的非对角线元素的行和或列和的均值来度量。

（三）空间权重的设定

空间权重是空间计量经济学的重要内容，一般而言，空间权重的构造必须满足空间相关性随着距离的增加而减小的原则，这里的距离可以是地理上的距离，也可以是经济相关性的大小，在实际应用中，主要包括三种空间权重，其他种类的权重也是在这三种权重基础上进行的改变。

1. 简单二进制邻近空间权重（0-1权重）矩阵：

$$W_{ij} = \begin{cases} 1 & \text{当地区 } i \text{ 和地区 } j \text{ 相邻时} \\ 0 & \text{当地区 } i \text{ 和地区 } j \text{ 不相邻时} \end{cases} \tag{5.15}$$

邻近空间权重矩阵因其对称性和计算简单变得最为常用，很适合测算地理空间效应的影响。权重的假定是两个地区有共同边界时空间效应才会发生，即当地区 i 和地区 j 有共同边界时取值为1，当地区 i 和地区 j 没有共同边界时取值为0。以中国的省份为例，北京与天津、河北有共同边界，所以权重项取值为1，但是北京与广东、江西、上海等地区无共同边界，所以权重取值为0。为了减小地区间的外在影响，此处对权重进行标准化处理，使得各行元素之和等于1。

2. 地理距离权重矩阵

$$W_{ij} = \begin{cases} 1/d_{ij} & i \neq j \\ 0 & i = j \end{cases} \tag{5.16}$$

地理距离权重矩阵用地级市中心距离的倒数作为权重，这里的 d_{ij} 表示两个城市之间的距离，各地级市的中心经纬度数据来源于国家地理信息系统。简单二进制邻近空间权重矩阵说明两个地区的空间联系仅仅取决于是否相邻，只要相邻则认为有影响，不相邻则认为没有影响，而地理学第一定律（Tobler，1970）说明任何事物与其他事物都是相关的，只不过相近的事物关联更紧密。简单二进制邻近空间权重矩阵并不能很好地满足地理学第一定律，例如，上海只与江苏、浙江相邻，但是我们不能认为上海只与这两个省份有联系而与其他省份没有联系，此外，上海对华东地区的安徽、福建、山东的影响和对西部地区的西藏、甘肃、青海的影响是不同的（而简单二进制邻近空间权重矩阵则认为上海对安徽、山东、福建、西藏、甘肃、青海的影响相同，权重系数取值都为0）。地理距离权重把地理距离因素纳入模型中，考虑不同的地理距离对城市溢出效应的影响。

3. 经济距离权重矩阵

$$W_{ij} = \frac{1/[X_i - X_j]}{\sum 1/[X_t - X_j]} \tag{5.17}$$

式（5.17）中，X_i 和 X_j 分别代表 i 地区和 j 地区的人均 GDP，最后将各行元素之和标准化为1。以地理距离来衡量地区间空间关系的做法只考虑了地理位置因素，由于现实经济系统的复杂性，很多非地理的因素也会对空间溢出效应有影响。由于中国区域间的经济发展存在相关性，经济距离权重矩阵能够更好地描述不同经济发展水平地区之间的经济关系，其假设两地区经济发展水平的差异越小，相互之间的经济联系就越大。例如，张志和周浩（2012）运用经济距离权重矩阵考察交通基础设施的空间溢出效应，发现交通基础设施的空间溢出效应更多地通过经济联系发生作用。但同时应该注意到，在经济距离权重矩阵下，经济发展水平越相似的地区在吸引生产要素时越存在竞争关系，导致交通基础设施对全要素生产率的溢出效应有所弱化。

五　空间杜宾模型构建

考虑交通基础设施对城市效率的空间溢出效应，一方面，交通基础设施条件的改善会影响本地区的全要素生产率；另一方面，交通基础设施具有网络性和区域外部性，还会以集聚效应或扩散效应的形式影响周边地区的全要素生产率。基于 Hulten 等（2006）的基础设施外部性理论和空间杜宾模型，构建模型如下：

$$\ln tfp_{it} = \delta \sum_{j=1}^{N} w_{ij} \ln tfp_{jt} + tran_{it}\beta_1 + X_{it}\sum_{k=2}^{N}\beta_k + \sum_{j=1}^{N} w_{ij}tran_{jt}\theta_1 + \sum_{j=1}^{N} w_{ij}X_{jt}\sum_{k=2}^{N}\theta_k + \varepsilon_{it}$$

$$(5.18)$$

式（5.18）中，tfp 代表全要素生产率，$tran$ 代表交通基础设施，X 代表除了交通基础设施之外的其他控制变量集合，包括通信基础设施、政府的影响、教育人力资本、经济密度、产业结构、对外开放程度等，下标 i 和 t 分别表示城市和时间，ε 为随机误差项。

相关指标选取如下。

1. 交通基础设施

一般有两种方法可以衡量交通基础设施，一种是交通基础设施投资，以货币形式来表示交通基础设施的发展状况（Munnell，1991；Boarnet，1998；范欣等，2017）；另一种是利用实物形态来表示，例如交通基础设施的里程和密度等指标（Démurger，2001；刘生龙、胡鞍钢，2010）。由于交通基础设施投资并不完全遵循利益最大化原则，其存量水平无法被纳入瓦尔拉斯一般均衡框架，另外，各地区的交通基础设施建设难度不同，同样建设一条铁路或公路，西部高原地区比东部平原地区的投资大，仅以投资量作为衡量标准有失准确。此外中国缺乏对交通基础设施投资流量及存量的连续完整数据，一些替代方法的有效性值得进一步考量。而以实物形态来表示可以展现出交通基础设施的不同功能，例如中国的公路基础设施被分为高速公路、一级公路、二级公路和等外公路，不同等级水平的公路对区域经济及全要素生产率的作用有所不同。通过上文的分析，并结合我国城市层面交通基础设施的数据情况，本节选取公路里程作为交通基础设施的代理变量，该数据来源于《中国区域经济统计年鉴》，但是该年鉴 2014 年之后便停止更新，通过查询下一年度省级公路里程的增量，并以地级市土地面积占所在省份土地面积的比重对公路里程增量进行分配，以此方法求出后面几年的公路里程。

2. 通信基础设施

通信基础设施的范围广泛，包括邮政物流、互联网、手机通信等与信息传递有关的领域，近年来随着 ICT 的发展，我国也成了最大的 ICT 用户国，截至 2016 年底，移动电话用户数达到 13.2 亿户，固定电话用户数达到 2.07 亿户，固定宽带用户数达到 2.97 亿户，我国互联网产业获得长足的发展并取得举世瞩目的成绩，目前我国网民数已达到 6.88 亿人，互联网普及率超过 50%，通信基础设施对人们生活的方方面面产生了重要影响。由于通信基础设施的内容比较广泛，所以学者对它的衡量指标也有很多，以往学者主要利用互联网普及率、手机用户数和电信光缆长度等指标进行衡量，但是单一的实物指标很难测量出现阶段高速发展的通信情况，我们采用邮电业务总量这一综合指标来反映通信基础设施（comm）的发展情况，该指标可以很好地反映移动电话交换机容量、邮政线路长度、互联网接入端口等邮政和通信方面的发展情况。

3. 政府的影响

在中国现阶段发展中，政府扮演了重要的角色，其对经济的干预能力较强，一方面，政府通过财政资金的定向分配可以有效扶持某一领域的发展，例如当政府将资金投入教育、科技创新时，技术进步和效率的提高，可以带来区域全要素生产率的提升；当政府对战略性新兴产业和高端制造业进行扶持时，可以形成新的产业体系，打破产业链低端锁定，同样会有益于全要素生产率的提升。另一方面，政府过高的行政成本和政府采购会占用较多资源，不利于全要素生产率的提高，本章中政府的影响（gov）利用政府的财政支出占 GDP 的比重来表示。

4. 教育人力资本

Romer（1986）指出知识的积累是技术进步的基础，知识的生产需要投入人力资本和初始的知识积累，知识的积累越多，人力资本带来的边际生产率就越高，而低质量的人力资本会从根本上制约物质资本效率的提升。知识可以产生规模经济，使生产可能性曲线外移，带来诸如资本、劳动等其他生产要素的递增收益，中国现行投资政策过于强调物质资本投资，人力资本投资不足，人力资本和物质资本失去平衡，使中国偏离了最优化生

产，无法享受到经济增长中高增值部分。对人力资本的衡量方法中，Romer
（1986）把知识作为独立的因素纳入生产函数中，并把知识分解为一般知识
和专业知识，使知识成为模型中的内生变量。而徐现祥和舒元（2004）、
郝睿（2006）更加注重新经济增长因素，以平均受教育年限作为人力资
本存量的代理变量。限于城市层面的数据质量及数据可得性，本章并未采
取人口的受教育年限作为衡量标准，借鉴国内其他学者在数据约束条件下
的方法，我们利用中等学校师生比来对城市教育人力资本（*edu*）情况进
行衡量。

5. 经济密度

人口集聚的地区往往是相关产业集聚的地区，例如劳动密集型产业和
服务业，集聚经济源于各种相关经济活动的集中而带来的效益，其降低了
企业对劳动力的获取成本，员工也能够以最小的代价寻找到新工作，地区
的劳动力流动加快，带来信息的共享和知识的溢出，这些因素都会带来全
要素生产率的提高。此外，经济集聚程度高的城市能够使企业和劳动力在
地理空间上相互接近，降低交易成本，提高市场潜能，实现资源的共享，
加速知识的交流和技术的创新，从而带动全要素生产率的提高。本章用每
平方公里土地上年末总人口的对数值来度量地区的经济密度（*dens*）。

6. 产业结构

刘易斯的二元经济理论表明，产业结构的优化和升级、要素市场扭曲
的降低和资源在不同效率企业之间的重新配置对经济效率提高具有重要的
作用，国内很多学者同样肯定了产业结构升级对全要素生产率的提升作用
（刘伟、张辉，2008；封思贤等，2011）。产业结构能够反映一个地区的经
济结构和发展模式，近年来中国产业结构调整较快，取得了较大的成就，
但是不同地区之间差距较大，东部地区的北京、上海、深圳等大型城市产
业结构完善，科技创新型企业较多，产业结构对全要素生产率有很强的促
进作用，而广大的中小城市，制造业多数属于劳动密集型产业，科技含量
低，主要依靠资源的大规模投入，容易被锁定在产业链的低端，导致当前
阶段的产业结构不利于全要素生产率的提高。本章用第二产业和第三产业
增加值占城市总产出的比重来表示产业结构（分别用 *ind* 和 *ser* 表示）。

7. 对外开放程度

外商直接投资对本地区的经济有正负两个方面的影响，外资企业的进入一般会打破东道国原有的市场均衡，使东道国市场竞争变得愈加激烈，当地企业的垄断优势逐渐丧失，迫使这些企业必须寻求更有效的生产技术和管理方式，以维持或扩大其市场份额。外商直接投资的竞争效应带来的最终结果是优化了该产业的资源配置，提高了地区全要素生产率。此外，外资企业的进入会促进本地区的产业分工，使不同类型的企业发挥自身的比较优势，提高生产效率，这是一种正向影响。

由于外资的初始流入可以带来较为先进的技术、管理经验，促进区域产业与经济的快速发展，生产效率水平得到极大提升，表现为一种挤入效应，但随着外资的不断流入与积累，其与本地区的民营资本展开竞争，表现出强烈的挤出效应，外资带来的大多是全球价值链低端、产品附加值低的加工产业，给本地区带来产业结构性封锁和价值链的低端锁定，而真正具有企业家精神与创新需求的本土企业被挤出，阻碍本地区产业结构的升级和技术水平的提高。所以短期来看外资可以促进本地区产业结构升级进而提升生产效率，但长期来看外资会阻碍本地区产业结构升级转型，降低本地区全要素生产率，这是一种负向影响。我们用实际外商投资额占当年实际固定资产投资额的比重来表示对外开放程度（fdi），其中，实际外商投资额按照历年人民币汇率年平均价格折算成人民币。

六　交通基础设施空间溢出效应的计量分析

（一）城市经济变量的空间相关性

在0-1权重、地理距离权重、经济距离权重条件下构建模型进行回归分析，在变量选取方面，模型1、模型3、模型5是只包含交通基础设施的空间杜宾模型，用以单独考察交通基础设施对全要素生产率的影响。随着ICT的发展，通信基础设施对全要素生产率的溢出效应同样不容小觑，模型2、模型4、模型6是既包含交通基础设施也包含通信基础设施的空间杜宾模型。

在分析模型的回归结果之前，要进行以下几步检验。①采用 Moran's I 进行空间相关性检验，以确定模型是否存在正相关、负相关或不存在相关性。②拉格朗日中值检验：分析模型是否存在空间滞后因素或空间误差因素，以便选择空间滞后模型或空间误差模型。③沃尔德检验：当空间误差和空间滞后两种因素都存在的情况下，考虑建立一个更为综合的模型，即空间杜宾模型，运用沃尔德检验可以确定空间杜宾模型是否可以退化为空间滞后模型或空间误差模型。④通过 Hausman 统计量来确定使用固定效应模型还是随机效应模型，其原假设为解释变量与残差项之间不存在相关关系，若接受原假设则选择随机效应模型，若拒绝原假设则选择固定效应模型。

由表 5 - 1 可知，六个模型的 Moran's I 的值分别为 0.1859、0.1483、0.0808、0.0580、0.0629、0.0430 且均在 1% 的水平下显著，说明六个模型均存在正的空间相关性。在此基础上，运用拉格朗日中值检验来确定空间滞后因素或空间误差因素是否存在，LM 统计量和稳健的 LM 统计量都显著地拒绝了原假设，说明空间滞后因素和空间误差因素都存在。由于六个模型的 Hausman 统计量分别为 27.4347、62.2928、107.8560、60.9801、52.8631、59.2236 且大多在 1% 的水平下显著，说明六个模型运用固定效应模型进行回归更为合适。接下来用 Wald 检验来确定空间杜宾模型是否可以简化为空间滞后模型或空间误差模型，由检验结果可知，六个模型的 Wald_lag 的取值范围是 17.7833 ~ 60.9643 且都在 1% 的水平下拒绝 $\theta = 0$ 的原假设，同样 Wald_error 的取值范围为 17.0424 ~ 44.2258，也都在 1% 的水平下拒绝 $\theta + \delta\beta = 0$ 的原假设，由此可知，在分析交通基础设施与城市全要素生产率的相关问题时，固定效应的空间杜宾模型更为合适。

表 5 - 1 空间相关性检验

检验方式	模型 1	模型 2	模型 3	模型 4	模型 5	模型 6
LM(lag)	270.8739 ***	235.5746 ***	1184.805 ***	736.1639 ***	109.1671 ***	71.6954 ***
Robust LM(lag)	54.2643 ***	97.7662 ***	144.8478 ***	180.83 ***	95.5056 ***	91.9109 ***

续表

检验方式	模型 1	模型 2	模型 3	模型 4	模型 5	模型 6
LM（error）	219.8704 ***	140.0893 ***	1151.3006 ***	600.1825 ***	54.7995 ***	25.8948 ***
Robust LM（lag）	3.2608 *	2.2809	111.3434 ***	44.8486 ***	41.138 ***	46.1103 ***
Moran's I	0.1859 ***	0.1483 ***	0.0808 ***	0.0580 ***	0.0629 ***	0.0430 ***
Wald_lag	49.8065 ***	60.9643 ***	36.2789 ***	36.7020 ***	17.7833 ***	20.6341 ***
Wald_error	33.8775 ***	44.2258 ***	43.2590 ***	43.6988 ***	17.0424 ***	19.7912 ***
Hausman	27.4347 **	62.2928 ***	107.8560 ***	60.9801 ***	52.8631 ***	59.2236 ***

注：*、**、*** 分别表示在 10%、5%、1% 的水平下显著。

（二）基于不同空间权重的回归结果

由表 5 - 2 的回归结果可知，在 0 - 1 权重条件下，交通基础设施对本地区和周边地区全要素生产率均具有正向作用，在模型 1 中，*tran* 项的系数为 0.0446，*W × tran* 项的系数为 0.2536，两个系数均在 1% 的水平下显著，可知交通基础设施对周边地区全要素生产率的空间溢出效应大于对本地区全要素生产率的直接效应。在模型 2 中加入了通信基础设施，由回归结果可知，在只考虑地理邻近的情况下，通信基础设施的直接效应小于交通基础设施，值得注意的是，通信基础设施的空间溢出效应不显著，所以其比交通基础设施的作用小，可知交通基础设施的发展更加有利于本地区全要素生产率水平的提高。在其他众多因素中，教育人力资本对本地区和周边地区的全要素生产率均有显著的正向作用，这也说明教育水平提高，能够带来劳动力素质提升和科技创新能力提升，而两者水平的提升又能够促进技术进步和效率改善，进而提高全要素生产率。在模型 2、模型 4、模型 6 中，对外开放程度的增加对本地区全要素生产率有正向作用，却不利于周边地区全要素生产率的增长，说明外资带来的先进技术和管理经验在提升了本地区生产效率的同时，也吸引了周边地区的资本技术、高素质劳动力不断向本地区集聚，对周边地区的全要素生产率产生了不利的影响。

在地理距离权重条件下，模型 3 中 *tran* 项的系数变得不显著，*W × tran*

项的系数虽然很显著，但是与 0 - 1 权重相比，系数显著变小，说明考虑地理距离因素后，空间溢出效应受距离增加的影响较大。由模型 4 可知，加入通信基础设施之后，交通基础设施和通信基础设施对本地区的影响系数分别为 0.0827 和 0.0206 且均表现出较强的显著性，说明了交通基础设施和通信基础设施具有互补作用，一种基础设施的改善不会削弱另一种基础设施，反而表现出共同提高本地区全要素生产率的现象。但是空间溢出效应表现出另外一种变化趋势，$W \times tran$ 项变得不再显著，而 $W \times comm$ 项的系数变得比 0 - 1 权重条件下更大。

在经济距离权重条件下，由模型 5 的结果可知，$tran$ 项和 $W \times tran$ 项的系数均为正且显著，但是与 0 - 1 权重条件下相比，系数有所下降，说明考虑空间经济联系后会减弱空间溢出效应，但是没有出现负的空间溢出效应，这与张学良（2012）得出的结果一致，相邻地区的经济发展存在模仿效应、示范效应以及带动效应，富裕地区在空间上倾向于聚集在一起，由此带来全要素生产率的整体提高。由模型 6 可知，在加入通信基础设施之后，两种基础设施的直接效应和空间溢出效应的系数均在 1% 的水平下显著。

表 5 - 2　模型基本回归结果

变量	0 - 1 权重		地理距离权重		经济距离权重	
	模型 1	模型 2	模型 3	模型 4	模型 5	模型 6
$tran$	0.0446 ***	0.0696 ***	− 0.0059	0.0827 ***	0.0297 **	0.0688 ***
$comm$	—	0.0336 ***	—	0.0206 **	—	0.0381 ***
gov	0.0010 *	− 0.0116 ***	0.0006	− 0.0115 ***	0.0007	− 0.0120 ***
edu	0.0067 ***	0.0101 ***	0.0026	0.0088 ***	0.0036	0.0153 ***
$dens$	0.1910 ***	0.0368 ***	0.0841	0.0584 ***	0.0806	0.0640 ***
ind	− 0.0052 ***	− 0.0048 ***	− 0.0067 ***	− 0.0037 ***	− 0.0094 ***	− 0.0089 ***
ser	− 0.0045 ***	− 0.0087 ***	− 0.0053 ***	− 0.0089 ***	− 0.0082 ***	− 0.0131 ***
fdi	− 0.1233	0.4037 ***	0.0286	0.3665 **	0.0336	0.5826 ***
$W \times tran$	0.2536 ***	0.0065	0.1327 ***	− 0.0935	0.1435 ***	0.0737 ***
$W \times comm$	—	0.0998	—	0.5280 ***	—	0.0866 ***
$W \times gov$	0.0020 *	− 0.0130 ***	0.0159 ***	0.0016	0.0010	− 0.0026

变量	0 – 1 权重		地理距离权重		经济距离权重	
	模型 1	模型 2	模型 3	模型 4	模型 5	模型 6
$W \times edu$	0.0134 ***	0.0299 ***	0.0044	0.1042 ***	0.0085 *	0.0267 ***
$W \times dens$	0.1475	0.0477 ***	0.1365	0.0970 *	– 0.0550	– 0.0572
$W \times ind$	– 0.0048 ***	– 0.0080 ***	– 0.0236 ***	– 0.0211 ***	0.0081 ***	0.0026
$W \times ser$	– 0.0106 ***	– 0.0059 ***	– 0.0319 ***	– 0.0157	0.0006	– 0.0003
$W \times fdi$	– 0.3776 **	– 0.3779 *	0.1270	– 3.9679 ***	– 0.8822 ***	– 0.0617
样本量	3406	3406	3406	3406	3406	3406

注：* 、 ** 、 *** 分别表示在 10% 、 5% 、 1% 的水平下显著。

（三）基于偏微分处理方法的空间溢出效应分析

现有文献主要通过以下几种方法对空间溢出效应进行测算：第一，运用空间滞后模型或空间误差模型的回归系数来表示空间溢出效应；第二，利用空间杜宾模型中解释变量的空间滞后项来表示空间溢出效应，进而全面地反映全要素生产率空间依赖的具体机制；但是很多学者对上述两种方法产生疑问，由此提出第三种方法，LeSage 和 Pace（2009）指出，利用偏微分的方法将总效应分解为直接效应和间接效应可以更加精准地测量空间溢出效应。李飞和曾福生（2016）研究得出，由于反馈效应的存在，利用解释变量的空间滞后项作为空间溢出效应并不准确，需要对反馈效应进行剔除，把总效应分解为直接效应和间接效应。侯新烁等（2013）也同样认为运用解释变量的空间滞后项作为空间溢出效应是不准确的，应该使用偏微分方法进行处理。边志强（2014）指出由于标尺竞争的存在，地方政府之间存在相互模仿行为，使用解释变量的空间滞后项或空间误差项得到的空间溢出效应是不恰当的。在下文的分析中将继续使用偏微分的方法对直接效应、间接效应和总效应展开分析，以便得出更为准确的估计。

首先对直接效应进行分析。由表 5 – 3 的回归结果可知，交通基础设施对全要素生产率的直接效应大多为正且显著（模型 3 的结果虽然为负，但是并不显著）。具体而言，模型 1 的系数为 0.0305 且在 10% 的水平下显著，

表 5 - 3 直接效应、间接效应和总效应的实证分析结果

变量		0 - 1 权重		地理距离权重		经济距离权重	
		模型 1	模型 2	模型 3	模型 4	模型 5	模型 6
直接效应	tran	0.0305 *	0.0702 ***	- 0.0044	0.0823 ***	0.0338 **	0.0698 ***
	comm	—	0.0287 ***	—	0.0288 ***	—	0.0387 ***
	gov	0.0009	- 0.0110 ***	0.0009 *	- 0.0116 ***	0.0007	- 0.0120 ***
	edu	0.0059 **	0.0087 **	0.0027	0.0105 ***	0.0039 *	0.0156 ***
	dens	0.1855 ***	0.0348 ***	0.0828	0.0606 ***	0.0784	0.0637 ***
	ind	- 0.0050 ***	- 0.0044 ***	- 0.0072 ***	- 0.0041 ***	- 0.0093 ***	- 0.0088 ***
	ser	- 0.0040 ***	- 0.0086 ***	- 0.0058 ***	- 0.0092 ***	- 0.0083 ***	- 0.0131 ***
	fdi	- 0.0985	0.4363 ***	0.0343	0.3069 **	0.0081	0.5817 ***
间接效应	tran	0.2106 ***	- 0.0085	0.4525 ***	- 0.1126	0.1879 ***	0.0863 ***
	comm	—	0.0794 ***	—	1.7813 ***	—	0.0970 ***
	gov	0.0016	- 0.0089 ***	0.0579 ***	- 0.0189	0.0015	- 0.0037 **
	edu	0.0102 ***	0.0236 ***	0.0213	0.3646 ***	0.0119 **	0.0307 ***
	dens	0.0865	0.0334 ***	0.8707	0.4613 **	- 0.0485	- 0.0552 ***
	ind	- 0.0030 *	- 0.0059 ***	- 0.1027 ***	- 0.0776 ***	0.0074 **	0.0021
	ser	- 0.0082 ***	- 0.0032 **	- 0.1284 ***	- 0.0705 **	- 0.0016	- 0.0013
	fdi	- 0.3080 *	- 0.4129 **	0.5647	- 12.2697 ***	- 1.0938 ***	- 0.0264
总效应	tran	0.2411 ***	0.0617 ***	0.4481 ***	- 0.0302	0.2217 ***	0.1562 ***
	comm	—	0.1081 ***	—	1.8100 ***	—	0.1356 ***
	gov	0.0025 ***	- 0.0199 ***	0.0588 ***	- 0.0305	0.0022 *	- 0.0157 ***
	edu	0.0162 ***	0.0323 ***	0.0240	0.3751 ***	0.0158 **	0.0462 ***
	dens	0.2719 ***	0.0682 ***	0.9534	0.5219 ***	0.0299	0.0086
	ind	- 0.0080 ***	- 0.0103 ***	- 0.1099 ***	- 0.0817 ***	- 0.0018	- 0.0067 ***
	ser	- 0.0122 ***	- 0.0118 ***	- 0.1342 ***	- 0.0797 **	- 0.0099 **	- 0.0144 ***
	fdi	- 0.4065 ***	0.0234	0.5990	- 11.9628 ***	- 1.0857 ***	0.5553

注：*、**、*** 分别表示在 10%、5%、1% 的水平下显著。

模型 2、模型 4、模型 6 的系数分别为 0.0702、0.0823、0.0698 且均在 1% 的水平下显著，模型 5 的系数为 0.0338 且在 5% 的水平下显著，这与 Hulten 等（2006）的理论分析相一致。通信基础设施在三种权重条件下的系数分

别为 0.0287、0.0288、0.0387 且均在 1% 的水平下显著，说明通信基础设施可以降低沟通成本、扩大市场规模、促进信息传递和技术进步，对本地区全要素生产率的提升具有重要作用。通过比较还可以发现，通信基础设施对本地区全要素生产率的影响低于交通基础设施，这也从现实层面说明，在众多的公共基础设施中，交通基础设施对本地区经济长期增长的作用更大。此外，在加入通信基础设施后，交通基础设施对本地区全要素生产率的直接效应显著增强，即其在模型 2、模型 4、模型 6 中的系数大于模型 1、模型 3、模型 5，且更为显著，说明交通基础设施和通信基础设施具有互补作用，两者的协同对全要素生产率的促进作用更强。在影响全要素生产率的众多因素中，总体而言教育人力资本和经济密度对全要素生产率的影响较大，这也体现出人口素质以及经济集聚程度的提高有助于全要素生产率的提升。在模型 2、模型 4、模型 6 中也同样得到了对外开放程度提升有益于全要素生产率提升的证据。

其次对间接效应进行分析。由模型 1、模型 3、模型 5 的结果可知，交通基础设施空间溢出效应的系数分别为 0.2106、0.4525、0.1879 且均在 1% 的水平下显著，即交通基础设施对全要素生产率具有正向的空间溢出效应，而空间溢出效应的大小与正负取决于扩散效应和集聚效应之间的抗衡。一方面，交通基础设施的网络性可以将不同区域连成一个整体，使可移动要素的运输费用降低以及运输时间缩短，在扩散效应的作用下，本地区的高素质劳动力以及先进技术不断向周边地区流动，由此可以带来周边地区的技术进步以及规模效率的提升。此外距离因素作为落后地区市场的最佳"保护性关税"，交通基础设施带来的可达性提高，能够打破地区间的市场分割和淘汰落后低效企业，起到降低这种"保护性关税"的作用，从而提高周边地区的生产效率。另一方面，交通基础设施的区域外部性会导致可移动生产要素在不同区域集聚与扩散，包括公平的市场环境、发达的科技水平、多元化的融资渠道等先发优势提升了发达地区的吸引力，在集聚效应的作用下，落后地区的要素会不断流入发达地区，发达地区的规模效率会显著提升。与此同时，人口和经济的过度集聚同样会带来拥挤成本、环境污染，进而导致负外部性情况的发生，此时要素的空间流动表现为向落后地区扩散，由此带动周边落后地区的经济发展和效率提高。由模型2、模型4、模型6的结果可知，通信基础设施空间溢出效应的系数大于交通基础设施。在经济距离权重条件下，通信基础设施空间溢出效应的系数为0.0970，而交通基础设施空间溢出效应的系数为0.0863，说明通信基础设施对周边地区全要素生产率的空间溢出效应更强。这主要是由于除了具有网络性和外部性之外，通信基础设施还具有透明性，不仅可以降低交易双方的信息不对称，最大限度地提高交易效率，还能够突破地理距离的限制，使得以往无法发生的交易得以实现，促进市场范围的进一步扩大，这些因素都能够带来效率提高。其中互联网的发展使产品信息更加透明化，消费者不用局限在本地市场购买商品，全国厂商也可以融入一个更大的市场体系中，不仅可使消费者得到种类更多和质量更优的产品，还能够增加不同地区厂商间的竞争，促进厂商进行成本压缩和工艺创新，由此带来生产效率的提升。此外通信基础设施作为一种载体，有利于知识和技术信息向周边地区的扩散，不仅提高了周边地区的组织效率和技术水平，还有利于创新的发生，基于以上原因分析可知，通信基础设施的空间溢出效应大于交通基础设施。在模型2和模型4中，我们还发现加入通信基础设施后，交通基础设施空间溢出效应的系数变得不再显著，这也说明了通信基础设施对信息流动以及效率提升的作用更大，掩盖了交通基础设施的影响。在其他几个因素中，教育人力资本的空间溢出效应为正向且大多显著，这与上文中利用解释变量的空间滞后项得出的空间溢出效应结果基本一致，随着教育资本存量的增加，人力资本的空间溢出效应逐渐显现出来，不仅有助于本地区的全要素生产率提高，而且对其他相邻地区的全要素生产率也有很大的提升作用。在模型1、模型2、模型4、模型5中，我们发现了 fdi 为负的证据，说明外商直接投资提高了本地区的竞争力，吸引周边地区的优秀企业以及人才不断向本地区集聚，由此会导致周边地区经济衰退以及效率损失，即外资对本地区的集聚作用大于扩散作用。

最后对总效应进行分析。六个模型中交通基础设施的系数分别为0.2411、0.0617、0.4481、-0.0302、0.2217、0.1562，除了模型4之外，其余五个模型中交通基础设施的系数均在1%的水平下显著，说明交通基础设施的发展能够带来本地区和周边地区整体利益的最大化。值得注意的是，总效应的大小取决于直接效应和间接效应（即空间溢出效应）的综合作用，如果不考虑空间溢出效应，将会错误地估计交通基础设施对全要素生产率的影响。在其他几个影响因素中，总体而言教育人力资本对全要素生产率的总效应最大，教育质量的提升促进了知识的生产和专业化人力资本的积累，提高了劳动者的学习和模仿能力，使劳动者能够更有效地利用物质资本、先进技术和其他生产要素参与经济活动，带来生产效率的提高，此外，在循环累积因果效应的作用下，地区人力资本水平的不断提高可以提升全要素生产率，而全要素生产率的提升又会进一步促使人力资本累积，二者在动态中相互促进、共同发展。产业结构在三种权重条件下均为负且大多很显著，进一步说明了我国产业总体处于产业链低端，产业结构高度化和产业结构合理化不足，产品附加值较低，有被价值链低端锁定的风险，导致技术进步缓慢和效率水平低下，不利于全要素生产率的提高。

七 交通基础设施的空间溢出距离分析

（一）地理距离权重及距离阈值的设定

选取城市中心距离的倒数作为权重，两个城市之间的最近距离采用城市的经纬度进行测算，距离阈值 d 的作用是将距离小于 d 的城市去掉，随着距离的增加具有空间联系的城市数目不断减少，能够更加真实地反映出地理距离对空间溢出效应的影响，空间权重的具体公式为：

$$W_{ij} = \begin{cases} 1/d_{ij} & \text{当 } d_{ij} \geq d \\ 0 & \text{当 } d_{ij} < d \end{cases} \tag{5.19}$$

运用空间杜宾模型方法，每隔 10km 进行一次回归，并将回归系数以及 t 值记录下来，该方法能够更加准确地衡量空间邻近的两个城市之间的空间关联性，即城市之间的空间溢出效应是否符合距离衰减规律。

（二）不同地理距离下交通基础设施的空间溢出效应比较

由表 5 - 4 和图 5 - 3 可以发现，交通基础设施对全要素生产率的作用随地理距离的增加大致呈现 M 形的变化趋势，回归系数的最大值出现在 50km 处，空间溢出效应的系数高达 0. 7283 且在 1% 的水平下显著，在 50km 之外空间溢出效应的系数处于小幅波动中，在 100km 处空间溢出效应的系数下降为 0. 4368 并且无法通过显著性检验，在 160km 处空间溢出效应近乎消失，为了进一步分析交通基础设施的空间溢出效应随地理距离的变化情况，进一步将地理距离分三个部分对其展开分析。

表 5 - 4　交通基础设施的空间溢出效应与地理距离的关系

距离	空间溢出效应	t 值	距离	空间溢出效应	t 值
10km	0. 5045 **	2. 1200	90km	0. 5954 *	1. 8031
20km	0. 5256 **	2. 2331	100km	0. 4368	1. 2771
30km	0. 5570 **	2. 2543	110km	0. 3808	1. 2509
40km	0. 5520 **	2. 1848	120km	0. 3352	1. 0050
50km	0. 7283 ***	2. 5372	130km	0. 2032	0. 6525
60km	0. 6580 **	1. 9095	140km	0. 2232	0. 8037
70km	0. 4977 *	1. 6938	150km	0. 1942	0. 7271
80km	0. 5188 *	1. 7852	160km	0. 0017	0. 0065

注：* 、** 、*** 分别表示在 10% 、5% 、1% 的水平下显著。

第一部分是地理距离在 10 ~ 50km，此时的空间溢出效应系数随距离的增加总体在上升，在 50km 处达到峰值，受城市之间集聚效应的影响，该范围内的城市对周边城市的空间溢出效应随距离的增加总体在上升。距离过近的城市之间往往会产生激烈的竞争，在集聚效应的作用下，资本、人口等可移动要素会向实力强的城市流动，给落后城市带来衰退，不利于空间溢出效应的发挥，而交通基础设施的发展又会强化这种集聚效应。此外过细的城市划分会产生行政分割，同样限制了地区之间的贸易开展与要素流动，区域一体化和集聚经济难以形成，不利于全要素生产率的提高。所以

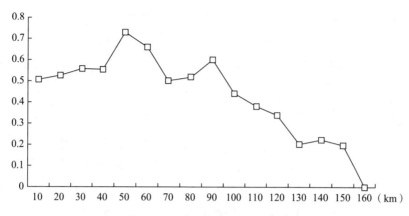

图 5 - 3 交通基础设施的空间溢出效应与地理距离的关系

在 50km 范围内，随着距离的增加空间溢出效应的大小及显著性水平总体上在提升。

第二部分是地理距离在 50～90km，在集聚效应与扩散效应的综合影响下，空间溢出效应表现出先下降后上升的 U 形发展过程，空间溢出效应系数从 0.7283 下降到 0.4977 然后又上升到 0.5954，这个距离范围内的空间溢出效应显著，主要原因在于，交通基础设施的空间网络化和密度纵深化带来了时空压缩效应，降低了旅行的时间成本和运输成本，在提高了地区开放程度的同时，还会加深城市之间联系的频度和广度，提高资源的配置效率，使不同城市处于"1 小时经济圈"内，同城化效应显著，地理距离对技术溢出的限制被不断消除，有利于规模效率的提高和创新的发生，促进邻近城市之间协同发展，城市的影响范围逐渐打破传统界限并融合共生。上海与苏州、广州与东莞、杭州与嘉兴均处在该空间溢出效应范围内，它们一方面能够享受到时空压缩效应带来的好处，另一方面也可以避免由距离过近带来的拥挤、竞争和强市对弱市的资源集聚效应。

第三部分是地理距离在 90～160km，由于距离的增加，具有空间相互联系的城市单元不断减少，城市间的空间作用明显减弱，导致交通基础设施对全要素生产率的空间溢出效应总体在降低，从表 5 - 4 的结果来看，该范围内的空间溢出效应迅速下降并且不再显著，在 160km 处空间溢出效应近乎消失，说明我国交通基础设施空间溢出效应的范围局限在 160km 之内，这与我国的城市群发展情况相一致。在长三角城市群中，距离上海较近的苏州、无锡、南通等地区，在上海的带动作用下经济发展较快，经济位列全省前几名，而距离上海较远的盐城、镇江、泰州等地区经济发展较慢，经济排名为全省后三位。在京津冀城市群中，北京和天津的距离较近，处于160km之内，两个城市之间可达性较高、资源互补、协同发展，使京津冀城市群呈现双中心结构，但是外围河北省的中小城市距离两个中心城市较远，大都处于160km之外，交通基础设施的空间溢出效应难以发挥，此外城市群内产业关联度不高，中小城市以高耗能、高污染的化工类产业为主，在环保政策的倒逼作用下，产业有空心化趋势，使省内中小城市与北京、天津的差距逐渐拉大，在河北省有39个国家级贫困县，已经形成了一条"环京津贫困带"。

八　交通基础设施空间溢出效应的区域异质性比较

（一）东中西部地区的比较

基于全国层面的研究可知，交通基础设施对全要素生产率具有正向的空间溢出效应，但是由于我国地域辽阔，不同区域之间的发展差异较大，东部地区更易接触到国外的技术与信息，市场化进程较快，地区经济发达，而中西部地区由于区位的原因，市场化进程较慢，经济发展落后，为了克服区域发展不平衡，国家提出"西部大开发战略""中部崛起战略""东北老工业基地振兴战略"，因此从区域异质性视角研究交通基础设施的空间溢出效应是很有意义的。从具体区域层面来看，将研究单元划分为东部地区（包括99个城市）、中部地区（包括91个城市）、西部地区（包括72个城市）三个部分。从地区层面建立三种空间权重矩阵，即0-1权重矩阵、地理距离权重矩阵、经济距离权重矩阵，并采用空间杜宾模型进行估计，得到不同区域直接效应、间接效应以及总效应的实证分析结果（见表5-5）。

首先分析直接效应。在三种空间权重条件下，东部地区交通基础设施的直接效应大于中西部地区。在0-1权重条件下，东部地区交通基础设施

表 5 - 5　不同区域直接效应、间接效应和总效应的实证分析结果

变量	0-1权重			地理距离权重			经济距离权重		
	东部区	中部区	西部区	东部区	中部区	西部区	东部区	中部区	西部区
直接效应									
tran	0.0744 **	0.0092	-0.0255	0.0820 ***	-0.0270	-0.0564 ***	0.0646	-0.0070	-0.0044
gov	0.0007	0.0085 ***	0.0004	0.0005	0.0064 ***	-0.0081 ***	-0.0006	0.0068 ***	-0.0073
edu	0.0042	-0.0033	0.0140 ***	0.0054	-0.0084 **	0.0167	0.0044	-0.0098 ***	0.0262 ***
dens	0.2009 ***	0.2766 *	-0.0496	0.2094 ***	0.1673	-0.0489 **	0.1898 ***	0.2594 **	0.0195 *
ind	-0.0121 ***	-0.0076 ***	-0.0009	-0.0134 ***	-0.0118 ***	-0.0086 ***	-0.0187 ***	-0.0157 ***	-0.010 ***
ser	-0.0115 ***	-0.0069 ***	-0.0006	-0.0125 ***	-0.0088 ***	-0.0104 ***	-0.0172 ***	-0.0163 ***	-0.0153 ***
fdi	-0.0739	-0.1071	0.7504	-0.0349	-0.0755	2.9149 **	0.0232	-0.3598 *	3.4075 ***
间接效应									
tran	0.2001 ***	0.1574 ***	0.0648 **	0.1780 ***	0.1838 ***	0.0671 *	0.1007 ***	0.1758 ***	0.1669 ***
gov	0.0014	0.0036	-0.0116 **	0.0048	0.0111 **	-0.0185 ***	0.0160 ***	0.0027	-0.0158 ***
edu	0.0162 ***	0.0008	0.0084	0.0187 *	-0.0037	0.0152	0.0104	0.0106	0.0219
dens	-0.0974	0.3065	0.0752 *	-0.0777	0.4042	0.1635 ***	-0.0936	2.3428 ***	-0.0057
ind	0.0108 ***	-0.0090 ***	-0.0092 ***	0.0222 ***	-0.0046	0.0119 ***	0.0212 ***	-0.0082	-0.0026
ser	0.0050	-0.0155 ***	-0.0071 ***	0.0144	-0.0187 ***	0.0178 ***	0.0046	-0.0147 ***	-0.0109 **
fdi	-0.0645	-0.6521 *	0.0854	0.4209	-0.5507	3.5518 ***	-1.0585 ***	1.7765 ***	-2.2288
总效应									
tran	0.2745 ***	0.1666 ***	0.0392	0.2601 ***	0.1568 ***	0.0106	0.1653 ***	0.1688 ***	0.1625 ***
gov	0.0021	0.0122 ***	-0.0111 **	0.0053	0.0175 ***	-0.0266 ***	0.0153 ***	0.0095 ***	-0.0231 ***
edu	0.0205 ***	-0.0025	0.0225 ***	0.0241 ***	-0.0121	0.0318 *	0.0148 *	0.0007	0.0481 **

续表

		0-1权重			地理距离权重			经济距离权重		
	变量	东部区	中部区	西部区	东部区	中部区	西部区	东部区	中部区	西部区
总效应	$dens$	0.1035	0.5830***	0.0256**	0.1318	0.5716*	0.1146***	0.0962	2.6022***	0.0138
	ind	-0.0014	-0.0166***	-0.0101***	0.0089	-0.0164***	0.0034	0.0026	-0.0239***	-0.0126***
	ser	-0.0064*	-0.0224***	-0.0077***	0.0019	-0.0276***	0.0074*	-0.0126*	-0.0310***	-0.0262***
	fdi	-0.1384	-0.7592***	0.8358	0.3859	-0.6263	6.4668***	-1.0354***	1.4167**	1.1787

注：*、**、*** 分别表示在10%、5%、1%的水平下显著。

的直接效应系数为 0.0744 且在 5% 的水平下显著，大于中部地区的 0.0092 以及西部地区的 -0.0255；在地理距离权重条件下，东部地区交通基础设施的直接效应系数为 0.0820 且在 1% 的水平下显著，大于中部地区的 -0.0270 以及西部地区的 -0.0564；在经济距离权重条件下，东部地区交通基础设施的直接效应系数为 0.0646 且在 5% 的水平下显著，大于中部地区的 -0.0070 以及西部地区的 -0.0044。东部地区交通基础设施投资对本地区全要素生产率的促进作用最大，这与现实的发展情况相一致，文献中有很多学者从不同的视角对这一问题进行分析。唐东波（2015）以基础设施对私人资本的挤入效应和挤出效应为视角指出，从总体上来看，中国基础设施建设并未出现供给过度，其对私人资本存在较强的挤入效应，从区域异质性来看，东部地区由于市场环境较好、开放水平较高，基础设施建设可以挤入相当多的私人资本，其影响全要素生产率的具体机制为：交通基础设施的增加不仅会增加关联产业的需求，为上下游产业创造新的发展机会，而且会改善市场的投资环境和降低产业的投资成本，进而提高私人部门投资的边际回报，吸引私人资本在本地区投资（挤入效应），有利于本地区形成集聚经济和知识溢出，提高区域全要素生产率。而中西部地区受地理区位、市场环境、政策扶持、开放因素等条件的限制，私人资本在本地区投资不足，难以形成集聚规模，对全要素生产率的促进作用有限。在地理距离权重条件下，西部地区还出现了系数显著为负的证据，可能的原因是，"西部大开发战略"实施以来，政府对西部地区的偏向性基础设施投资政策，对本地区的私人资本形成了挤出效应，不利于全要素生产率的提高。

交通基础设施能够通过对称性市场扩张效应，扩大企业的市场规模，改变研发的平均成本和规模效应，促进企业的技术创新和管理优化，地区的全要素生产率取决于技术创新和要素配置，东部地区交通基础设施发展较为成熟，高铁、航运等综合运输体系发达，有利于市场扩张效应的发挥，所以交通基础设施对全要素生产率的促进作用显著。而中西部地区的交通基础设施比东部地区落后，这种促进作用并不显著。

其次分析间接效应。在三种权重条件下东中西部地区的空间溢出效应与全国整体的分析结果基本一致，均显著，但是存在区域异质性。在 0 - 1

权重条件下，空间溢出效应呈现东部地区 > 中部地区 > 西部地区的趋势，可能的原因是，相比于西部地区的地广人稀，东部地区的土地面积较小，行政分割较为细化，不同城市的空间相邻单元较多，结果得出的空间溢出效应系数较大。在地理距离权重条件下，中部地区空间溢出效应的系数比在 0－1 权重条件下有较大幅度提高，而东部地区空间溢出效应的系数比在 0－1 权重条件下有较大幅度下降，西部地区仅有微弱的增加。这说明 0－1 权重能够准确地衡量空间邻近城市之间的关联性，但中部地区没有过细的行政划分，空间相邻的城市没有东部地区多，然而考虑地理距离因素后，大量城市处于空间溢出效应的影响范围内，所以空间溢出效应更为显著。对三个区域进行比较可以发现，东中部地区的空间溢出效应系数远大于西部地区，主要原因是交通基础设施的空间溢出效应遵循距离衰减规律，西部地区地广人稀，城市之间的距离较远，所以空间溢出效应比东中部地区低。在经济距离权重条件下，东部地区交通基础设施的空间溢出效应比前两种权重条件下低很多，东部地区交通基础设施空间溢出效应的系数为 0.1007 且在 1% 的水平下显著，中部地区的系数为 0.1758 且在 1% 的水平下显著，西部地区的系数为 0.1669，同样在 1% 的水平下显著。主要原因是，经济距离权重放松了对区位和距离的考量，更加关注城市之间的经济联系，东部地区较为富裕，不同区域之间的差异较小，经济发展水平越相似的地区在吸引生产要素时越存在竞争关系，使空间溢出效应变小。另外，中西部地区基本属于内陆地区，交通运输方式相对单一，区域之间的人员、商品流动主要依赖公路系统，例如 2016 年中西部地区公路客运量占到客运总量的 84.41%，公路货运量占到货运总量的 78.6%，公路的改善有利于城市之间溢出效应的发挥。此外中西部地区公路体系空间网络化以及密度纵深化远不及东部地区，公路空间溢出效应的边际作用较强。

最后对三个区域的总效应展开分析。使用时间序列数据和面板数据进行研究往往会高估或低估交通基础设施的产出弹性，这主要与分析时没有考虑溢出效应有关，因此在运用偏微分方法处理后，综合考虑溢出效应的空间计量模型能够更好地衡量交通基础设施的总产出弹性。在 0－1 权重和地理距离权重条件下，东部地区的总效应系数最大且均在 1% 的水平下显著，中部地区次之，同样也很显著，西部地区的系数最小且不再显著，这进一步说明交通基础设施对全要素生产率的影响具有区域异质性。值得注意的是，不考虑地理和区位因素，在只考虑经济竞争关系的经济距离权重条件下，西部地区的总效应变得显著，但系数仍然小于东中部地区。

（二）三大城市群的比较

城市群是城市化空间组织的主要形态，其强化了内部城市的分工协作与产业互补，构成国家经济发展的重心以及区域经济发展的引擎，在 2010 年颁布的《全国城镇体系规划纲要（2005—2020）》中，提出要重点加强京津冀城市群、长三角城市群和珠三角城市群的发展，进一步完善区域空间结构，带动更多的城镇与地区融入全球经济网络。鉴于三大城市群对区域经济发展的巨大作用，分析三大城市群中交通基础设施对全要素生产率的影响是很有意义的，本部分将研究单元划分为京津冀城市群（包括 13 个城市）、长三角城市群（包括 25 个城市）、珠三角城市群（包括 12 个城市）① 三个部分。采用三种空间权重以及空间杜宾模型进行分析，得到不同城市群直接效应、间接效应以及总效应的实证分析结果（见表 5 - 6）。

从直接效应来看，尽管三种空间权重的侧重点有所不同，但是在对三大城市群的分析中，我们得到了交通基础设施的直接效应大多为正向的结果，值得注意的是，尽管经济距离权重条件下存在负向的结果，但不显著，说明交通基础设施能够促进本地区全要素生产率提升。在 0 - 1 权重条件下，京津冀城市群交通基础设施的系数为 0.0978 且在 5% 的水平下显著，长三角城市群交通基础设施的系数为 0.1136 且在 1% 的水平下显著，而珠三角城市群不显著。在地理距离权重条件下，京津冀城市群交通基础设施的

---

① 京津冀城市群包括北京，天津，河北的石家庄、保定、廊坊、唐山、邯郸、邢台、秦皇岛、沧州、衡水、承德、张家口等城市。长三角城市群包括上海，江苏的南京、镇江、扬州、常州、苏州、无锡、南通、泰州、盐城等城市，浙江的杭州、嘉兴、湖州、绍兴、宁波、舟山、金华、台州等城市，安徽的合肥、芜湖、滁州、马鞍山、铜陵、安庆、宣城等城市。珠三角城市群包括广东的广州、深圳、珠海、佛山、东莞、中山、江门、肇庆、惠州、清远、河源、汕尾等城市。

表5-6 不同城市群直接效应、间接效应和总效应的实证分析结果

	变量	0-1权重			地理距离权重			经济距离权重		
		京津冀	长三角	珠三角	京津冀	长三角	珠三角	京津冀	长三角	珠三角
直接效应	tran	0.0978**	0.1136***	0.0122	0.0794*	0.0305	0.1977*	-0.0966	0.0123	0.2102
	gov	0.0095**	-0.9670*	0.1143	0.009**	0.0305	-0.7395	0.0119**	-0.6946	0.2251
	edu	0.049***	-1.2374	5.3844**	0.0453***	-0.9488	3.4618	0.0321**	-0.7638	5.2493**
	dens	-0.124	0.7260***	0.1849	-0.1338	0.6738***	0.2338*	0.1507	0.5582***	0.2544**
	ind	-0.0035	0.0055	-0.0148*	-0.0027	0.0064	-0.0087	0.0011	-0.0099	-0.0127
	ser	-0.005	0.0086	-0.0195*	-0.0041	0.0158*	-0.0100	-0.0003	-0.0023	-0.0157
	fdi	-1.6205**	-0.1876	-0.9096**	-1.4703**	0.2277	-0.7830*	-1.2127	0.0899	-1.0489**
间接效应	tran	0.0134	0.1675***	0.3044*	0.0216	0.1230	-0.0241	0.2207**	0.1265**	-0.1706
	gov	0.0013	-0.4694	-1.8101	0.0025	-0.1704	0.0774	-0.0116	-0.3968	-1.0274
	edu	0.0068	-0.3331	-0.2069	0.0131	2.3596	-0.3934	0.0563**	-0.7019	-1.0274
	dens	-0.0215	-0.5752*	-0.2032	-0.0482	1.0688	-0.0244	-0.2954	0.8572***	-0.2682
	ind	-0.0001	-0.0395***	0.0041	-0.0008	-0.0065	0.0009	0.0402***	0.0342***	-0.0128
	ser	-0.0001	-0.0459**	-0.0121	-0.0012	-0.0302	0.0009	0.0339*	0.0208*	-0.0366
	fdi	-0.2313	-1.5579***	-0.7527	-0.4098	-0.5638	0.0982	1.0146	-0.3764	-2.0482**
总效应	tran	0.1112**	0.2811***	0.3166**	0.1010*	0.1535	0.1736*	0.1241***	0.1388***	0.0396
	gov	0.0108**	-1.4364	-1.6957	0.0115*	-0.2228	-0.6621	0.0004	-1.0914	-0.8023
	edu	0.0558***	-1.5706	5.1775	0.0584***	1.4108	3.0684	0.0884***	-1.4656	4.2220

续表

变量	0-1权重			地理距离权重			经济距离权重		
	京津冀	长三角	珠三角	京津冀	长三角	珠三角	京津冀	长三角	珠三角
总效应 dens	-0.1453	0.1508	-0.0183	-0.182**	1.7426*	0.2094*	-0.1447	1.4154***	-0.0138
ind	-0.004	-0.0340**	-0.0108	-0.0036	0.0001	-0.0078	0.0413***	0.0244**	-0.0255*
ser	-0.0058	-0.0373***	-0.0316*	-0.0053	-0.0144	-0.0092	0.0336**	0.0185*	-0.0524**
fdi	-1.8519**	-1.7456***	-1.6623*	-1.8801**	-0.3360	-0.6849*	-0.1981	-0.2865	-3.0971***

注：*、**、*** 分别表示在10%、5%、1% 的水平下显著。

系数为 0.0794 且在 10% 的水平下显著，珠三角城市群交通基础设施的系数为 0.1977 且在 10% 的水平下显著，而长三角城市群不显著。在经济距离权重条件下，三个城市群均未得出显著的结果。

从间接效应来看，与全国或区域层面的分析不同，基于城市群层面的研究主要关注交通基础设施对城市群内部的影响，导致具有空间联系的研究单元相对较少，此外集中于城市群内部的研究有可能会割裂城市群内部城市与外部城市之间的联系，使空间溢出效应显著降低。但是研究不同城市群内交通基础设施的空间溢出效应仍具有重要意义，接下来进行具体分析。在 0—1 权重条件下，从空间溢出效应系数的大小来看，珠三角 > 长三角 > 京津冀，长三角城市群和珠三角城市群的空间溢出效应系数都显著为正，而京津冀城市群的系数不显著，说明交通基础设施发展对三个城市群的影响并不相同。对长三角城市群和珠三角城市群而言，内部一个地区交通基础设施条件的改善有利于周边地区全要素生产率的增长，但是京津冀城市群并没有这种促进作用。空间溢出效应的大小与扩散效应和集聚效应有关，在扩散效应的作用下，发达城市会带动周边欠发达城市发展，而在集聚效应的作用下，要素会不断流向发达城市，导致周边欠发达城市的衰退。由于京津冀城市群地处中国的政治中心，政府对经济的干预能力更强，在行政力量的作用下，大量资源向北京集中，使北京的城市首位度不断提升，而外围中小城市的经济发展水平较差，产业结构单一，加上城市群内部的产业关联程度低，导致中小城市的资源大量流出，使中心城市与中小城市的发展差距逐渐拉大，交通基础设施的发展强化了集聚效应，所以城市群内部的空间溢出效应不显著。长三角城市群和珠三角城市群作为中国经济较为发达的区域，市场化进程较快，在技术进步、制度创新、产业结构升级等方面起到带头作用，城市群内部一体化程度较高，不同等级与特点的城市分工明确，城市体系出现扁平化的发展趋势。例如上海和广州城市首位度的下降，为城市群内部的杭州、南京、深圳等副中心城市提供了更多的发展机会，而交通基础设施的发展起到了"润滑剂作用"，区域内的时空距离被进一步压缩，外围城市受中心城市"扩散效应"的作用更为强烈，城市之间的协同发展能够产生密集的正向空间溢出效应。在地理距离权重条件下，三个城市群的空间溢出效应均不显著。在经济距离权重条件下，从空间溢出效应系数的大小来看，京津冀＞长三角＞珠三角，京津冀城市群和长三角城市群的空间溢出效应系数为正且显著，珠三角城市群并不显著，主要原因在于珠三角城市群和长三角城市群内部地区之间的差异较小，经济发展水平越相似的地区在吸引生产要素时越存在竞争关系，使空间溢出效应变小。

最后对三个城市群的总效应进行分析，在 0－1 权重条件下，三个城市群的结果都表现出正向且显著，说明对三个城市群而言，交通基础设施建设能够带来全要素生产率的增长，而从总效应系数的大小来看，发现珠三角＞长三角＞京津冀。在地理距离权重条件下，京津冀城市群交通基础设施的系数为 0.1010 且在 10% 的水平下显著，珠三角城市群的系数为 0.1736，同样在 10% 的水平下显著，而长三角城市群的系数为 0.1535 但并不显著。在经济距离权重条件下，京津冀城市群交通基础设施的系数为 0.1241 且在 1% 的水平下显著，长三角城市群交通基础设施的系数为 0.1388，同样在 1% 的水平下显著，而珠三角城市群交通基础设施的系数为 0.0396，但是不显著。

第六章 丝绸之路经济带跨境交通
基础设施合作

丝绸之路经济带主要包括西北、西南、东北三条线路。西北丝绸之路由新亚欧大陆桥经济走廊、中国—中亚—西亚经济走廊和中巴经济走廊这三部分组成，该线路均从我国新疆等地出境，延伸至欧洲地区和其他港口城市，为内陆地区探寻新的对外交流窗口。西南丝绸之路包括中国—中南半岛经济走廊和孟中印缅经济走廊这两部分，该线路均从中国西南的省份出发，旨在加强中国与南亚各国基础设施的互联互通。东北丝绸之路依托中蒙俄经济走廊，既可以依托京津冀为能量极，又通过俄罗斯赤塔等城市与欧洲及北美部分国家。同时，西伯利亚大铁路东端汇集了远东地区的符拉迪沃斯托克港、扎鲁比诺港、东方港、瓦尼诺港、苏维埃港等港口，为海陆联运提供了可行性。

一 西北丝绸之路经济带跨境交通基础设施合作

西北丝绸之路经济带以西北城市圈为承接东部资源的纽带，以新疆地区为对接平台建设西北开放窗口，为我国寻求新市场，获得最佳出口条件，并发展其西部地区。西北丝绸之路各个交通线路在功能上互补，带动并整合沿途内陆地区基础设施建设。

（一）新亚欧大陆桥经济走廊跨境交通基础设施合作

新亚欧大陆桥的最东端为中国的连云港市，沿途经过国内的陇海—兰新线连接到出境口岸阿拉山口，在中亚分为北、中、南三路，最终汇合到欧洲；西端的出海口可达荷兰的鹿特丹和比利时的安特卫普等，总长为一万一千多公里，是连接亚欧大陆最近的国际运输通道，其通过整合沿途国家资源，可以大大降低运输成本，减少运输时间，同时增加运输量。绝大多数中国产品是通过水路运输的，但是目前中国港口严重超载，此外还存在一定的海上运输风险。对海洋航线缺乏控制促使中国探索其他选择，其中包括通过俄罗斯、中亚、高加索和伊朗的陆路运输。

新亚欧大陆桥东部与大西洋发达地区相通，新疆的阿拉山口是中国境内的最西端，哈萨克斯坦的德鲁日巴站与其相连。由于不同国家间的轨距不同，所以需要换装后才能出境。从该处进入中亚地区，一路向西延伸，最终在阿克斗卡站与土西铁路（西伯利亚—土库曼斯坦铁路）接轨。以此为节点，新亚欧大陆桥进一步分为北、中、南三条线路（见表6-1），分别经由不同的国家和地区最终与欧洲铁路网相连。其中北线自哈萨克斯坦的阿克斗卡站向北延伸，与原西伯利亚大铁路相连，进而连通北欧、西欧国家，途经的有俄罗斯、白俄罗斯、波兰等国家；中线自哈萨克斯坦的阿克斗卡站向南延伸，下行至吉尔吉斯斯坦，然后向西经乌兹别克斯坦、土库曼斯坦，到达里海，越过里海后到达阿塞拜疆的巴库，再经格鲁吉亚到达黑海，过黑海后到达保加利亚，通过罗马尼亚、匈牙利等通往中欧；南线由土库曼斯坦继续向南进入伊朗、土耳其，越过博斯普鲁斯海峡后，到达保加利亚，并进一步通往欧洲各国，该线路还可以从土耳其继续向南到达中东及北非。新亚欧大陆桥连接了中国、俄罗斯、中亚、西亚、中东及欧洲的40多个国家和地区，经由的国家数量超过世界国家总数的1/4，覆盖的地域面积为3970万平方公里，占总陆地面积的26.6%，惠及人口数超过世界总人口的1/3。沿线国家和地区在自然条件、经济发展水平上有明显的互补性。新亚欧大陆桥的贯通可以使各地区发挥比较优势，区域发展潜力巨大。

表 6 - 1　新亚欧大陆桥北、中、南三条线路

线路方向	起点	途经代表国家
北	哈萨克斯坦的阿克斗卡站	俄罗斯、白俄罗斯、波兰
中	哈萨克斯坦的阿克斗卡站	乌兹别克斯坦、土库曼斯坦、巴库、格鲁吉亚、保加利亚，通过罗马尼亚、匈牙利
南	土库曼斯坦	伊朗、土耳其

目前铁路网的建设已经十分成熟，基础设施建设主要集中于中间欠发达地带。随着伊朗—土库曼斯坦铁路于 1996 年 5 月的竣工，新亚欧大陆桥境外南线部分彻底贯通。哈萨克斯坦作为新亚欧大陆桥的枢纽，其铁路建设情况对线路的贯通有着巨大影响。1959 年 7 月苏联将铁路由土西铁路中段的阿克斗卡站修到了中苏边境站——"友谊站"。苏联解体后，该国境接轨铁路归哈萨克斯坦所属，新亚欧大陆桥开通事宜也因此陷入停滞。1990年 9 月，中哈阿拉山口口岸开通，之后的很长一段时间里跨境铁路建设并没有取得实质性进展。随着第二亚欧大陆桥客货运量的快速增加，阿拉山口口岸出现运力不足的情况。在双方的努力下，2009 年 8 月，由哈萨克斯坦的热特肯铁路站通向中哈边境口岸霍尔果斯的新铁路线开工。霍尔果斯—热特肯铁路全长 298 公里，2011 年 12 月霍尔果斯铁路与哈萨克斯坦阿滕科里铁路接轨。2012 年 12 月中哈间铁路运输正式开通试验运输，这标志着中国与哈萨克斯坦第二条铁路通道正式开通。2014 年 1 月哈萨克斯坦境内热兹卡兹甘—别伊涅乌、阿尔卡雷克—舒巴尔科利铁路投入使用。此外 2014年哈萨克斯坦完成了对阿克套海港的扩能改造后，启动了阿斯塔纳铁路运输枢纽项目和阿斯塔纳机场改建项目，这些改扩建项目将进一步提升新亚欧大陆桥的运输能力。同时其他沿线国家也在积极参与跨境铁路建设合作项目。巴库—第比利斯—卡尔斯铁路项目于 2007 年 11 月正式动工，作为新亚欧大陆桥的一部分，该铁路是连接格鲁吉亚、阿塞拜疆、土耳其三国的国际铁路线，它包括新建的 105 公里铁路线，其中有 29 公里位于格鲁吉亚境内，76 公里位于土耳其境内。项目竣工后，其第一年的运载量达 100 万

人和 650 万吨货物，此后将逐年增长，计划到 2034 年运载量提高到 300 万人和 1700 万吨货物。

国际区域合作政策为基础设施建设奠定了合作基石，同时也提高了基础设施的利用效率。1993 年春欧盟与中亚五国及外高加索三国决定建立"欧亚高加索交通走廊"。1994 年 10 月中国、俄罗斯、哈萨克斯坦、吉尔吉斯斯坦、塔吉克斯坦、土库曼斯坦、乌兹别克斯坦七国铁道运输部长会议在北京举行，讨论后形成了《关于发展国际铁路客货运输问题的会议纪要》，此次会议为大陆桥客货运输敞开大门。韩国政府在其"欧亚计划"中提议建设从釜山出发，贯穿朝鲜、俄罗斯、中国以及中亚和欧洲的"丝绸之路快线"，希望由此将韩国与欧亚国家快速连通起来，增强经贸关系。哈萨克斯坦政府则提出了"哈萨克斯坦—新丝绸之路"项目，这一项目旨在吸引中国乃至日韩两国参与交通基础设施建设，进而将哈萨克斯坦打造成中亚地区的贸易、物流和商务中心。中国、立陶宛、白俄罗斯也欲建"东西方（亚欧）交通走廊"，中国、立陶宛、白俄罗斯三国于 2009 年签署《关于三国东西交通走廊倡议的联合宣言》，旨在通过加强三国之间的合作，加快亚欧东西通道的交通基础设施建设。此外在欧盟支持下的"东西方（亚欧）交通走廊大联盟"也致力于推进新亚欧大陆桥沿线国家在货物过境运输过程中简化关税的收取，统一海关检查程序，从而压缩货物出入境所需时间，进一步提高效率。

目前，新亚欧大陆桥的建设和运营方面仍存在一些问题。第一，铁路技术标准一体化存在阻碍。实现技术标准一体化是提高运行效率的前提，但西欧国家及我国使用国际轨距（1435 毫米），占线路全长的 51.2%，而独联体国家境内为宽轨距（1520 毫米），占大陆桥全长 48.8%。轨距标准不同将造成全程需要三次换装，另外各口岸通关和换装普遍存在效率不高问题，上述因素的叠加会使货物滞留，增加货运成本，延长运输时间。第二，沿线各国采用不同的运输法规体系。管理体系一体化的实现是运输平稳进行的保障，但目前各国的信息缺乏联通机制，使各运营方无法及时掌握货运信息，国际物流业务缺乏透明度，国际铁路联运没有形成统一的国际公约和协调机制。另外由于负责大陆桥运输的沿线公司分别归属各国且组织结构松散，它们不存在产权上的关联，市场风险全部由始发国运营公司承担，无法有效调动沿线各国的积极性。因此需要建立一个能够协调各国合作的机构，负责统一各国口岸查验、通关方式和定价规则。第三，沿线区域发展不均衡。沿线各国在 GDP、国际贸易总量上存在较大差距，各国供求能力的差异导致货源流向不对称，货运列车难以实现对开，一些国家会着眼于目前利益，认为铁路建设不足以带动国家经济发展而拒绝合作，使铁路基础设施建设陷入停滞状态。

（二）中国—中亚—西亚经济走廊跨境交通基础设施合作

"中国—中亚—西亚经济走廊"从新疆出发，途经哈萨克斯坦、吉尔吉斯斯坦、塔吉克斯坦、乌兹别克斯坦、土库曼斯坦、伊朗、土耳其等国，抵达波斯湾、地中海沿岸和阿拉伯半岛，是丝绸之路经济带的重要组成部分。目前中亚、西亚地区跨境公路主要有"亚洲公路网"和"双西公路"。"亚洲公路网"将各国城市相互串联。2004～2009 年，中国、吉尔吉斯斯坦、哈萨克斯坦等分别签署并批准了《亚洲公路网政府间协定》。"中国西部—欧洲西部"交通走廊东起连云港，经由霍尔果斯口岸进入哈萨克斯坦，从哈萨克斯坦北部边境进入俄罗斯，进而与欧洲公路网相连。需要改建的部分主要位于哈萨克斯坦境内，其境内路段总长为 2787 公里，目前 2330 公里已完成改造。在中国与中亚国家公路交通基础设施合作中，哈萨克斯坦于 2006 年提出"跨欧亚信息高速公路"方案，并与中国达成协议，计划修建 6 条新公路与新疆各城市相连接，到目前为止中国和哈萨克斯坦之间的公路有 22 条。吉尔吉斯斯坦的公路与我国喀什相连，去往首都比什凯克的公路从吐尔尕特出境，全长 464 公里。去往位于南部的第二大城市奥什的公路从伊尔克什唐出境，全长 650 公里，另外"比什凯克—巴雷克奇"公路等基础设施正在建设中。吉尔吉斯斯坦通过建设交通网络，不断提升其在中亚地区的重要性。塔吉克斯坦现有 4 条公路骨干线，均以首都杜尚别为中心，向周边国家辐射。其中塔中公路西起杜尚别，经丹加拉、库利亚布、塔东部巴达赫尚州首府霍罗格，东到中塔边境阔勒买口岸，全长 1009 公里。

瓦罕走廊使阿富汗与中国新疆相连通，全长约 400 公里，其中阿富汗境内有 300 公里，丝绸之路经济带同西亚连通的一种方式就是通过瓦罕走廊，实现从喀什出发，经过阿富汗、伊朗、土耳其与"欧洲—高加索—亚洲交通系统"对接。

中亚国家为打破运输量限制的"瓶颈"，开始筹划和新建区域间国际铁路。根据这些铁路的走向可以将其概括为"三横""两纵"，除此之外还有"中吉塔阿伊铁路"和"中伊铁路"。

"三横"指以东西为基本走向，东端连接中国，向西通向伊朗、土耳其，并进一步向欧洲地区延伸，目前有"丝绸之风"、"塔阿土铁路"和"中吉乌铁路"三个项目，不过目前只有"丝绸之风"项目进展比较顺利，其余两个项目目前仍处于洽谈规划阶段。"丝绸之风"封闭集装箱多式联运项目的合作基础是欧盟 1993 年启动的"欧洲—高加索—亚洲运输走廊计划"，共有 13 个国家参与，目的是通过建设新的运输走廊减少新独立国家在交通上对俄罗斯的依赖。该项目中涉及交通基础设施的有：改造和修建中国—哈萨克斯坦—吉尔吉斯斯坦—乌兹别克斯坦—土库曼斯坦—阿塞拜疆—格鲁吉亚—黑海—欧洲的铁路和公路，改造里海的阿克套、巴库、土库曼巴什和黑海的波季、巴统等港口，修建支线道路基础设施，制定统一的关税和税率规则，促使项目参与国加入有关国际公约和协定。哈萨克斯坦于 2004 年提出的东西铁路干线项目，进一步加快了"丝绸之风"项目的进展。该项目又包括两个主要部分。第一部分是哈萨克斯坦东西铁路干线项目，使中哈铁路与多斯特克站接轨，经过阿克斗卡—热兹卡兹甘—别伊涅乌，到达里海岸边的阿克套港，总长为 3083 公里，该干线的完成最终将实现哈萨克斯坦东西部的贯通，通过此线路，从多斯特克到阿克套港的运输时间将缩短一半。此外还可以将乌津与里海东岸的南北铁路干线连接，经土库曼斯坦到达伊朗，使从中国到伊朗的铁路运输只需过境哈萨克斯坦和土库曼斯坦。第二部分是巴库—第比利斯—卡尔斯铁路，总长为 826 公里。该项目主要是在格鲁吉亚和阿塞拜疆境内已有基础上升级改造，从卡尔斯到阿哈尔卡拉基之间长 105 公里的线路需要新建，其中 76 公里在土耳其境内。目前阿塞拜疆和格鲁吉亚段施工已经完成，仅差土耳其区段的路线。

"两纵"指以南北为基本走向，连接哈萨克斯坦等中亚国家与阿富汗、伊朗的铁路项目，主要包括"哈土伊铁路"和"俄哈吉塔铁路"。其中"哈土伊铁路"提供了连接波斯湾海上航线的通道，2009年被称为"南北走廊"项目的"哈土伊铁路"开始建设。"哈土伊铁路"总长度为934.5公里，其中哈萨克斯坦境内铁路130公里，土库曼斯坦境内铁路722.5公里，伊朗境内铁路82公里。"南北走廊"节约路程600公里，缩短运输时间48小时，能够节省大笔运费。哈萨克斯坦巴拉沙克—土库曼斯坦谢尔海加卡段完工后，哈土铁路实现了对接，"哈土伊铁路"已于2014年12月正式投入运行，铁路的建成节省了土库曼斯坦等中亚国家到波斯湾地区约600公里的路程。"俄哈吉塔铁路"从哈萨克斯坦的塔拉兹出发，由塔拉斯州进入吉尔吉斯斯坦境内，然后经过托克托古尔、贾拉拉巴德州、奥什州、克孜勒基亚到达巴特肯州并与塔吉克斯坦的铁路连接。该铁路旨在摆脱苏联解体所导致的铁路网络相互分割状态，但是由于各国间利益难以协调，该建设项目很难启动。

无论是新跨国交通基础设施的规划建设，还是对现有线路的升级改造，如何协调国家之间利益是最大的挑战。中国—中亚—西亚经济走廊建设所面临的挑战概括起来主要有以下几点。一是宽轨与标准轨的铁路轨距之争。尽管目前国际上主张使用标准轨，但是俄罗斯为了增强其对中亚、西亚的控制，仍主张使用宽轨，对铁路网建设形成一定的阻碍。二是中亚国家的局势十分复杂，同时阿富汗、中东地区安全形势的不确定性会使在这些地区建设交通基础设施、开展贸易的国家受到恐怖活动的威胁，存在较大的风险。三是各国经济水平差距大，合作程度较低。西亚油气资源丰富的国家人均GDP较高，在中亚5国中，2015年哈萨克斯坦和土库曼斯坦的人均GDP在1万美元左右，乌兹别克斯坦为2173美元，吉尔吉斯斯坦、塔吉克斯坦则仅达到1000美元，内部发展存在很大差距。

（三）中巴经济走廊跨境交通基础设施合作

"中巴经济走廊"是李克强总理在2013年5月访问巴基斯坦时提出来

的，该经济走廊东起喀什，从红其拉甫口岸出境，一路向西到达巴基斯坦境内，经过苏斯特、洪扎、吉尔吉特、白沙瓦、伊斯兰堡、卡拉奇，最终到达西南港口瓜达尔港，全长 3000 多公里。中巴经济走廊北接"丝绸之路经济带"、南连"海上丝绸之路"，是一条包括公路、铁路、油气管道和光缆通道"四位一体"的贸易走廊，是贯通南北丝路的关键枢纽。"中巴经济走廊"建成之后可以北上直接进入伊朗，成为"中国—中亚—西亚经济走廊"的重要补充，为亚欧内陆国家打开面向印度洋、波斯湾的便捷通道。中巴经济走廊是迄今为止中国最大的海外投资项目，估计价值为 460 亿美元，它包括对巴基斯坦的交通、电信和能源基础设施的大量投资。

作为中巴经济走廊的终点瓜达尔港，区位条件较好，距离港口城市卡拉奇约 600 公里，毗邻巴基斯坦和伊朗边界，濒临阿拉伯海，距离全球石油运输主要通道霍尔木兹海峡仅 400 公里，堪称印度洋上的咽喉要地。瓜达尔港—喀什地区的物流通道可以帮助中国打破"马六甲困局"，为新疆等西部地区的能源输送开辟一条新通道。

中巴公路网主要包括以下线路。一是"喀喇昆仑公路"，即中巴公路，是中巴之间唯一的陆上贸易通道，于 1979 年建成。起点位于喀什，穿越沿途山脉，经红其拉甫山口出境，南至巴基斯坦北部城市塔科特，全长 1224 公里。其中中国境内 415 公里，巴方境内 809 公里。"喀喇昆仑公路"是巴基斯坦国家公路网和亚洲公路网的重要组成部分，建设年代久远，目前需要对这一公路进行加宽、加固，以解决运输能力不足、路况不佳等问题，并希望可以连接巴南部的瓜达尔港以及卡拉奇港。2016 年 4 月，"喀喇昆仑公路"升级改造二期工程——哈维连至塔科特段已经开工。二是"拉合尔—卡拉奇高速公路"项目——苏库尔到木尔坦段于 2015 年 12 月顺利签约。该项目总长 392 公里，按照双向 6 车道、时速 120 公里设计，预计建设用时 3 年，是中巴经济走廊的重要组成部分。三是中巴经济走廊最大的交通基础设施建设项目——白沙瓦至卡拉奇高速公路项目（苏库尔至木尔坦段）于 2016 年 5 月开工，这标志着中巴经济走廊交通基础设施领域合作取得重大进展。四是巴基斯坦哈扎拉高速公路的 60 公里长公路，连接中巴边境的新克拉里—塔科特段快速路已经开始建设，这段公路属于该项目的二期工程，预计 2 年内建成。五是由中国企业参与建设的 M4 高速公路——绍尔果德至哈内瓦尔段于 2016 年 8 月开工，全长约 240 公里。2016 年 6 月，亚洲基础设施投资银行与亚洲开发银行决定对 M4 高速公路项目联合融资，为这条公路引来"活水"。

中巴铁路线是中巴经济走廊的主动脉，目前双方正努力使两国铁路网进行对接。中巴铁路要实现连接需要将巴国内的一号铁路进行双向延长，即向南与瓜达尔港对接，向北与我国喀什对接。巴铁道部长称，卡拉奇—白沙瓦和塔克西拉—哈维连铁路升级（ML－1 铁路升级）将在中巴经济走廊一期建设期内完成，该铁路全长 1681 公里，占巴全国铁路运营里程的70%。巴政府对中巴经济走廊的铁路建设和升级规划已经完成。根据该规划，巴将铺设从瓜达尔至奎塔以及雅各布阿巴德的铁路线，以及长约 560 公里的博斯坦—兹霍布—德拉伊斯梅尔可汗—科特利的铁路和 682 公里的哈维连—红旗拉甫铁路。此外中央发展工作组已经批准哈卡拉至德拉伊斯梅尔可汗的四车道快速路项目。该项目耗资 1298 亿卢比（约合 12 亿美元），将连通旁遮普和开伯尔—普什图省的欠发达地区。

尽管中巴正在努力推进经济走廊建设，但仍然面临一些问题。一是安全形势面临挑战。目前南亚、西亚、中亚地区形式并不稳定，巴国内也存在内部安全、恐怖活动等问题。二是受资金、成本、技术的限制。例如从瓜达尔到新疆的中巴经济走廊，路程长、地形复杂，需要大量的资金和先进的技术支持。三是瓜达尔地区经济基础薄弱，产业不发达，人流、物流、资金流相对较少。四是中东、北非问题复杂。伊朗、叙利亚、埃及等国家内部政权不足够稳定。这使许多合作项目停滞不前，贸易投资也受到影响。

（四）国内沿线交通基础设施建设

新亚欧大陆桥贯穿中国西部—东部部分地区，从中国西部新疆的阿拉山口直至东部的江苏省连云港，全长约 5000 公里，沿途历经 11 个省份（江苏、安徽、河南、湖北、陕西、重庆、四川、甘肃、青海、宁夏、新疆），涉及南京、合肥、郑州、武汉、西安、成都、兰州、西宁、银川、乌鲁木齐等 109 个地级市。

该沿线区域的经济发展不平衡，东部地区经济较为发达，经济基础较好，发展速度快，而中西部地区处于一个相对劣势的位置，发展速度与东部地区相比存在些许差异。江苏、湖北、安徽等地的铁路网络密度远大于甘肃、青海、新疆、宁夏等省份，且新亚欧大陆桥国内区域自西向东的人口密度分布不均衡，东部地区人口密度大，故客运需求和货运需求也较大，促使东部地区发展起步较早，无论是普通铁路，还是高速铁路的班次、线路、站场数量都更多。

选取新亚欧大陆桥国内部分的几个重要城市作为节点城市进行分析，如图 6-1 所示，徐州市和日照市的铁路货运总量呈现指数增长，8 年之内分别实现了约 5 倍和 2 倍的增加。日照市和连云港市位于新亚欧大陆桥的桥头堡位置，徐州市则毗邻连云港市，长期以来就是重要的铁路节点之一，受到较大的福利惠及，其铁路货运总量迅速增长，在全国范围内也处于领先地位。具备一定的港口和江运能力的武汉市，其铁路货运量在内陆地区领先。郑州市和乌鲁木齐市的货运总量相对稳定，增长不大。重庆市、兰州市、西安市总体上都有小幅的增加，但银川市有一定程度的下降。从总体角度看这几个城市的货运总量是增加的，城市虽有小幅变动，但总体增长迅速。新亚欧大陆桥惠及的区域中有许多资源型城市，这些城市每年都有着很高的铁路货运量，例如陕西的榆林市、四川的攀枝花市、甘肃的白银市、山西的酒泉市等。这些城市主要依赖资源出口，其他工业占比较小，而新亚欧大陆桥的提出为这些城市带来新的机遇，提供产业转型机遇，促使其大力进行科技投资和技术研发，以降低其对资源出口的过分依赖。

新亚欧大陆桥国内部分高速铁路东部地区的起点是长三角地区，自该处起串联上海、南京、武汉等国内较为发达的一线城市，由于铁路站场成本等因素，站点的选择具有局限性。经过近些年的发展，东部地区的高速铁路已经形成了较为密集且完善的铁路网，西部地区相比较而言交通基础设施差，在中国高速铁路发展的前期处于落后地位。近些年高速铁路建设在西部逐渐起步，特别是国家自提出丝绸之路经济带后加大了对西部地区的投入，甘肃省、青海省、新疆维吾尔自治区这西北三省份的高速铁路逐

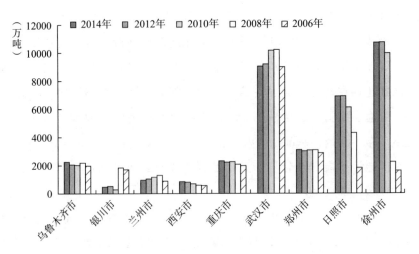

图 6-1　新亚欧大陆桥国内部分重要城市铁路货运总量示意

渐通车，四川省、重庆市西南地区的高铁里程日渐增加。

另外兰新高速铁路即将成为新亚欧大陆桥重要的组成部分，该线路经过兰州市、西宁市、乌鲁木齐市等地，目前部分地区尚在建设中，还未实现全线通车。兰新高速铁路不只是客运专线，也是货运专线，极大缩短了新疆地区与其他地区的通行时间，带动了新疆地区旅游业的发展，并提高了贸易客流量。待宝鸡—兰州高速铁路建成后，新亚欧大陆桥部分将更加完整，位于中国这四千多公里的省份将密切相连，江浙沪地区可进一步利用安徽省、河南省、陕西省、甘肃省、青海省、新疆维吾尔自治区等地区的高速公路线路向西与亚欧等国家产生新的联系，进一步带动国内的经济。西部地区的高速铁路建设将是今后的重点工程之一。新亚欧大陆桥代表着未来中国和亚欧周边各国的交流和贸易的发展趋势，政府投入大量的资金用于西部地区建设，以解决基础设施落后、自然环境制约、供求关系不平衡等问题。此外高速铁路的建设即将为经济条件相对落后的西北部地区带来生机，为解决东西部地区经济发展不平衡提供条件。

从新亚欧大陆桥国内沿线公路设施的发展演化看，新亚欧大陆桥跨度较大，沿途各个省份发展程度不尽相同，东部地区与西部地区相比，增速快并且密度大，二者之间有一定差距。截至 2014 年底，东部江苏省的公路总里程为 15 万公里有余，但青海省不及江苏省公路总里程数的一半，道路密度差距明显。西南地区由于地形等因素，高速公路建设的发展速度起步较慢，但是经过建设后，该区域公路密度大幅度提高，公路由不连续的路况转变为全线通车，形成了密集的公路网。西北部地区由于地形以及自然条件约束较大，经济相对落后，限制了高速公路的发展，近年来由于国家的重点扶持，其建设速度逐步提高。其中 G30 高速公路是新亚欧大陆桥的核心道路，从江苏省的连云港市出发，到达新疆维吾尔自治区的霍尔果斯，新疆、甘肃、青海、西安等省份围绕这个主干道路呈发散式建设、树形图状分布。

新亚欧大陆桥涉及范围广、涉及城市数量多，故选取了一些公路节点城市进行分析（见图 6-2）。新亚欧大陆桥的建设促使新疆地区的道路建设速度不断提高，中国和中亚、西亚的贸易交流需要通过新疆地区的阿拉山口，目前主要有两条线路：一条是经过乌鲁木齐直接到达阿拉山口其中一个出境口岸；另一条是从乌鲁木齐出发，途经喀什、和田地区，最终到达阿拉山口的另一个出境口岸。通过图 6-2 发现，喀什与和田地区的公路里程增长十分明显，到 2009 年总里程都超过了 15000 公里。喀什、和田地区地广人稀，比乌鲁木齐的占地面积大，同时需要更长的道路来构建完整的公路网络，因此这两个地区的公路运营里程大于乌鲁木齐；甘肃省是自东向西的门户所在，起着连接中部地区和新疆地区的枢纽作用，兰州市、定西市、张掖市等地区的道路基础设施建设稳步增长。由于甘肃省、青海省有着较为厚重的军事工业基础，道路较多围绕着军事设施建设，其中酒泉市较为特殊，该城市占地面积大，是我国重要的卫星发射基地之一，对公路需求较大，因此公路运营里程较省内其他城市长。陕西省地处中国中部，地理位置优越，是中国重要的交通枢纽，西安、宝鸡、渭南等市起着承上启下的作用，无论是普通公路还是高等级公路，数量和规模都较大。河南省历史悠久且道路基础相对良好，作为中国第一人口大省，其对交通基础设施的需求则更大，洛阳、郑州、三门峡、新乡、商丘等市高速公路车道较少，容易产生拥挤，道路水平仍有待提高。徐州、连云港、日照等市是新亚欧大陆桥的东亚桥头堡，无论是铁路还是公路都处于较为重要的战略位置，近年来增长比较迅速，和铁路建设齐头并进，实现了总里程的翻倍增长。

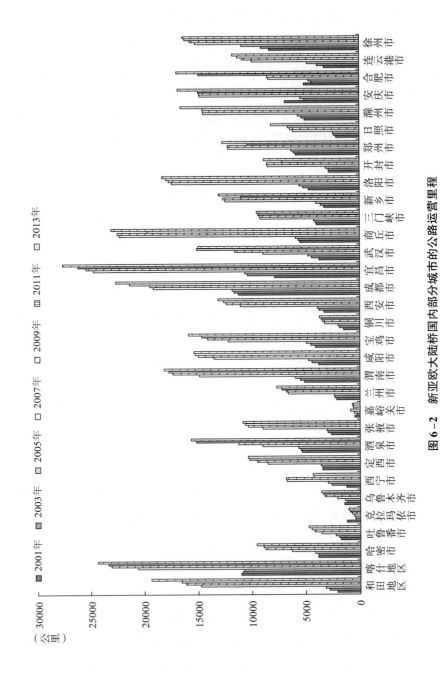

图 6-2　新亚欧大陆桥国内部分城市的公路运营里程

二　西南丝绸之路经济带跨境交通基础设施合作

西南丝绸之路包括"中国—中南半岛经济走廊"和"孟中印缅经济走廊"这两部分。上述两条经济走廊都是以中国西南的省区为起点，以"亚洲公路"和"泛亚铁路"为依托，旨在加强与南亚各国交通基础设施的互联互通，形成以西南城市圈为综合物流、人才培养基地，以云南、广西为通道的开放格局。

（一）中国—中南半岛经济走廊跨境交通基础设施合作

中国—中南半岛经济走廊以南宁和昆明作为起点，分别沿"南新走廊"和"昆新走廊"，途径越南、老挝、缅甸、泰国、柬埔寨、马来西亚等国到达新加坡。目前该经济走廊公路部分已基本实现全线贯通，但是部分线路由于运力不足、路况不佳等问题需要进一步升级改造，铁路建设相对滞后，各国之间尚不能连通。在参与合作的国家中交通基础设施较好的有中国、新加坡、马来西亚、泰国，而越南、老挝、柬埔寨则相对落后。目前与中南半岛毗邻的地区共有国家级、省级口岸48个，其中23个分布在云南，25个分布在广西，跨境交通网络较为发达。同时"中国—东盟自由贸易区""大湄公河次区域合作"等区域合作机制的建立，为经济走廊建设提供了机制上的保障，推动了中国与中南半岛跨境交通基础设施的建设。

目前"南新走廊"沿线公路已基本贯通，其中处于线路端点的南宁—河内段、曼谷—新加坡段两条路线路况比较好，而处于中间的河内—曼谷段路况较差。"南新走廊"具体可以划分为4条通道。一是以南宁为起点，通过河内、胡志明市、金边、曼谷、吉隆坡到达新加坡，这条道路将各国主要城市相连且较为平坦通畅，全线长约4850公里，是四段中最长的一段。其中，河内—胡志明市1730公里、胡志明市—金边230公里，以二级公路为主；金边—曼谷约653公里，多为三、四级公路。二是以南宁为起点，通过河内、东河、沙湾拿吉、曼谷、吉隆坡到达新加坡，这条线路经过中南半岛的"东西走廊"，全长约 3880 公里。其中，河内—穆达汉为三级公路，约 880 公里；穆达汉—曼谷为高速公路，约 700 公里。三是以南宁为起点，通过河内、荣市、他曲、那空拍侬、曼谷、吉隆坡等数地到达新加坡，是越南经老挝中部到达曼谷最近的一条公路，也是老挝最近的出海通道，全长约 3660 公里。其中，河内—他曲为三级公路，约 630 公里；那空拍侬—曼谷为一级公路，约 750 公里。四是以南宁为起点，通过河内、万象、曼谷、吉隆坡到达新加坡，目前该通道基本贯通，且路程最短，全长约 3560 公里。其中，河内—万象多为山区三、四级柏油路和砂石路，约 600 公里；万象—廊开—曼谷为高速公路，约 625 公里。

"南新走廊"的铁路线路可分为"中越铁路"和"新马泰老柬铁路"两部分。"中越铁路"以南宁为主要交通枢纽，通过凭祥到达河内，将我国东部、中部、西部以及沿海地区与东南亚铁路网相连，也是泛亚铁路东线的重要组成部分。"中越铁路"全长 380 公里，其中中国境内约 220 公里，使用的是标准轨。越南同登—河内为套轨，约 160 公里。越南境内铁路网总长为 4250 公里，其中以河内至同登、太原、老街、海防、胡志明市等为主干线。越南铁路建设技术较为落后，只有同登—嘉林和同登—下龙湾是标准轨和套轨，其余线路都是米轨，线路质量较差，而且越南与其他东盟国家的铁路还没连接，不过目前越南、老挝正在规划建设沙湾拿吉省和老越边境劳保口岸铁路建设项目。"新马泰老柬铁路"已经基本互相连通，但是其采用的是米轨而非标准轨，因此与中国的运输存在换装问题。该铁路间差异较大，其中马来西亚、泰国、新加坡三国铁路基础设施建设状况较好，但运行里程长，老柬铁路里程短，技术落后，运营状况较差。在这几个国家中，泰国铁路基础设施规模最大，已经形成以曼谷为中心向国内各府辐射的铁路网络，总长约 4600 公里。马来西亚主干铁路总长约 2300 公里，干线是沿着东西海岸线的铁路，其中西海岸线尤为重要，它把吉隆坡、怡保等主要城市同泰国、新加坡铁路网相连接。新加坡铁路全长约 110 公里，以地铁和轻轨为主。柬埔寨只有金边—曼谷和金边—西哈努克市两条铁路，全长约 650 公里，这几年基本不再运行。老挝铁路建设滞后，第一条铁路万象塔纳楞—泰国廊开铁路直到 2008 年才建成，长约 3.5 公里。这两个铁路系统尚未相连，且铁路技术等级低，特别是与中国铁路轨距的不同，这也使"南新走廊"对接存在比较大的困难。

"昆新走廊"公路和铁路的线路到曼谷后，与"南新走廊"线路重合。"昆新走廊"公路线路主要有两条，一条是由昆曼公路和曼谷—吉隆坡—新加坡公路组成；另一条是以昆明为起点，经过河口、老街到达河内。第一条中的昆曼公路是以昆明为起点，经过玉溪、普洱、景洪、磨憨、磨丁、会晒、清迈抵达曼谷，全长约 1748 公里，其中中国境内 688 公里；老挝境内是二级柏油路，长 247 公里；泰国境内是高速公路，长 813 公里。第二条线路在河内与"南新走廊"相连。其中昆明—河口为高速公路，长 405 公里；老街—河内为高速公路，长 245 公里。"昆新走廊"的铁路系统与"泛亚铁路"的东、中、西三条线路重合。"泛亚铁路"是连接广西、云南与东南亚各国的铁路网，经过的区域面积为 312 万平方公里，人口约 3.6 亿人，沿线地区经济发展活跃。"泛亚铁路"分为东、中、西三条线路：东线是以昆明为起点，经过玉溪、蒙自、河口、河内、胡志明市、金边、曼谷、吉隆坡最终到达新加坡，全长约 5520 公里；中线是以昆明为起点，经过玉溪、普洱、景洪、磨憨、万象、曼谷、吉隆坡抵达新加坡，全长约 4180 公里；西线是以昆明为起点，经过大理、保山、瑞丽、仰光、曼谷、吉隆坡到达新加坡，全长约 4321 公里。目前泛亚铁路东线只有金边—禄宁线路没有铁路，但中线和西线铁路缺失段较多。

其他铁路线中，"中老铁路""泛亚铁路"磨丁—万象段于 2015 年 12 月举行了奠基仪式，该项目北与昆明的磨憨铁路相连，往南经老挝的南塔省、琅勃拉邦省、万象省后到达老挝首都万象市，全长 418 公里，预计 2020 年建成通车，这标志着泛亚铁路网中线建设迈出实质性步伐。按照规划，磨丁—万象铁路北端将与中国境内玉溪—磨憨铁路对接，南端与将要建设的泰国廊开—玛它普铁路对接，并由此打通"泛亚铁路"中线。中线的核心区段是泰国曼谷—廊开铁路，北连"中老铁路"，南至马来西亚和新加坡，向西可通达缅甸土瓦港，东可辐射柬埔寨。中泰两国铁路合作项目也于 2015 年 12 月在泰国正式启动，"中泰铁路"包括四条线路，分别是坎桂—曼谷、坎桂—玛塔卜、呵叻—坎桂、呵叻—廊开，全长约 850 公里，建成后将成为"泛亚铁路"的重要组成部分，预计 2020 年全线建成通车。东线的越南正在升级国内铁路系统，包括连接云南的河内—老街铁路。西线方面，中缅两国于 2011 年签署合作协议，中方将以 BOT 方式投资建设木姐—皎漂铁路项目。该线路经缅甸北部掸邦、曼德勒省、马圭省和缅甸西部的若开邦，在缅甸境内全长约 810 公里。此外，柬埔寨正在大力恢复其铁路系统，柬方面于 2016 年底之前完成 6.5 公里长的跨境铁路建设工作，该铁路将连接柬埔寨的波贝与泰国的亚兰。2016 年 9 月柬埔寨北线铁路重建工程 RW-05 标段嵌入式轨道施工取得重大阶段性成果，柬埔寨—泰国铁路顺利贯通。此项工作的完成不仅将开辟泰柬两国的铁路互通，还将连接泰国经柬埔寨到越南的铁路。柬埔寨北线铁路由金边经磅清扬、菩萨、马德望省通往西北柬泰边境的波比市，全长 385 公里。铁路修复后将有效缓解泰国至柬埔寨的交通压力，助推柬埔寨北部经济特区的建设。

虽然"中国—中南半岛经济走廊"的基础设施建设和合作取得了一定进展，但大部分仍然停留在订立协议阶段，各项目的推进都要经过很漫长的过程，所面临的困难主要有：一是资金缺口大，其中铁路方面缺失线路较多，需要新建和整修的总里程为 4000~5000 公里，在世界经济低迷的情况下，各国普遍存在资金不足的情况；二是标准不统一，中国境内是标准轨距铁路，境外除越南境内少量的路段采用标准轨距外，其他中南半岛国家铁路均为窄轨铁路，客货运输换车成本高，短期内难以实现直通；三是地缘政治复杂，国际博弈激烈，沿线国家本就存在领土纠纷，各国在通关、边检等问题上利益很难协调，同时美国、日本、印度等国家的介入也给项目增添了较大的不确定性。

（二）孟中印缅经济走廊跨境交通基础设施合作

孟中印缅经济走廊倡议是 2013 年 5 月国务院李克强总理访问印度期间提出的，也得到了印度、孟加拉国、缅甸三国的积极响应。2013 年 12 月在各方的积极推动下，孟中印缅四国代表在中国昆明成功召开了第一次经济走廊联合工作组会议，这意味着四国正式建立了推进经济走廊合作的政府机制。2013 年印度也提出建设印度—湄公河区域经济走廊，并将其作为印度"东向"政策和与东盟国家经济融合政策的重要组成部分。该经济走廊是一个包含陆地与海运的综合连接网络，这一网络能将东南亚快速增长的新兴市场与印度进行有效连接。

孟中印缅经济走廊地区包括我国云贵川三省、印度东北部的 7 个邦、孟加拉国和缅甸全境。这一地区拥有约 4 亿人口，占地面积 200 多万平方公里。目前以云南省为支点，孟中印缅四国已经初步形成了 5 条交通线：一是以昆明为起点，途经猴桥、密支那（缅甸）、雷多（印度）、达卡到达加尔各答（孟加拉国）；二是以昆明为起点，途经瑞丽、曼德勒（缅甸）、达卡（或吉大港）最终到达加尔各答（孟加拉国）；三是以昆明为起点，途经瑞丽、皎漂连通东南亚国家；四是以昆明为起点，途经瑞丽、仰光（缅甸）连通东南亚国家；五是以昆明为起点，途经清水河、腊戌（缅甸）到达曼德勒。

"亚洲公路"为孟中印缅四国提供了基本的公路对接条件。其中"老滇缅公路"从中国昆明出发，经瑞丽对面的木姐开始进入缅甸，沿木姐经过曼德勒、蒙育瓦、羌乌、勃莱、甘高和吉灵庙等到达缅甸西部边境与印度交界的德穆。其中从木姐到曼德勒全线约 451 公里，从曼德勒到德穆全线约 604 公里。印度境内的"亚洲公路"路况相对较好，从英帕尔经过蒂马浦、瑙贡、高哈蒂、梅加拉亚邦到道基/塔马比尔（与孟加拉国接壤）。该路段山岭较多，不方便装有集装箱的重型卡车通行。而经过卡里姆甘吉（印度）和奥斯特拉各拉姆（孟加拉国）两地，从英帕尔至锡尔赫特的这条线路路程较短，可缩短从德穆到锡尔赫特之间 400 公里的路程，并且也相对平坦。孟加拉国方面，孟加拉国境内从道基（印度）/塔马比尔（孟加拉国）到锡尔赫特以及其后的部分都按"亚洲公路"Ⅱ级和Ⅲ级标准建成了双车道沥青路面。"亚洲公路"经过贾木纳河上新建成的邦噶邦德大桥后便分成 A1 线和 A2 线，A1 线朝西南方向经贝纳普乐到加尔各答，A2 线朝西北方向经邦噶邦德到尼泊尔。

孟缅印各国也在建设和改造本国公路。缅甸建设部于 2016 年 5 月决定改造若开邦、钦邦和实皆省通往印度的公路，包括改造 69 座桥，改善缅印公路现状，对此印度已援助 5 亿美元用于完成相关改造项目。为了走水路开展贸易，加拉丹河计划也在实施过程中。孟加拉国拟建的 N8 公路改扩建工程项目起点在 N8 与 N1 公路交会处，N8 公路向南经过布里刚戈河、玛瓦，最终与帕德玛大桥相连，然后向西到达班嘎，全长约 55 公里。"孟缅跨境友谊公路"于 2007 年开始计划建设，因该线路经缅甸境内有争议的阿拉干地区，缅方并不积极。一直到 2015 年 8 月孟加拉国正式批准修建一条新的连接孟缅两国的公路，新公路将穿过孟加拉国的两个地区，分别为距离首都达卡 292 公里的科克斯巴扎尔地区和在首都达卡东南方向 316 公里处的班多尔班地区，此新公路项目将花费 700 万美金。目前由于缅甸方面已经不再对在科克斯巴扎地区建设全长 153 公里的跨境公路项目感兴趣，上述项目已被搁置，但孟加拉国交通部公路局仍在推动建设跨境公路。印度拟投入 10.4 亿美元实施印度、孟加拉国、不丹与尼泊尔四国公路连通项目。该项目包括 122 公里西里古里—米里克—大吉岭道路升级改造工程（1500 万美元）、60 公里国道拓宽工程与 123 公里加尔各答新建公路工程（2.5 亿美元）、115 公里乌克鲁尔—Tolloi—Tadubi 新建公路工程（2.3 亿美元）、138 公里科希马—Kedima Kring—英帕尔新建公路工程（2.8 亿美元）等。2016 年 6 月南亚四国签署了具有里程碑意义的机动车运输协议，将实现客货运跨境无障碍流动，促进区域经济一体化发展。

孟加拉国对铁路的修建最为积极。帕德玛大桥是"泛亚铁路"的重要组成部分，全长 6 公里，是公路、铁路两用桥，其建成后孟加拉国南北铁路网也将打通。新线路总长 129 公里，将通过东南部多哈扎里和缅甸边境古牧沌作为单线连接，预计投入金额约合 22.88 亿美元，孟加拉国还计划将该条铁路并入泛亚铁路网，和印度及缅甸铁路相连，预计 2022 年完工。该项目早在 2011 年就已经启动，但因为设计变更、土地征用困难，资金不足等问题，始终无法顺利展开，2015 年进度仅达到 2%。孟方将在未来三年首先建设连接多哈扎里和 Bengal 海湾地区城市 Cox's Bazar 100 公里的项目，建设所需要的费用由亚洲开发银行支援，还有部分将由孟加拉国政府承担。中缅昆明—皎漂铁路工程是泛亚铁路网的一部分，其中中国境内 690 公里和缅甸境内木姐—皎漂 810 公里，同时计划与铁路并行修建一条公路。目前由于缅甸国内存在不一致的声音，项目已陷入停滞。印度政府已着手修建一条列城—拉达克铁路，这条铁路计划途经拉斯布尔、曼迪、古卢、喜马偕尔邦的拉胡尔和斯皮地区，最后到达列城，长约498公里。

"孟中印缅经济走廊"建设缓慢，主要是因为三方对于建设经济走廊的态度并不相同。印度的支持力度较小，各事项仍处于初步阶段，并未有实质性进展。虽然孟加拉国态度较为积极，但经济实力不足。缅甸国内政治环境不稳定。孟中印缅各国在选择经济走廊具体走向方面存在分歧与矛盾，这种分歧对经济走廊的建设是极其不利的，增加了经济走廊建设的不确定性。

（三）　国内沿线交通基础设施建设

中国—中南半岛经济走廊主要包括了广西壮族自治区和云南省两个国内区域，涉及了南宁市、昆明市等22个地级市。广西壮族自治区和云南省是中国对中南半岛国家开放的重要窗口，昆明市和南宁市这两个城市是中国—中南半岛经济走廊的起点，以这两个城市为出发点，快速发展铁路设施建设。1999～2014年这15年间，广西壮族自治区铁路运营里程从2000公里翻倍达到了4000公里，云南省则增长了1000公里，达到了50%的增长率。其中南宁和防城港这两个城市的铁路货运量在广西壮族自治区中排名前列，南宁作为广西的省会城市，具有政治、人口、地理等优势，相对其他城市发展较快，铁路基础设施也更为完善。防城港市有着丰富的矿产资源，地理条件优越，地处华南、西南经济圈和东盟经济圈的结合部，与越南相邻，是中国唯一的一个与东盟陆海相通城市，也是中国与东盟进行经济交流的重要窗口之一，贸易往来频繁。由于云南地区的铁路基础设施还不够完善，昆明、曲靖、玉溪等地级市的铁路目前货运量都较低。昆明市、大理市、丽江市气候温润、风景秀丽，是国内知名的旅游城市，每年吸引大量的游客，带动了云南省客流量的增长和当地旅游业的发展。同样类似的旅游城市还有桂林市，每年的客流量都与省会南宁相当。广西壮族自治区的高速铁路主要贯通省内几个较大的地级市，而云南省则尚未建设完全，两个省份的高速铁路建设仍然处在起步阶段，水平较低，分布较为局限。

中国—中南半岛经济走廊的提出加快了当地高速铁路的发展。

云南省、广西壮族自治区这两个地区的公路建设也同样实现了翻倍式的增长，云南地区总里程上超过了 20 万公里，广西地区则超过了 10 万公里。这两地出现差距的原因主要是，云南地区旅游业较为繁荣，而且对外贸易发展历来良好，广西地区交通方式则更加多样化，高速铁路和密集的铁路网一定程度上弥补了与云南地区的差距，目前两个省份之前中断的高速公路地段已经完全通车。云南地区高速公路发展较为迟缓，总体道路建设变化不大，但广西地区的发展速度则明显较快，道路里程明显提高，大约是云南地区的两倍。对比广西壮族自治区和云南省的部分城市，可以发现云南的普通公路运营里程远远高于广西的城市，云南铁路建设较为落后，高速公路建设也比较迟缓，所以连接城市之间的道路一般是普通公路。昆明、曲靖等经济较为发达的地级市，公路运营里程增长较大（见图 6-3），建设速度也较快。昆明市是中国—中南半岛经济走廊的一个起点，与南宁市的战略地位相同，所以投资的力度更大，而像桂林、大理这样的旅游城市，道路建设的完整性与其他城市相比较高。

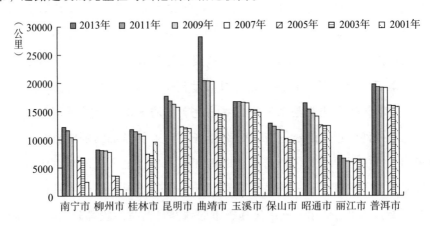

图 6-3 中国—中南半岛经济走廊国内部分城市的公路运营里程

三 中蒙俄经济走廊跨境交通基础设施合作

2014 年 9 月，中国国家主席习近平在出席中蒙俄三国元首会晤时提议建立"中蒙俄经济走廊"，与俄罗斯已有的"欧亚大铁路"、蒙古国倡议的"草原丝绸之路"进行对接。"中蒙俄经济走廊"有三条主要通道：一是以京津冀为起点，通过二连浩特、乌兰巴托、俄罗斯乌兰乌德，对接俄罗斯西伯利亚大铁路；二是以俄罗斯赤塔为起点，经过中国满洲里、哈尔滨、绥芬河到俄罗斯符拉迪沃斯托克；三是以俄罗斯赤塔为起点，经过乌兰巴托、乔巴山、霍特、阿尔山、白城、长春、珲春到达俄罗斯扎鲁比诺港。这三条通道连通了欧洲、俄罗斯与亚太及北美国家。西伯利亚大铁路东端汇集了远东地区的符拉迪沃斯托克港、扎鲁比诺港、东方港、瓦尼诺港、苏维埃港等港口，为海陆联运提供了可行性。

（一）中蒙俄经济走廊跨境交通基础设施合作

"丝绸之路经济带"与"跨欧亚经济带"的对接为中俄铁路的衔接和建设开启了良好开端。"跨欧亚经济带"构想最初由前俄铁总裁雅库宁支持的世界"文明对话"论坛国际研讨会提出。该构想以资源丰富和科技力量高的大中城市为节点，以西伯利亚大铁路、石油和天然气运输管道为主干，连通欧洲和北美。2014 年 5 月俄罗斯总统普京、白俄罗斯总统卢卡申科和哈萨克斯坦总统纳扎尔巴耶夫签订了《欧亚经济联盟条约》。俄罗斯于 2014 年 7 月启动的贝阿铁路和西伯利亚大铁路的现代化改造，大大改善了欧洲与亚洲的交通基础设施。2014 年俄罗斯西方的战略空间不断被美国和欧洲挤压，故将"欧亚联盟"战略的重点转移到东部。中蒙俄经济走廊基础设施建设为沿线区域经济带来新的生机和活力，对俄罗斯的"远东开发战略"具有重大的意义。2015 年 5 月，中俄共同签署了《中华人民共和国商务部和欧亚经济委员会关于启动中国与欧亚经济联盟经贸合作伙伴协定的联合声明》，明确了将与欧亚经济联盟建立贸易便利化的制度性安排，提出"丝绸之路经济带"作为中俄共同利益所在，决定把丝路经济带与欧亚经济联盟建设对接，欧亚大陆经济带开始了新的整合。同时中俄两国表示"将通过双边和多边机制，特别是上海合作组织平台开展合作"。

我国铁路在规划和建设中，对蒙古国的资源型铁路通道十分重视。在

"十一五铁路计划"、"十二五铁路计划"和《中长期铁路网规划》中，计划与蒙古国铁路接轨的国际通道有 6 个，分别是策克/西伯库伦（蒙）口岸、甘其毛都/嘎顺苏海图（蒙）口岸、珠恩嘎达布其/毕其格图（蒙）口岸、阿尔山/松贝尔（蒙）口岸、满都拉/杭吉（蒙）口岸、阿日哈沙/特哈比日嘎（蒙）口岸。中蒙两国的经济资源具有很大的互补性，上述铁路通道的开通接轨对于两国的互补性经贸往来发展都有极大的促进作用。2013年 10 月蒙古国政府总理诺罗布·阿勒坦呼亚格访华期间，与中国政府总理李克强签订了《中蒙战略伙伴关系中长期发展纲要》，该纲要明确"双方支持中国企业根据市场原则积极参与蒙古新铁路建设的投资和承建工作。双方将加快策克—西伯库伦、甘其毛都—嘎顺苏海图、珠恩嘎达布其—毕其格图、阿尔山—松贝尔等铁路口岸及其跨境铁路通道建设"。2014 年蒙古国提出"草原之路"计划，旨在通过运输贸易振兴蒙古国经济。该计划主要由 5 个项目组成，涵盖高速公路、铁路、天然气管道、石油管道等领域，总投资约 500 亿美元。项目一为修筑连接中国和俄罗斯长达 997 公里的高速公路。该公路南连中国内蒙古二连浩特对蒙公路口岸、北接俄罗斯布里亚特恰克图对蒙公路口岸的高速公路。项目二为铺设 1100 公里电气化铁路，包括长 600 多公里的南戈壁省塔温陶勒盖—东戈壁省首府赛音山达—东方省霍特—首府乔巴山铁路、长 240 多公里的塔温陶勒盖—嘎顺苏海图/甘其毛都对华口岸标轨铁路，以及长 160 多公里的霍特—毕其格图/珠恩嘎达布其对华口岸标轨铁路。项目三为扩展跨蒙古国铁路，其中包括鄂尔浑省首府额尔登特—库苏古尔省首府木伦—阿尔茨苏尔/查冈托尔戈依对俄口岸铁路，长度超过 1100 公里，它与正在建设的俄罗斯克拉斯诺亚尔斯克边疆区库拉基诺—图瓦共和国克孜勒铁路，以及计划建设的克孜勒—艾尔津—查冈托尔戈依/阿尔茨苏尔对蒙口岸铁路相接，并与西伯利亚大铁路连接在一起。另外还有东方省霍特，该省对华松贝尔/阿尔山边境口岸铁路长约 430 公里。这两条铁路修成后，就会在蒙古国境内，以中蒙之间四个铁路过境口岸为起点，形成 12 种连接中国和俄罗斯的跨蒙古国铁路线路组合。项目四和项目五为铺设中蒙俄天然气和石油输送管道。

2015 年 7 月 9 日，国家主席习近平在乌法同俄罗斯总统普京、蒙古国总统额勒贝格道尔吉举行中俄蒙元首第二次会晤，批准了《中俄蒙发展三方合作中期路线图》，推动了"中蒙俄经济走廊"的进一步发展。中俄蒙有关部门分别签署了《关于编制建设中俄蒙经济走廊规划纲要的谅解备忘录》《关于创建便利条件促进中俄蒙三国贸易发展的合作框架协定》《关于中俄蒙边境口岸发展领域合作的框架协定》，在对接丝绸之路经济带、欧亚经济联盟建设和草原之路倡议基础上，编制《中蒙俄经济走廊合作规划纲要》；在联合国亚太经社会框架内继续推动制定并签署《中蒙俄国际道路运输发展政府间协定（草案）》；研究各方共同融资及技术参与蒙古国境内新的铁路线建设项目和乌兰巴托铁路现代化改造问题；研究提高经乌兰巴托铁路过境运输量的一揽子措施，包括探讨组建中俄蒙铁路运输物流联合公司的可能性；研究依托蒙古国乌兰巴托"赫希格特"国际机场建设区域航空枢纽的前景。2016 年 9 月 13 日，中国发布《建设中蒙俄经济走廊规划纲要》，在促进交通基础设施发展及互联互通方面，该纲要提出在交通领域要共同规划发展三方公路、铁路、航空、港口等基础设施，加强在国际运输通道、边境基础设施和跨境运输组织等方面的合作，形成长效沟通机制，促进互联互通，推动发展中国和俄罗斯、亚洲和欧洲之间的过境运输。提升三方铁路和公路运输潜力，包括推进既有铁路现代化和新建铁路公路项目，加强产能与投资合作，深化经贸合作。发展中蒙俄定期国际集装箱运输班列，建设一批交通物流枢纽。该纲要未提出中蒙俄经济走廊的具体线路。

（二）中蒙俄经济走廊国内沿线交通基础设施建设

1. 中蒙俄经济走廊国内沿线铁路设施发展

中蒙俄经济走廊的铁路设施主要是以京津唐地区和东北老工业地区为基础的，主要包括北京、天津、河北、辽宁、吉林、黑龙江、内蒙古七个省份，涉及了石家庄、沈阳、长春、哈尔滨、呼和浩特等 56 个地级市。东北三省作为中国的重工业基地，工业背景浓重深厚，且自然地理条件优越、地势平坦，铁路基础设施状况优良。北京、天津这两个城市作为交通枢纽对周边形成辐射态势，对京津唐地区铁路设施的发展具有促进作用。河北如今是中国重要的重工业省份之一，工业需求的提升促使铁路基础设施完善。内蒙古地势广阔平坦，铁路建设潜力巨大，市场开阔，适宜形成密集的铁路网。

具体而言，2010～2016年黑龙江铁路运营总里程已经超过6000公里，新增铁路里程500公里有余，增加了近10%，而内蒙古铁路运营总里程超过了10000公里，新增铁路超过1000公里，增长率已经超过10%，经济走廊的建设有效地带动了这两个沿边省份铁路设施的发展，也同时促进了货运量的快速增长。将中蒙俄经济走廊国内部分经过的几个主要省会城市的铁路货运量进行对比后发现，北京市铁路货运总量呈现逐渐下降的趋势（见图6-4）。北京市作为中国的政治、文化中心，同时也是重要的交通枢纽，目前由于经济、文化的发展而逐渐降低了重工业行业在该城市中的比重，故货运量逐渐减少。目前天津作为中国重要的港口城市之一，铁路设施的密度相对较大，而货物运载能力是港口城市的重要指标之一，故其对铁路运输的依赖程度也较大，因此近20年间天津的铁路发展速度较快，铁路运营里程总量也呈现翻倍增长，总运营里程数也早已超过1000公里，天津市的货运总量也遥遥领先于其他几个城市。内蒙古自治区在中蒙俄经济走廊中扮演着对外出境的窗口角色，大力发挥其地缘优势，从图6-4中也可看出其省会呼和浩特的铁路货运总量呈现不断上升的趋势。在东北三省中，由于地理位置的优势，哈尔滨铁路的货运量最高。在其他地级市中，唐山市、邯郸市、鄂尔多斯市、吉林市、大连市、齐齐哈尔市等城市的铁路货运量在中蒙俄经济走廊国内部分区域中也排名靠前。唐山市是京津唐地区重要的工业城市，鄂尔多斯市是典型的资源城市，大连市又具备非常优良的港口条件，齐齐哈尔市拥有贯通内外的地理位置，这些因素均影响铁路货运总量，货运列车在这些城市铁路中占有相对较高的比重。

在货运量总体上涨的同时，客运量同样总体呈现增加的趋势。北京市是中国为数不多的特大城市之一，且人口众多，年客流量十分巨大，北京市一年的客运量均为其他几个城市的两倍以上（见图6-5）。天津市和东北三省省会城市的客流量总体呈现明显的阶梯状增长趋势，人口流动数量不断加大。省会城市一般居住人口较多，同时外来人口也较多，所以在各自

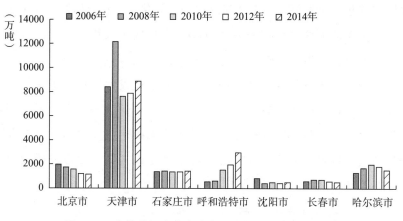

图 6-4　中蒙俄经济走廊省会城市铁路货运总量示意

省内客运量也是最多的地区。另外张家口、呼伦贝尔、大连、本溪、哈尔滨等旅游城市人口流动也较为频繁，这些旅游城市的铁路客运总量在中蒙俄经济走廊国内部分的城市中排名靠前，旅游业的兴旺带动了城市的发展，也提高了对运载工具和运载能力的多方面要求，此时中国开通的高速铁路满足了人们日益增长的出行需求，对经济增长具有促进作用。

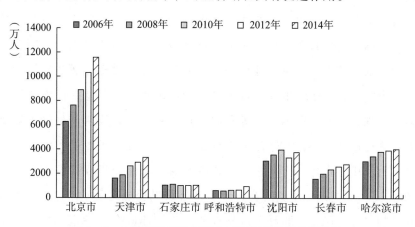

图 6-5　中蒙俄经济走廊省会城市铁路客运总量示意

从 2008 年起，京津唐地区的高速铁路开始建设，截至 2015 年底已经形成了一定的规模，从单一的京津城际铁路成长为如今的京津唐、东北三省主要城市相互连通，既丰富了旅客的出行方式，缩短了通勤时间，又促进了经济圈的相互连通，提高了区域客运量，加快了区域之间人际流动。京津城际铁路将两个重要直辖市之间的通勤时间从 3 个小时缩短至 1 个小时以内，极大地促进了两个城市的人际流动，出行成本大幅度降低，再附加优良的站场服务，为出行的旅客提供舒适环境。

2012 年底，哈尔滨—大连段高速铁路的建成极大地提高了东北地区的运输能力，降低了东北三省之间通勤时间及成本，进一步完善了中蒙俄经济走廊，并且与京津唐地区高速铁路进行了无缝衔接，增加了对东北三省周边国家的出货量，促使对外贸易销售水平不断提高，在方便国民出行的同时，带动了东北三省铁路沿线城市的经济发展。

2. 中蒙俄经济走廊国内沿线公路设施发展

中国各个省份的公路运营里程都屡创新高，中蒙俄经济走廊也不例外。目前北京市的公路总运营里程已经超过了 2 万公里，天津市的公路总运营里程也超过了 1.5 万公里（见图 6 - 6）。1999～2016 年，辽宁、内蒙古、河北、吉林、黑龙江五个省份的公路运营里程都实现了三倍的增长，纷纷突破了 10 万公里，由于有北京和天津两个重要交通枢纽的辐射，河北地区的公路运营里程也达到了 17 万公里。

我们选取了若干省份中的部分城市进行分析，得出这些城市公路总里程十几年间的变化趋势。总体而言，省会城市的公路总里程具有明显的增长，哈尔滨、长春、北京等地区的公路基础设施建设遥遥领先；绥化、黑河、齐齐哈尔、巴彦淖尔等靠近出境口岸的城市，公路基础设施建设速度总体在增加；松原、鄂尔多斯等资源型城市由于运输需求的提升，近年来公路设施也逐渐完善，运输能力得到提高，进而提高了居民和生产的便捷程度；石家庄、吉林、唐山等工业城市实现了公路总里程的翻倍。张家口市预计 2022 年举办冬季奥运会，近年来公路里程增速明显，且继续保持高速增长的趋势。保定、邢台等市靠近北京、天津两个直辖市，处于京津冀地区之中，自然有着较快的发展。吉林省和内蒙古自治区的各个地级市公路里程与其他省份的地级市相比还有些差距，主要因为这两个省份农业和畜牧业所占比重较大，工业发展程度相对其他几个省份较弱，故道路建设也就稍显迟缓。

高速公路的发展历程与高速铁路有相同之处，均具有高等级行政区域

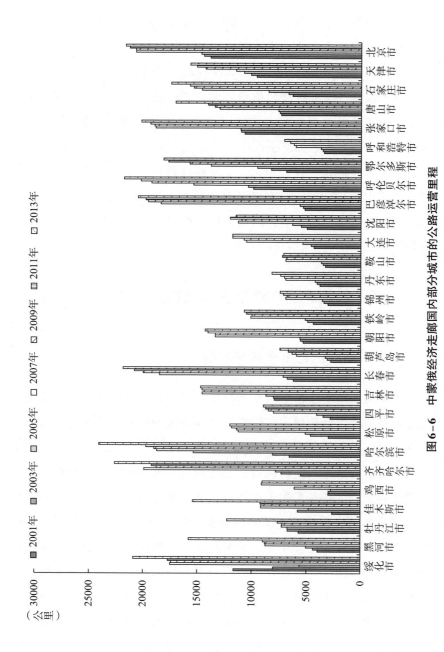

图6-6　中蒙俄经济走廊国内部分城市的公路运营里程

较为密集，相对发达的省份累积的通车里程较多的特点，无论是公路还是铁路的累积里程都和经济发达程度呈正相关关系。2005年东北三省地区的高速公路只是简单连通，分布在主要地级市周围，而到了2015年，公路指向更为分散，向着更多的地区进行辐射，黑龙江省和辽宁省发展迅猛，吉林省处于稍落后位置。北京、沈阳、天津等城市的外围有着密度较大的绕城高速，由于这些城市都是交通枢纽，无论是在道路里程，还是道路质量方面，都会比其他城市更有优势，城际高速公路网络也十分密集，北京、天津城际高速公路的连通加强了两个直辖市之间的经济融合。内蒙古的高速公路总里程与其他几个省份相比，发展程度稍有不足，但是近年来，由于中蒙俄经济走廊的建设，呼和浩特到赤峰的高速公路有了较快的增长，货物运量的承载能力不断提高，高速公路基础建设日益加强，二者相互促进，共同发展。

四　丝绸之路经济带三条线路的比较分析

（一）交通基础设施空间格局比较

中国的交通基础设施在空间分布格局上都存在一定的共性，无论是铁路还是公路在地理上都呈现东部密集、西部稀疏的特点，形成这种局面的原因是多方面的。一是自然环境的差别。东部地区及东北地区多以丘陵、平原为主，而中西部地区则以高山、盆地为主，因此东部地区及东北地区在基础设施建设上就具备了先天的环境优势，建造难度就产生了区别，在平原地区建造铁路和公路设施的成本较低，中西部地区由于海拔的影响，就出现关于成本节约、隧道开发、盘山公路、列车技术等问题，这样就直接影响了中西部地区的建造进度。二是产业结构的不同。东部地区侧重于资本密集型和劳动密集型产业，东北地区则是中国的老工业基地。而中西部地区则以自然资源开发和军工业为主，与东部地区对比，产业模式较为单一。产业的区别是造成地区交通基础设施差异的重要因素之一，珠三角地区公路交通较为发达，京津唐及东北地区铁路较为发达，长三角地区则是公路、铁路二元一体的交通网，中部地区的交通相对西部地区较为完善。三是经济发达程度导致的需求度差异。东部地区和中西部地区相比，经济处于遥遥领先的地位，其发达的经济导致了更大的交通设施需求，而且东部地区资金充足，因此其交通设施基础较好，建设速度较快。四是人口因素引起的需求差异。东部地区是产业和人口集聚区，有着较高的人口密度，迫切需求完善的交通基础设施，即更好的交通基础设施才能满足东部地区日益增长的需求，因此在东部地区具备了高速公路、高架桥、隧道等多种道路形式，也拥有了高速列车、地铁、轻轨、磁悬浮、BRT等交通运输工具。五是国家规划的引导。虽然中西部地区与东部地区相比基础设施较为落后，但东北老工业基地的振兴、新经济丝绸之路的提出、国家逐渐将发展重点向西偏移，使中西部交通基础设施建设明显提速。

从新亚欧大陆桥国内沿线交通空间分布格局看，新亚欧大陆桥国内区域横跨东中西部，因此也就出现了更大的差距。交通基础设施在地理上都呈现东部密集、西部稀疏的特点。区域内涉及的省份较多，相关的城市数量也越多，除了有西安、成都、重庆这样的二线城市，以及连云港、日照这样的港口城市，还有许多三、四线城市。二线城市中，交通基础设施偏向于铁路和公路二元综合体，一般来讲省会城市的交通系统相对于省内其他城市会更完善，拥有更多的交通运输形式，公路网和铁路网的密度会更高，辐射面也会更大。三、四线城市则更依赖公路运输，由于铁路站场建设和维护成本较高，灵活性上也不如公路，三、四线城市人口总量较少，交通需求也不如发达城市强烈，所以交通方式就较为单一。新亚欧大陆桥国内部分的铁路线路是以陇海—兰新线为主干向外发散的，公路部分则是以G30霍尔果斯—连云港为主干向外发散的。铁路和公路两者相互补充，促进人口流动，提高了货物运输量。陇海—兰新线主要经过连云港、徐州、商丘、开封、郑州、洛阳、三门峡、西安、宝鸡、兰州、乌鲁木齐等城市，贯穿多个大城市，以兰州为中转点，分成向东的陇海段和向西的兰新段。兰州地处交通要道，是向西北地区进发的门户，同时作为甘肃省会，即便经济不发达，但是由于有着较好的地缘优势和军事战略地位，其交通运输水平较高。武汉、成都、重庆等城市通过铁路设施连通陇海—兰新线成为主干线的分支，提供更多的货物来源，丰富贸易种类，带动周边相关产业的发展。G30 高速公路全长 4395 公里，途经 6 个省份，主要经过连云港、徐州、开封、郑州、三门峡、渭南、西安、宝鸡、天水、定西、兰州、武威、嘉峪关、哈密、吐鲁番、乌鲁木齐等主要城市。甘肃段最长，总计1637 公里；安徽段最短，仅 54 公里。G30 高速公路的开通极大地便利了人们的出行，每年春运前夕，会有很多的车辆借助此路从东向西行驶。东部有很多城市靠近海边，海上运输作为国际贸易运输的最主要方式，促进了这些沿海城市交通运输业的优先发展。西部为内陆地区，自然地理环境多为山地，所以无论是在公路建设上还是在铁路建设上成本都比较高，无论是在规模上还是在辐射面、交通网络密度上都存在一定的欠缺，交通基础设施的体系自然不如沿海地区的健全。内陆地区中有部分城市具备江运，或者河运的能力，这些城市的交通基础设施会更完整，例如重庆和武汉等，尽管它们的水路运输量远远达不到沿海口岸的规模，但是依然有着较为客观的客运量和货运量，配套的公路和铁路设施也因此出现。

从中国—中南半岛经济走廊国内沿线交通空间分布格局看，中国—中南半岛经济走廊国内区域覆盖广西和云南，这两个省份在地理环境上以丘陵和平原为主，产业主要是劳动密集型的轻工业，其受到珠三角地区的辐射，经济得到一定的增长，从而有着较好的交通基础设施。云南地区有着发展较好的旅游产业，公路短途设施较为完善，由于地处内陆地区，没有港口，所以铁路和公路大都分布在较大城市的周围，省内缺少类似于广州、厦门的特大城市或一线发达城市，公路和铁路完整性还有些欠缺，受中国—中南半岛经济走廊的政策福利影响，交通基础设施建设中心逐步向南偏移，开始逐步连通与东南亚地区的沿边通商口岸，建设速度也在不断加快。公路的分布更多地倾向于省内较大的城市，例如南宁、柳州、昆明等，高速公路围绕着这些经济相对较发达的城市建设，高速铁路同样有类似的规律。桂林、大理、丽江等旅游胜地，由于需求的增长，其在交通基础设施方面也逐渐开始发力。例如防城港这样的出口城市，靠近老挝、缅甸、越南等国家，适合进行贸易交互，所以交通基础设施建设有更强的倾向性。

从中蒙俄经济走廊国内沿线交通空间分布格局看，中蒙俄经济走廊国内部分主要覆盖东北三省老工业基地及京津唐工业区。这块地区自然地理环境以平原为主，具有先天环境的优势，地势平坦，建造铁路和公路设施的成本较低。产业结构是以国企把控的重工业为主，这块区域还包含中国的行政中心，在发展前期具有国家的政策支持，因此具备较为优良的交通设施基础。北京、天津、沈阳等一线大城市，有着领先于全国的发达经济，在人口、贸易总量上都处于全国领先水平，交通基础设施在全国也处于领先水平。特大城市一般是重要的交通枢纽，无论是铁路、公路，还是航空业都更为发达。在公路方面，特大城市周围一般有较长的绕城高速，可以直通周边卫星城区，减少了市区内的车流量，减少了拥堵。市区内一般设有高架和快速路等多种道路方式，公共交通工具也更为全面，满足大都市内人口需求。在铁路方面，特大城市一般有两个及以上的站场，可以分流巨大的运输压力，同时高速铁路设施完善，列车车次较多，与周围辐射区以城际铁路形式互联，以高速铁路形式与其他大都市经济圈互联。在航空方面，特大城市具备较大规模的航站楼，每日航班来往频次更高，具备更高的吞吐量，同时国际航班的线路也更多。从空间格局上看铁路和公路设施的分布，黑龙江省内交通基础设施以哈尔滨为起点有着先东后西、由大城市通向小城市的发展趋势，佳木斯、鸡西、鹤岗、牡丹江等城市的高速公路建设要比齐齐哈尔、黑河等城市的发展速度快，近年来黑龙江西部地区的基础设施有所改善。吉林省和黑龙江有着类似的规律，吉林、延边等地区的交通发育状况要比松原、白城等地区更加优良。辽宁省和河北省的交通基础设施建设更多的是围绕着渤海开展的，大连、沈阳、锦州、秦皇岛、唐山等地区是环渤海经济区的重要城市，联系更为密切，自然交通也更便捷。分布在渤海沿岸的天津和大连是中国两个较大的港口城市，拥有较为完整的运输设施，港口地区货物的流量和存量都比较大，单独依靠某一种交通工具是无法满足运输需求的，经常依靠公路、铁路组合成为一体的系统。天津近年来水路货运量逐渐降低，而大连市则逐渐增加，战略位置越发显现。大连的交通基础设施也更加完善，高速铁路和高速公路都发展到了一个新的层次。

（二）交通基础设施与城市经济的耦合协调度比较

利用交通和城市化指标及相关数据进行耦合协调度分析并进行比较，交通系统分为交通设施和运输能力两个子系统，其中交通设施包括省份的公路总里程、铁路总里程和省份道路面积三个要素，运输能力包括省份货运总量和省份的客运总量两个要素。城市化分为经济发展和生活质量两个系统，其中经济发展包含省份人均 GDP、省份财政预算收入、省份工业数量三个子要素，生活质量则分为省份人口密度和省份行政区域面积两个要素。在此基础上运用层次分析法来确定各个指标的权重，所得结果见表 6-2。

表 6-2 部分地级市耦合协调度

地级市	耦合协调度	协调关系	地级市	耦合协调度	协调关系
北京市	0.7656	中级协调	开封市	0.4239	濒临失调
天津市	0.8212	良好协调	洛阳市	0.4720	濒临失调
石家庄市	0.5404	勉强协调	三门峡市	0.3818	轻度失调
唐山市	0.5702	勉强协调	武汉市	0.6859	初级协调
秦皇岛市	0.4119	濒临失调	黄石市	0.3259	轻度失调
邯郸市	0.4980	濒临失调	荆州市	0.3894	轻度失调
邢台市	0.4833	濒临失调	黄冈市	0.4300	濒临失调
保定市	0.5647	勉强协调	重庆市	0.9190	优质协调
张家口市	0.4566	濒临失调	成都市	0.6586	初级协调
呼和浩特市	0.4465	濒临失调	自贡市	0.3723	轻度失调
包头市	0.4306	濒临失调	攀枝花市	0.3054	轻度失调
鄂尔多斯市	0.6924	初级协调	绵阳市	0.3516	轻度失调
沈阳市	0.6737	初级协调	西安市	0.5999	勉强协调
大连市	0.6576	初级协调	铜川市	0.2628	中度失调
鞍山市	0.4289	濒临失调	宝鸡市	0.3681	轻度失调
长春市	0.5361	勉强协调	咸阳市	0.3821	轻度失调
吉林市	0.4409	濒临失调	兰州市	0.4254	濒临失调
四平市	0.3842	轻度失调	天水市	0.3272	轻度失调

续表

地级市	耦合协调度	协调关系	地级市	耦合协调度	协调关系
哈尔滨市	0.5682	勉强协调	武威市	0.3057	轻度失调
齐齐哈尔市	0.3953	轻度失调	酒泉市	0.5463	勉强协调
大庆市	0.4922	濒临失调	西宁市	0.3332	轻度失调
南京市	0.6635	初级协调	银川市	0.3964	轻度失调
无锡市	0.5716	勉强协调	乌鲁木齐市	0.4127	濒临失调
徐州市	0.5593	勉强协调	克拉玛依市	0.4235	濒临失调
常州市	0.4980	濒临失调	南宁市	0.5190	勉强协调
苏州市	0.6535	初级协调	柳州市	0.4615	濒临失调
南通市	0.4970	濒临失调	桂林市	0.4596	濒临失调
连云港市	0.4474	濒临失调	梧州市	0.3898	轻度失调
济南市	0.5404	勉强协调	北海市	0.3403	轻度失调
青岛市	0.6395	初级协调	昆明市	0.4693	濒临失调
淄博市	0.4911	濒临失调	曲靖市	0.3778	轻度失调
威海市	0.4298	濒临失调	玉溪市	0.3291	轻度失调
日照市	0.3683	轻度失调	保山市	0.2515	中度失调
郑州市	0.6059	初级协调			

资料来源：根据作者计算整理。

　　从表 6-2 中的结果来看，中蒙俄经济走廊国内沿线的地级市耦合协调度总体水平较高，而且较为均衡，领先于其他经济走廊所涉城市。东北三省具有较为成熟的交通基础设施的先天优势，天津和北京享有更多的政策倾斜，河北拥有京津地区的工业辐射和产业转移的福利，内蒙古有着丰富的矿产资源和强烈的出口需求，这些都是形成较为良好的耦合协调关系的重要因素。北京作为中国的行政中心，无论是经济总量，还是基础设施，或者是城市化水平都处于全国较为领先的地位。但是较大的人口压力，较重的出行压力给城市的交通设施带来了较大的负担，北京能实现交通与城市化的中级协调实属不易。近年来，不断竣工的地铁路线，完善的公共交通系统，提供了更多的出行方式，重新规划的高等级道路分流了行车压力，修缮的火车站和飞机场提升了交通的承载力，虽然节假日北京的交通运载经常因为超负荷运转而出现问题，但是基本维持了正常运行，不可否认的是北京的交通基础设施完善水平处于全国前列，与其城市化程度还是较为契合的。天津市和北京市情况类似，在城市化和经济发展水平上都还处于较高水平，天津与北京最大的区别是，天津有着重要的港口，货运量在天津占了较高的份额，刺激了正常的运输需求。近年来，为了匹配日益增长的进出口需要，天津高速公路不断完善，提高了短途运输水平，高速铁路线路的完善更是为天津的招商引资起到了锦上添花的作用，促进了外资的引入，间接地提高了城市化水平，天津有着较好的经济基础，由于毗邻北京的地缘优势，其享有较好的政策福利，同时人口压力较小，所以在中蒙俄经济走廊沿线的所有城市中，交通与城市化的协调水平是较高的，处于良好协调。河北有着毗邻北京和天津的地理空间优势，同时是中国重要的工业基地，交通和城市化匹配度较高，协调关系较好，整体水平较高，而且省市内部较为均衡，差距较小。京津的产业转移带动了河北的经济发展，其道路建设也受到了京津地区的辐射带动，高速公路网络密度排在全国前列，高速铁路也均衡穿过多个城市，目前其整体的交通和城市化已经达到了初级协调程度。沈阳、大连、鄂尔多斯作为各自省内经济发达、行政地位较高的城市，其耦合协调度比省内的其他城市要高，基本上达到了初级协调的程度。这些城市拥有高速铁路资源和较多的高速公路资源，例如沈阳有着较发达的绕城高速，大连有着较好的高铁基础，因此要比省内其他经济欠发达的城市有着更大的优势，交通基础设施和城市经济有着较大的相关性，因此鄂尔多斯这样人均 GDP 较高的城市就会有较高的耦合协调度。中蒙俄经济走廊沿线城市的交通基础设施发展总体均衡，水平较高，高速公路和高速铁路系统也较为完善，能与经济的发展呈现较高的匹配度，有着较大的发展空间。

新亚欧大陆桥囊括 11 个省份，在交通和城市化协调发展上明显东部地区要好于西部地区，协调度从东至西逐渐降低，其中东部沿海地区的山东省和江苏省在交通和城市化关系发展中处于这 11 个省份中的领先地位，二者由于经济较为发达，人口众多，同时资本密集度较高，具有较多的大型港口，需求更大，同时地方政府也更加重视其交通基础设施的建设，因此在交通运输能力上有着较高的水平，交通和城市化有着较好的协调关系。河南省作为中国人口最多的省份，人口流动量巨大，有许多类似于富士康这样需要大量廉价劳动力的制造企业在河南省内多地建厂，进一步加大了交通基础设施的压力。河南省交通基础设施建设也随着整个省市的发展而不断完善，国家层面高速公路和高速铁路的加速建设，给河南省的交通基础设施的发展带来了巨大的进步，近些年来河南省的经济总量不断增加，城市化脚步也逐渐加快，和交通基础设施逐步形成了较好的协调关系，已经领先了很多省份。湖北省和四川省处于初级协调的阶段，这两个省份和其他几个省份相比，经济发展程度较高。湖北省由于毗邻长江，在一定程度上可以开展江运，在地理位置上相对于其他几个省份要更加理想，招商引资也更加有优势，城市化和交通基础设施的协调性逐步上升。四川省有一定的工业基础，成都、绵阳等市有着较强的经济实力，九寨沟和乐山大佛等旅游胜地吸引着众多游客，迫使政府加大交通基础设施建设投资，汶川地震以后，政府也加大了对灾后地区的修复，加大了对四川地区道路建设的力度，因此其城市化和交通基础设施处于初级协调状态。新疆是中国对外出口的重要窗口，近些年政府加大了对新疆的道路基础设施投资以提高整个省份的货运能力，尽管如此，由于新疆地广人稀，城市化地区较少，所以协调性较差。陕西省的经济正在逐步发展，道路建设也在逐步发展，处于勉强协调的状态。甘肃省是西北地区的门户，由于驻扎着西北地区的铁路段，其道路交通基础设施发展程度相比周边省份较高，但是经济落后，所以其城市化和道路交通处于濒临失调的状态。青海、宁夏两个省份较大程度上依赖旅游业，总体的经济发展较差，城市化水平也比较落后，地处内陆，招商引资能力较差，因此两者均处于轻度失调的状态。西安、武汉、成都作为省级行政中心和经济中心，城市化水平相对较高，经济有较大优势，交通基础设施也发展较快，因此耦合协调度会相对较高。酒泉作为国家重点的卫星发射基地，为了满足国家的军事需求，交通基础设施更加完善，铁路与公路的发展程度可以媲美兰州，同时由于旅游城市敦煌曾经是酒泉市的辖区，每年慕名而来的游客给其带来一定的经济收入，因此虽然酒泉地广人稀，但是依然有较高的耦合协调度。重庆作为新亚欧大陆桥国内沿线唯一的直辖市，有着很高的战略地位，渝新欧铁路干线的开通，将中国生产的电子产品零部件逐步通过铁路运输出口到中东欧等地区。惠普、宏碁、华硕、富士康等重要企业的落户，使重庆成了IT科技产业的集聚地，结合本地廉价的劳动力成本，IT科技产业成为重庆一个稳定的经济增长点。重庆拥有较好的铁路基础，同时通过渝新欧铁路运输货物时，沿途通过监管互认和信息共享，只需要一次申报和检查就可以直接放行，节约了运输过程中的时间成本和金钱成本。重庆占地面积较大，连通多个省市，是西南地区的门户，起着对外交流的重要作用，交通基础设施得到较快的发展，近年来随着高速铁路的开通，重庆加强了与成都、绵阳等重要城市的经济沟通，带动了周边的经济发展。因此重庆成了交通和城市化协调关系最好的城市，领先于全国。

从中国—中南半岛经济走廊国内沿线的交通和城市化耦合协调度看，云南、广西两个省份与缅甸和老挝等国家邻近，这两个省份工业基础比较薄弱，城市化水平和邻近的广东、福建地区相比有着较大的差距，同时经济发展程度较低，在道路建设上投资力度也不大，因此其道路发展程度较低，尽管近年来高速公路和高速铁路的建设速度加快，但是和发达地区的差距仍然很大，城市化和交通基础设施的兼容性较差，协调性分别处于濒临失调、勉强协调的阶段。

（三）交通基础设施空间溢出效应比较

从丝绸之路经济带三条经济走廊交通基础设施着手，用空间计量模型分析丝绸之路经济带交通基础设施的空间溢出效应并进行比较。交通基础设施对经济增长的空间溢出效应：

$$\ln Y_{it} = a_0 + a_1 \ln road_{it} + a_2 \ln hroad_{it} + a_3 \ln tran_{it} + a_4 gov +$$
$$a_5 fdi + a_6 ind + a_7 edu + a_8 inno + \varepsilon_{it} \tag{6.1}$$

Y 表示各年份各城市实际生产总值（下文用 gdp 表示），$road$ 表示等级公路里程，$hroad$ 表示高速公路里程，$tran$ 表示客运量，gov 表示政府对经济的干预程度，fdi 表示对外开放程度，ind 表示第三产业增加值在城市总产出中的比重，*edu* 表示教育人力资本，*inno* 表示创新情况，ε 表示其他相关随机干扰因素，下标 i、t 分别代表区域和时间。选取 2003~2014 年丝绸之路经济带地级及以上城市的面板数据，数据来源于历年的《中国区域经济统计年鉴》、《中国城市统计年鉴》和各省份统计年鉴，考虑到数据的可获得性，最终选取了 186 个地级及以上城市。

首先利用空间自相关指数 Moran's Ⅰ 判断地区变量间是否存在空间相关性，通过计算，Moran's Ⅰ 是 0.465，且较为显著，说明各地区城市经济发展在空间上确实存在明显的正自相关关系，即存在空间集聚现象。其次运用 Matlab 对数据进行 LM 检验，然后选择 SLM 模型进行分析。计算结果见表 6-3。

从计量结果可知，新亚欧大陆桥经济走廊和中蒙俄经济走廊沿线的城市生产总值明显高于中国—中南半岛经济走廊沿线，新亚欧大陆桥在基础设施建设和教育人力资本方面的均值均高于其他两条线，良好的基础设施和高质量的人力资本有利于城市经济的发展。中国—中南半岛经济走廊沿线的地区政府对经济的干预程度最大，且外商直接投资额和教育人力资本相对匮乏，因此经济发展较慢。

表 6-3 丝绸之路经济带三条线的主要指标对比

	lngdp	lnroad	lnhroad	lntran	*gov*	*fdi*	*ind*	*edu*	*inno*
新亚欧大陆桥经济走廊	15.80	9.01	4.93	8.68	15.24	1.85	51.45	2.84	0.13
中国—中南半岛经济走廊	15.20	8.94	5.05	8.09	19.81	0.98	42.61	2.02	0.12
中蒙俄经济走廊	15.88	8.94	5.18	8.32	14.67	2.13	47.61	2.35	0.12
三条线整体	15.76	8.98	5.02	8.49	15.6	1.83	49.15	2.83	0.13

从表 6-3 可知，第一条线新亚欧大陆桥经济走廊的等级公路里程的均值高于其他两条线，一方面说明新亚欧大陆桥经济走廊的等级公路存量大；另一方面随着国家"西部大开发战略"和"中部崛起战略"的实施，沿线各城市交通基础设施在发展速度上也有了极大的提升。其中四川省和河南省的等级公路里程最长，而湖北省超过 2 万公里的城市数目最多，包括十

堰市、宜昌市、襄樊市、荆州市、黄冈市。从表 6 - 4 中的数据也可以得出第一条线新亚欧大陆桥经济走廊等级公路对经济有更大的促进作用，其空间溢出效应最强。而高速公路里程的回归值则是第三条线中蒙俄经济走廊最大，说明高速公路的完善对于振兴东北老工业基地以及促进中蒙俄经济贸易发展具有重要作用。在政府对经济的干预程度方面，中蒙俄经济走廊表现得最为明显，政府对经济的干预可能带来正效应，也可能带来负效应，当政府把财政收入用于教育和科技的投入时，可以显著促进经济增长，从表 6 - 4 中可知第三条线的教育人力资本支出、创新支出均为最高，这也是因为中蒙俄经济走廊包括的省市主要是老工业基地，政府对经济具有更大的干预程度。而在第三产业对经济的促进中，只有第二条线中国—中南半岛经济走廊有显著的正向影响，而其他两条线虽然也有正向影响但是并不显著。从总体上看，加大丝绸之路经济带交通基础设施的投资建设对沿线各地级市的经济增长均存在显著的正向影响，但是三条线路交通基础设施的发展也存在不平衡现象，第二条线中国—中南半岛经济走廊的基础设施相对落后，对各城市经济的促进作用有限，需要国家对其加大基础设施投资，增加基础设施的存量，而对于新亚欧大陆桥经济走廊和中蒙俄经济走廊这两个基础设施存量比较大的区域，应该注重基础设施质量的提升。

表 6 - 4　三条线回归估计值对比结果

变量	新亚欧大陆桥经济走廊	中国—中南半岛经济走廊	中蒙俄经济走廊
lnroad	0. 5762 *** (15. 53)	0. 1702 ** (2. 43)	0. 4352 *** (8. 98)
lnhroad	0. 1909 *** (10. 75)	0. 0634 * (1. 62)	0. 4429 *** (14. 18)
lntran	0. 1328 *** (7. 13)	0. 1050 *** (4. 25)	0. 0818 *** (2. 46)
gov	0. 5511 *** (11. 44)	0. 4213 *** (3. 83)	0. 7205 *** (7. 11)
fdi	0. 0127 ** (2. 53)	0. 0392 *** (3. 66)	0. 0291 *** (3. 21)

续表

变量	新亚欧大陆桥经济走廊	中国—中南半岛经济走廊	中蒙俄经济走廊
ind	0.0741 (1.34)	0.2938 *** (5.16)	1.5859 (12.99)
edu	0.0329 ** (2.16)	0.0101 (0.42)	0.0353 (0.91)
inno	0.1771 *** (12.22)	0.1539 *** (4.24)	0.3404 *** (13.18)
R^2	0.9247	0.9697	0.913

注: * 、 ** 、 *** 分别表示在 10% 、 5% 、 1% 的水平下显著，括号内为 t 值。

　　交通基础设施具有网络效应，可以极大地提高本地区的通达性，对资源要素的流动起到降低成本的作用，产生正向的空间溢出效应。但应注意的是，交通基础设施的良好发展，可以不断吸引生产要素和资源向本地区流动，从而对周边地区产生负向的空间溢出效应。而基础设施的超前发展也会带来不良的影响，不仅会给周边地区带来环境污染，而且低投入产出比和基础设施的高额日常维护费用会给区域发展带来沉重的负担。

（四）边界效应比较

　　改善交通基础设施能降低区域间的贸易成本，促进市场规模扩大与分工专业化的形成，提高区域贸易效率，因此交通运输条件的改善可能对于区域经济一体化具有重要的促进作用。自丝绸之路经济带提出以来，沿线各城市交通运输条件不断改善，那么新丝绸之路交通基础设施建设能否提高区域一体化程度？本部分基于引力模型，利用新丝绸之路沿线城市数据，估计国内边界效应（区域一体化程度），并分析交通基础设施在其中所起的作用。

　　回归方程形式如下：

$$\ln trade_{ij} = \alpha + \theta bor + \beta_1 \ln gdp_i + \beta_2 \ln gdp_j + \beta_3 \ln D_{ij} + \beta_4 \ln transport_i + \sum \beta_k Z_k + \varepsilon_{ij} \quad (6.2)$$

　　选取 2005 ~ 2013 年丝绸之路经济带沿线 186 个地级及以上城市进行实证分析，数据来源于历年的《中国区域经济统计年鉴》、《中国城市统计年鉴》、《中国统计年鉴》及各省份统计年鉴。丝绸之路经济带主要包括三条线：第一条线是新亚欧大陆桥经济走廊，第二条线是中国—中南半岛经济走廊，第三条线是中蒙俄经济走廊。

贸易流量数据 $trade$：$trade_{ij}$ 是第 i 个地区向第 j 个地区的"出口贸易"，代表沿边各城市与国内其他城市的贸易值，由于数据的缺乏，我们无法得出中国城际贸易的精确值，就只能采用估算方法近似替代，具体用各省份的商品购进总额减去国外进口额来表示；$trade_{ii}$ 是各城市内部的贸易流量，用社会消费品零售总额减去该城市与国内其他城市的贸易值来近似替代。bor 是边界效应变量，当沿线各城市与国内其他地区进行贸易时，变量取值为 1；进行地区内贸易时，变量取值为 0。交通基础设施变量 $transport_i$，交通基础设施数据用各个城市每平方公里等级公路里程（$road$）和高速公路里程（$hroad$）来测算。D 是距离变量，很多文献都用距离来代表贸易成本中的运输成本，距离越远，产品的运输成本越高。D_{ij} 代表各地级市与国内其他地区间的距离，用各城市到北京、广州、重庆、西安四个中心城市的平均距离来衡量，采用各城市间的公路距离数据。D_{ii} 代表市内的贸易距离，计算公式为 $D_{ii} = \sqrt{\dfrac{area}{\pi}}$，$area$ 是各地级市的行政面积。另外选取一些其他变量作为控制变量，其中 $location$ 代表地理区位，沿边地区的地理区位分为沿海、沿边和内陆城市，本书引入虚拟变量 $yanbian$，沿边城市取值为 1，其余为 0；$Loc2$ 是沿边虚拟变量，沿边城市为 1，其余为 0。gov 代表政府对经济的干预程度，用政府财政支出占 GDP 的比重来衡量。$open$ 是对外开放程度，用 FDI 与 GDP 的比重来表示。

从表 6 - 5 的结果看，经济规模、对外开放程度、等级公路里程对三条线的国内区域一体化程度均有显著的促进作用，而距离、政府对经济的干预程度和沿边城市虚拟变量的系数大多显著为负。新亚欧大陆桥经济走廊和中蒙俄经济走廊国内沿线高速公路对区域一体化有积极的正向影响，而中国—中南半岛经济走廊的高速公路对国内区域一体化有显著的负向影响。这是因为广西、云南两省份交通基础设施发展相对滞后，尤其是高速公路发展更为落后，根据估算的高速公路数据，2013 年三条线上的高速公路总里程为 50627 公里，而广西和云南的高速公路里程仅有 4755 公里，还不到总量的 1/10。两省份高速公路里程总量较少，不能连通成网发挥规模效益，因此高速公路对区域经济一体化并没有发挥出应有的促进作用。新亚欧大陆桥经济走廊和中蒙俄经济走廊等级公路的系数高于中国—中南半岛经济走廊。最后，从沿边城市虚拟变量的系数来看，新亚欧大陆桥经济走廊对国内区域一体化程度的影响最大，这与其较为完善的交通基础设施发展是密切相关的。三条线路交通基础设施的发展也存在不平衡现象，中国—中南半岛经济走廊的基础设施相对落后，对地区间的贸易流量和区域一体化的促进作用有限，需要国家对其加大基础设施投资，增加基础设施的存量，而对于新亚欧大陆桥经济走廊和中蒙俄经济走廊这两个基础设施存量比较大的区域，应该注重基础设施质量的提升。此外须尽力打破行政区划限制、消除地方保护主义、促进地区经济发展、建立良好的市场环境及建立健全各种市场经济法制规章等，对区域一体化进程的加快具有重要意义。

表 6 - 5　丝绸之路经济带沿线城市三条线的国内边界效应

变量	新亚欧大陆桥经济走廊		中国—中南半岛经济走廊		中蒙俄经济走廊	
	模型 1	模型 2	模型 3	模型 4	模型 5	模型 6
bor	- 1.2381 *** (- 7.49)	- 1.2463 *** (- 7.66)	- 1.6470 *** (- 10.24)	- 1.7590 *** (- 11.63)	- 1.2682 *** (- 10.48)	- 1.2746 *** (- 10.39)
gdp_i	0.0379 *** (9.22)	0.0522 *** (17.35)	0.0208 *** (3.28)	0.0443 *** (8.64)	0.0288 *** (7.19)	0.0504 *** (15.96)
gdp_j	0.1339 *** (38.24)	0.1323 *** (39.61)	0.1655 *** (20.30)	0.1561 *** (19.75)	0.1297 *** (32.06)	0.1235 *** (33.28)
D	- 0.0062 (- 1.08)	- 0.0058 (- 0.95)	- 0.0061 *** (4.29)	- 0.0141 *** (- 9.51)	- 0.0081 ** (- 1.94)	- 0.0214 *** (4.46)
$road$	0.0349 *** (4.97)		0.0277 *** (7.19)		0.0348 *** (12.71)	
$hroad$		0.0007 * (1.56)		- 0.0042 ** (- 2.68)		0.0007 * (1.75)
$open$	0.9432 *** (13.55)	0.7366 *** (11.03)	1.1565 *** (4.96)	0.9570 *** (4.03)	0.6447 *** (7.98)	0.3259 *** (4.08)

续表

变量	新亚欧大陆桥经济走廊		中国—中南半岛经济走廊		中蒙俄经济走廊	
	模型 1	模型 2	模型 3	模型 4	模型 5	模型 6
gov	−0.1970 *** (−4.07)	−0.1446 *** (−4.13)	−0.4461 *** (−13.66)	−0.3656 *** (−12.05)	−0.5187 *** (−15.04)	−0.4142 *** (−13.56)
yanbian	−0.0666 *** (−5.26)	−0.0509 *** (−4.10)	−0.0383 *** (−7.25)	−0.0355 *** (−5.83)	−0.0158 *** (−4.39)	−0.0180 *** (−4.51)
常数项	−0.8045 *** (−18.08)	−0.7628 *** (−14.97)	−1.358 *** (−16.10)	−1.484 *** (−16.02)	−0.6591 *** (−15.25)	−0.6608 *** (−13.76)
R^2	0.9692	0.9665	0.9804	0.9790	0.9774	0.9740
样本数	1944	1944	396	396	1008	1008

注：*、**、*** 分别表示在 10%、5%、1% 的水平下显著。

第七章 以中蒙俄经济走廊为例的具体考察

一 蒙古国交通基础设施发展

蒙古国交通基础设施较为不完善。根据世界经济论坛发布的《2013—2014年全球竞争力报告》的数据，在报告所涉及的144个经济体中，蒙古国交通基础设施质量整体排名世界第119位，其中公路、铁路、港口、航空、电力供应质量排名分别为第130位、第69位、第143位、第125位和第100位。蒙古国交通基础设施落后，表现在两方面：一是铁路覆盖率低，并且铁路设备和技术老化；二是公路设施落后，国内近90%的客运交通依靠公路，国家级公路总里程为11218公里，其中仅有2395公里为柏油路。

蒙古国于2000年提出"千年公路"项目建设计划。2004年4月，蒙古国与联合国签订了联合国亚太地区经济社会委员会成员国政府间协议，从而参与了亚洲高速公路网建设项目，蒙古国负责建设AH3、AH32、AH4公路。2013年，蒙古国修建了5个省相连接的公路，以期实现与中俄两国高速公路对接。2013年11月，二连浩特—乌兰巴托公路全线贯通，总长约660公里，是连接中俄纵向主干道。2015年5月，阿拉坦布拉格—乌兰巴托—扎门乌德高速公路开工奠基，该公路属于亚洲公路网AH3构成部分，全长1000公里，途径蒙古国6个省24个县，横穿乌兰巴托市的两个区，是连接亚欧陆桥最近的通道，是"草原之路"五个项目之一。2016年5月，

217

乌兰巴托—贺西格新国际机场公路项目开工，这也是该国建设的首条高速公路，长约 30.4 公里，由中国政府以低息贷款的方式援助建设，计划于 2018 年 7 月交付使用，但由于征地工作等原因公路建设进展缓慢。

　　蒙古国现有铁路线 1811 公里，占全国运输网总长的 1.9%，分别担负着蒙古国货运量和客运量的 62.8%、2.3%，分别占蒙古国货物和旅客周转量的 96.7%、47.6%。主干网络是连接中俄的过境铁路线，主要经济中心城市乌兰巴托、额尔登特、达尔汗、赛音山达、苏赫巴托市位于铁路沿线。蒙古国现有铁路的年运送能力为 2200 万吨，由于铁路设备和技术老化，再加上扎门乌德口岸换装能力不足，2007 年曾发生季节性货物滞留现象。此后几年蒙古国运输量持续下降，2009 年货物总运量约为 1416.45 万吨，同比下降 3.3%，运输量构成为过境运输 229.59 万吨、出口运输 292.57 万吨、进口运输 127.22 万吨、国内运输 767.06 万吨；2009 年铁路运送旅客 310 万人，同比下降 29.0%。为了扭转铁路运输的不利局面，蒙古国政府集中力量迅速采取措施，情况得到较大改善，铁路建设主要进展有以下三项。一是蒙古国在 2010 年启动"新铁路计划"。主干线是连接南戈壁地区和东戈壁地区矿藏的横向铁路，该铁路最终向北从俄罗斯出海，蒙古国选择与俄罗斯相同的宽轨。该计划分为三个阶段，第一阶段是建设连接南戈壁地区的横贯铁路，全长 1100 多公里，与连接中国和俄罗斯两国的蒙古国纵贯铁路相接。第二和第三阶段会将线路向南部和西部延伸，全长 3000 多公里。二是 2014 年蒙古国决定中蒙两国边境的塔温陶勒盖—嘎顺苏海图、霍特—毕其格图新铁路将使用与中国一致的标准轨。其中嘎顺苏海图与中国甘其毛都口岸接壤，毕其格图与中国珠恩嘎达布其口岸接壤。两段铁路沿线分布着蒙古国最大的煤矿塔温陶勒盖和最大的铜金矿奥尤陶勒盖以及石油等资源。虽然蒙古国同意修建甘其毛都的过境铁路通道，但只允许修建过境 20 公里，还要配套修建蒙方海关办公区、家属生活区等。三是筹备实施"两山铁路"，其起点为内蒙古阿尔山市伊尔施镇，经中蒙两国边境的阿尔山—松贝尔口岸至蒙古国东方省的乔巴山市，项目全长 433 公里，该铁路修建完成后将会形成由珲春经长春、乌兰浩特、阿尔山、蒙古乔巴山至俄罗斯赤塔，与俄罗斯远东铁路相连的一条新亚欧大陆桥。这条铁路的筹建已经走过了 25 年的历程，目前虽然前期准备工作已经全部结束，但仍处于停滞状态。

值得注意的是，在蒙古国境内主要的铁路是乌兰巴托铁路，其承担了蒙古国境内大量的客运和货运需求。2017 年，蒙古国通过铁路运输货物总量达到几千万吨，其中蒙古国境内的运输达到 1600 万吨，出口运输高达 700 万吨，进口运输达到 300 万吨，过境运输达到 200 万吨。2017 年，蒙古国通过铁路运输旅客共计 428 万人，其中蒙古国内运输旅客 415 万人，其余为国际旅客。

经过建设，到 2017 年蒙古国所有类型运输方式的运载货物量高达 54 亿吨，乘客总数高达 21570 万人（见表 7 - 1），与 2016 年相比，货物运输量增加了 1360 万吨，同比增长 0.25%，但乘客人数略有下降，同比降低 18.3%。从近 30 年间蒙古国的货运量变化来看，2000 年之后货运周转总量大幅度提升，2005 年之后增幅放缓，但是总体仍然呈现增加趋势。2010 年以后，蒙古国的货运周转总量、公路货运周转量、铁路货运周转量呈现同速率增长，2017 年的货运周转总量与 2010 年的货运周转总量相比将近翻了一番。蒙古国的货运承载量呈现相同的增长趋势，2016 年公路的货运周转量首次超过铁路货运周转量。从客运量分析来看，蒙古国的乘客出行方式以公路为主，铁路、航空、水路三者客运量之和都不及公路，这与蒙古国是一个内陆国家，以及地理位置的特殊性息息相关。

虽然基础设施的互联互通取得了一定成果，但如果想充分发挥比较优势，激发区域经济活力仍有挑战：一是蒙古国国内政治连续性及稳定性较差；二是贸易结构单一和不平衡，投资与贸易主要集中在能源和矿产资源领域；三是关税、技术标准及法规上的差异将增大投资成本、降低贸易效率。

表 7 - 1　蒙古国各种交通基础设施客运量

单位：百万人

	1990 年	1995 年	2000 年	2005 年	2010 年	2015 年	2016 年	2017 年
总量	232.2	110.3	93	192.8	250.7	260	264	215.7
铁路	2.6	2.9	4.3	4.2	3.5	2.8	2.6	2.6

	1990 年	1995 年	2000 年	2005 年	2010 年	2015 年	2016 年	2017 年
公路	228.8	107.2	88.4	188.2	246.7	256.5	260.7	212.2
航空	0.8	0.2	0.3	0.3	0.4	0.6	0.7	0.8
水路	—	—	—	—	0.01	0.05	0.03	0.02

资料来源：根据《蒙古国统计年鉴》整理。

二 俄罗斯交通基础设施发展

俄罗斯远东地区交通基础设施较为落后。俄罗斯国家整体基础设施排名世界第 74 位，公路、铁路、港口、航空、电力供应质量排名分别为第 124 位、第 26 位、第 81 位、第 79 位和第 73 位。其中俄罗斯远东地区基础设施更为落后，交通基础设施磨损率高且安全隐患大，无论是交通还是供电通信等设施均不足以满足经济走廊建设的要求。铁路在俄罗斯国内扮演着重要的角色，远东联邦区是八大联邦区中铁路网最稀疏的地区，密度仅为 13 公里/万平方公里，硬面公路网络密度也最低，仅为 6.1 公里/万平方公里。远东联邦区的九个联邦主体中，堪察加边疆区、马加丹州和楚科奇自治区不通铁路，萨哈（雅库特）共和国的铁路线长度仅有 354 公里。在公路方面，由于俄罗斯地广人稀，国内的公路也存在同样的问题，特别是远东地区公路十分稀疏。另外虽然俄罗斯东部地区的港口城市比较多，但是港口配套设施年久失修，港口的吞吐量比较小。从总体看，远东地区道路、交通基础设施和机车车辆陈旧，磨损率在 50% ~ 70%，造成道路运输安全隐患。远东地区的交通基础设施难以实现有效衔接陆海空运输的物流系统，既造成该地区经济发展的孤立，也影响俄罗斯衔接欧亚的过境运输能力。

经过建设目前公路的长度及质量都有一定的改观，从表 7 - 2 可以看出，俄罗斯近几年的铁路里程几乎没有改变，基本维持在 86000 公里，而公路里程稳步提升，从 2000 年的 752000 公里上升到 2017 年的 1171000 公里，年均增加 24647 公里。俄罗斯的货物运输量和客运量呈现不同的变化趋势，铁路货运量从 2000 年的 10.47 亿吨上升到 2017 年的 13.84 亿吨，年均上升 0.198 亿吨；公路货运量从 2000 年的 58.78 亿吨下降到 2017 年的 54.04 亿吨。铁路客运量从 2000 年的 14.19 亿人下降到 2017 年的 11.21 亿人，年均下降 0.175 亿人；公路客运量从 2000 年的 230.01 亿人下降到 2017 年的 111.84 亿人，年均下降 6.951 亿人。而货物周转量上升幅度较大，这主要与俄罗斯疆域面积较大有关。具体而言，铁路货物周转量从 2000 年的 13730 亿吨/公里增加到 2017 年的 24930 亿吨/公里，年均增加 658.8 亿吨/公里；公路货物周转量从 2000 年的 1530 亿吨/公里上升到 2017 年的 2550 亿吨/公里，年均增加 60 亿吨/公里。同时两种方式的旅客周转量与客运量呈现同样的变化趋势，铁路旅客周转量从 2000 年的 1670 亿人/公里下降到 2017 年的 1230 亿人/公里，公路旅客周转量从 2000 年的 1740 亿人/公里下降到 2017 年的 1230 亿人/公里。

表 7 - 2　俄罗斯交通数据

变量		2000 年	2010 年	2013 年	2014 年	2015 年	2016 年	2017 年
里程变化（千公里）	铁路里程	86	86	86	86	86	86	87
	公路里程	752	786	1095	1134	1154	1162	1171
货物运输量（百万吨）	铁路运输量	1047	1312	1381	1375	1329	1325	1384
	公路运输量	5878	5236	5635	5417	5357	5397	5404
货物周转量（十亿吨/公里）	铁路周转量	1373	2011	2196	2301	2306	2344	2493
	公路周转量	153	199	250	247	247	248	255
客运量（百万人）	铁路运输人数	1419	947	1080	1076	1025	1040	1121
	公路运输人数	23001	13434	11587	11554	11523	11296	11184
旅客周转率（十亿人/公里）	铁路周转量	167	139	139	130	121	125	123
	公路周转量	174	141	126	127	126	124	123

资料来源：根据《俄罗斯统计年鉴》整理。

中俄跨境交通基础设施建设方面，目前有黑河大桥、黑河索道、东宁大桥和洛古河大桥等项目正在施工中，黑河大桥是哈尔滨至黑河铁路过境通道的重要节点，列车从黑河大桥出境至布拉戈维申斯克，与俄罗斯西伯利亚大陆桥、贝阿铁路相连。2014 年 7 月启动的贝阿铁路和西伯利亚大铁路的现代化改造，将会大大改善欧洲与亚洲的运输。2015 年 6 月举行的中俄投资合作委员会第二次会议上，正式签署莫斯科—喀山高速铁路勘察设计合同，未来将延伸至叶卡捷琳堡，项目规划总里程 770 公里，运行时间从 14 小时缩短到 3 小时。另外修建的莫尔道嘎—室韦—奥洛契—别列佐夫铁矿区跨境铁路，中国负责莫尔道嘎—室韦段，长 84 公里，俄罗斯承担奥洛契—别列佐夫铁矿区段，长 21 公里。俄罗斯博尔贾—蒙古国乔巴山—中国阿日哈沙特口岸—两伊铁路，也旨在打造一条新的国际陆海联运大通道。

三　地方陆路口岸交通基础设施建设

——对吉林省的考察

吉林省有多条铁路和公路与俄罗斯相连，由于吉林省处于东北亚地区的几何中心，所以同俄罗斯远东地区开展经济合作具有更好的地缘、资源、人文以及政策优势。2009 年中俄两国元首批准的《中华人民共和国东北地区与俄罗斯联邦远东及东西伯利亚地区合作规划纲要（2009—2018 年）》中涉及中方的 111 个重点项目中吉林省占了 37 个，数量位列第一。近年来，吉林省对俄口岸基础设施建设速度加快，并呈现逐步完善的趋势，基础设施的互联互通作用进一步发挥，为双方进一步扩大经贸合作奠定了基础，尤其是产业和科技领域的合作，能够推动两国相关地区的经济发展和产业升级，无论对中国的东北老工业基地振兴，还是俄罗斯的远东地区发展，都具有重要意义。

吉林省图们江区域经过多年的发展，已经展现出较强的发展潜力，交通基础设施作为区域经济发展的关键，其发展对促进中俄双边经贸发展具有推进作用，今后的交通基础设施发展重点是加强中俄珲春—哈桑公路和铁路、扎鲁比诺港、中俄珲春—克拉斯基诺口岸的一体化工程建设。其次是改变珲春—卡梅绍瓦亚铁路"通而不畅"的状态。

（一）图珲长地方口岸铁路建设

图珲长地方口岸铁路是 1992 年联合国计划开发署确定的图们江区域（国际）合作通道项目，是中俄两国间三个铁路口岸国际运输通道之一，同时是中俄滨海 2 号国际交通走廊的关键国际枢纽。对应的珲春铁路口岸是经国务院批准的国家一类客货铁路口岸，是我国"一带一路"国际通道中向北开放的重要窗口。该段铁路上接中国铁路沈阳局集团有限公司图们站与中国铁路网相连，下经珲春市与俄罗斯西伯利亚大铁路哈桑支线相交于长岭子边境线，全长 81 公里，沿线设有 5 座车站和 2 个交接所，自有机车 13 台，珲春国际铁路换装站站场面积 120 万平方米，站场轨道有效长 850 米，目前图珲长铁路运输能力及口岸换装站换装能力能够达到每年 800 万～1000 万吨。

珲马铁路口岸开通初期，受限于当时中俄两国经贸合作发展水平和双方铁路部门的协作服务水平，国际联运未曾得到持续稳定均衡的发展。自2000 年 2 月首次实现国际联运过货起，至 2004 年 4 月由于俄方原因国际联运中断，珲马铁路口岸累计过货量为 5 万多吨。

珲马铁路口岸蓬勃发展始于国际联运的恢复。2013 年 12 月，中断长达9 年的中俄珲春—马哈林诺国际铁路口岸正式恢复常态化运营。自此珲马铁路口岸发展驶入快车道，过货量激增，且连年增长，已累计运输货物近千万吨。目前珲马铁路口岸主要运输货物品类为煤炭、矿粉、锯材等大宗货物，运输方式以整车为主。2016 年运输总量 488 万吨，发送量 276 万吨，到达 211 万吨，国际联运 203 万吨。2017 年运输总量 517 万吨，发送量 258万吨，到达 259 万吨，国际联运 255 万吨。2018 年全年共运输货物 558.6 万吨，同比增长 7.37%；装卸车 80897 车，同比增长 5.80%；完成货运周转量 18718 万吨公里，同比增长 1.60%；国际联运共完成进出口 305.2 万吨，同比增长 19.40%（见表 7 - 3）。2018 年共发送货物 253.3 万吨，占货运总量的 45.3%；共到达货物 305.3 万吨，占货运总量的 54.7%。

表 7 - 3　珲马铁路口岸货运

指标	2018 年	同比增长（%）
货运总量（万吨）	558.6	7.37
国际联运（万吨）	305.2	19.40
货运周转量（万吨公里）	18718	1.60
装卸车（车）	80897	5.80

资料来源：东北亚铁路集团。

（二）珲春—扎鲁比诺港跨境交通运输发展

扎鲁比诺港属于俄罗斯远东滨海边疆区，位于吉林省长吉图区域的图们江入海口以北，日本海的特洛伊察湾内，与俄罗斯、朝鲜港口群紧密相连，东北距海参崴约 60 海里，东距纳霍德卡港约 120 海里，西南距朝鲜的罗津港约 50 海里。扎鲁比诺港属于温带季风气候，是天然不冻港，同时，港区周围地貌以山地为主，南侧有半岛将港区环于其中，使之成为天然的避风处。扎鲁比诺港口有 4 个泊位，码头总长 650 米，水深最多可达 10 米，可停靠万吨级轮船，年吞吐量为 120 万吨。由于俄罗斯地广人稀，近些年在欧美等西方国家的制裁下，经济增长缓慢，在财政条件的约束下，政策、资金主要偏向欧洲部分的开发建设，远东地区的开发较为滞后，导致扎鲁比诺港的基础设施过于陈旧，多数设备趋于老化而面临淘汰，港口运行效率低下，限制了进一步发展。

中国东北（包括黑龙江省、吉林省、辽宁省以及内蒙古东四盟市）大多属于内陆地区，能够展开进出口贸易的港口数量较少，尽管辽宁省有几个沿海城市，但是大连港过于拥挤，营口港运能有限，寻找新的沿边口岸成为当务之急，吉林省延边州的珲春市地处东北边陲，是中蒙俄三国交界地带，是中国唯一濒临日本海的地区，拥有 4 个国家级铁路和公路口岸，口岸距离俄罗斯扎鲁比诺港 71 公里，近年来，随着中国加快对图们江区域的开发，俄罗斯加快开发远东地区，为了实现借港出海的目标，构建国际航运大通道出口，中国和俄罗斯将进行合作，共建扎鲁比诺大型通用港口。

2018 年 7 月，海关总署批准开通 "珲春—扎鲁比诺—宁波舟山港" 内贸外运航线，在同年 9 月，吉林省东北亚铁路集团股份有限公司、宁波舟山港股份有限公司、特洛伊茨海港有限公司三方签订合作协议，在货物跨境运输、港口运营管理、东北亚物流市场开发等方面开展全面合作。

东北和内蒙古等地区资源丰富但是缺乏出海口，传统的运输线路为先由陆路运输至大连、营口等港口，之后将货物装车进而通过水路进行运输，与之相比，"珲春—扎鲁比诺—宁波舟山港" 跨境运输线路不仅能缩短近 800 公里，还能节约 2 ~ 4 天的运输时间，节约物流成本约 20 元/吨。表 7 - 4 是吉林省和黑龙江省主要城市到扎鲁比诺港的运输概况，从表中数据可知，吉林省的图们市到扎鲁比诺港的运输距离最短，运输费用较低，集装箱运价和复合轨运价分别为 127.19 元/吨和 83.68 元/吨；敦化市的运输距离为 293.5 公里，集装箱运价和复合轨运价分别为 145.92 元/吨和 97.39 元/吨；省内两个主要城市长春市和吉林市的复合轨运价分别为 139.04 元/吨和 125.65 元/吨。而黑龙江省的运输距离和运输费用相对较高，省内两个主要城市哈尔滨市和大庆市的复合轨运价分别为 145.01 元/吨和 162.59 元/吨。

表 7 - 4　吉林省和黑龙江省各城市到扎鲁比诺港铁路运输

吉林省				黑龙江省			
始发站	运输距离（公里）	集装箱运价（元/吨）	复合轨运价（元/吨）	始发站	运输距离（公里）	集装箱运价（元/吨）	复合轨运价（元/吨）
通辽	1023.5	212.51	173.79	伊春	1505.5	209.26	224.24
通化	911.5	84.00	162.07	齐齐哈尔	1061.5	215.42	177.77
白山	971.5	555.50	168.35	大兴安岭（加格达奇）	1492.5	257.68	222.88
白城	1166.5	227.12	188.76	大庆	916.5	201.21	162.59
四平	813.5	192.51	151.81	绥化	873.5	197.08	158.09
辽源	854.5	195.04	156.10	哈尔滨	748.5	184.82	145.01
梅河口	781.5	187.89	148.46	黑河	1384.5	278.87	211.58
公主岭	760.5	186.68	146.27	鹤岗	810.5	190.73	151.50

吉林省				黑龙江省			
始发站	运输距离（公里）	集装箱运价（元/吨）	复合轨运价（元/吨）	始发站	运输距离（公里）	集装箱运价（元/吨）	复合轨运价（元/吨）
长春	691.5	179.06	139.04	佳木斯	742.5	184.06	144.38
农安	747.5	184.55	144.91	双鸭山	821.5	191.81	152.65
德惠	761.5	186.79	146.37	牡丹江	410.5	151.51	109.63
松原	832.5	192.89	153.80	七台河	642.5	174.26	133.92
榆树	620.5	175.59	131.61	鸡西	604.5	170.25	129.94
吉林	563.5	166.51	125.65				
延吉	214.5	132.29	89.12				
图们	162.5	127.19	83.68				
敦化	293.5	145.92	97.39				
蛟河	372.5	157.00	134.60				

资料来源：中国 12306 铁路网。

珲春—扎鲁比诺港跨境交通运输的发展，不仅在运费方面有很大的优势，从政策规划方面来讲，珲春—扎鲁比诺港跨境运输通道建设是吉林省落实国家"一带一路"倡议的重要支撑点，国务院颁布实施的《中国图们江区域合作开发规划纲要——以长吉图为开发开放先导区》明确提出，要在"沿边地区与内陆腹地优势互补和联动发展""开拓陆海联运国际运输新通道""探索沿边地区跨境经济合作模式"三方面进行"先行先试"，统筹推进长吉图腹地、延龙图前沿和珲春窗口建设，在通道建设、平台建设、产业发展、境外资源转化、对外贸易和先行先试上实现新的突破，以实施长吉图战略带动全省振兴发展。

基于中俄铁路轨距差异，货物运至珲春后需对货物进行换装作业，包括卸货仓储，倒装入俄方车皮或车板，待运至俄方港口后需再次进行卸货仓储，多出的一次卸货仓储对于散粮运输将增加货损风险及换装成本，一方面需要依托既有换装条件发展更高效、现代化集装箱粮食运输，另一方面要推动珲春—扎鲁比诺港复合轨建设，满足仓库直达港口的运输条件，减少换装流程，发挥区位优势。

在大宗商品的运输方面，铁路运输具有运力强大、覆盖区域广、时效性明显等优势，但是，铁路运输无法提供门对门的服务，所以需要公路运输进行补充，对不同运输方式的分析可以发现，总体上复合轨运价低于集装箱运价，集装箱运价低于汽铁联运运价。以东北地区的两个中心城市为例进行分析，对吉林省长春市的研究可以发现，其复合轨运价为139.04元/吨，集装箱运价为179.06元/吨，汽铁联运运价为188.82元/吨；对黑龙江省哈尔滨市的研究可以发现，其复合轨运价为145.01元/吨，集装箱运价为184.82元/吨，汽铁联运运价为198.95元/吨（见表7-4、表7-5）。

表7-5　吉林省和黑龙江省各城市到扎鲁比诺港公路运输

吉林省			黑龙江省		
始发站	运输距离（公里）	汽铁联运运价（元/吨）	始发站	运输距离（公里）	汽铁联运运价（元/吨）
通辽	859.2	242.34	伊春	1153.9	301.28
通化	651.6	200.82	齐齐哈尔	1076.5	285.80
白山	587.3	187.96	大兴安岭（加格达奇）	1477.9	366.08
白城	925.9	255.68	大庆	973.5	221.00
四平	705.0	211.50	绥化	939.5	215.90
辽源	701.1	210.72	哈尔滨	826.5	198.95
梅河口	671.6	204.82	黑河	1401.5	285.20
公主岭	647.0	199.90	鹤岗	1016.5	227.45
长春	591.6	188.82	佳木斯	711.5	181.70
农安	658.1	202.12	双鸭山	785.5	192.80
德惠	658.7	202.24	牡丹江	419.5	137.90
松原	747.6	220.02	七台河	596.5	164.45
榆树	550.9	180.68	鸡西	515.2	152.26
吉林	488.9	168.28			
延吉	193.0	109.10			
图们	153.1	101.12			
敦化	309.5	132.40			

吉林省			黑龙江省		
始发站	运输距离 （公里）	汽铁联运运价 （元/吨）	始发站	运输距离 （公里）	汽铁联运运价 （元/吨）
蛟河	408.0	152.1			

资料来源：东北亚铁路集团。

四　跨境交通基础设施存在的问题

第一，政策因素阻碍通道物流发展。中蒙俄三国之间已经对中蒙俄经济走廊的建设进行深层次的洽谈与合作，但仍存在一些问题需要三国综合协调解决，并营造一个良好的法律环境和规章制度。以吉林省珲马铁路为例，目前跨境运输涉检产品无法通过珲马铁路口岸实现出口运输，铁海联运是目前最经济、最高效的多式联运模式，但是由于珲马铁路口岸品类受限制，珲春—扎鲁比诺港跨境运输通道的优势没有完全体现出来。同时俄方在冷冻海产品、动物源性加工制品等方面都存在限制运输或运输许可等方式的过境运输问题。吉林省海产品产业发展已经初步形成，本可借助新通道实现高效、节约的物流服务进一步提升产业规模，然而由于俄方冷冻海产品过境运输政策限制，其无法享受新通道带来的产业发展福利同时缩小了通道物流服务市场，进一步严重阻碍了新通道建设。

第二，中蒙俄跨境铁路轨距不同。中蒙俄经济走廊基础设施的另一个挑战是铁路规模差异，俄罗斯和蒙古国铁路轨距为1520毫米，中国轨距为1435毫米，相互之间的铁路轨距不同，货物无法实现直接的跨境运输，而需要依据货物的发送方向分别在中方或俄方换装站进行换装作业，由此增加了换装成本及货损成本，给开展如粮食散装大宗货物运输带来了"瓶颈"问题。根据铁路合作组织的协议，如果需要转运，接收方必须对此负责，转运的当前成本是3~5美元的统一费率。另外中蒙俄三国的铁路运力不同，新技术引进过程缓慢，如果能把自然资源与现有中央铁路网络连接，将大大提高铁路利用率。

第三，基础设施项目资金问题。首先是投资额较高，跨境通道基础设施项目多、规模大、资金需求量大，单凭企业投资推动项目实施难度较大；其次是回报周期长，铁路、港口、园区交通物流领域基础设施项目存在投资回报周期长的问题，加大了项目投资企业前期投资后期运营资金流压力；再次是政策性风险高，涉外铁路、港口属于敏感的投资行业，东道国政府的政治稳定性、经济发展能力、国防战略等都是项目发展的不确定因素；最后是外币融资困难，目前中国"走出去"企业直接向境外银行申请贷款的难度比较大，境外银行核定授信的主体依据境内母公司在海外的公司，获得的授信额度相对较低，缩减了企业项目融资渠道。

第四，从对吉林省的调研分析看，其缺乏长吉图腹地助力新通道发展机制，难以形成大通道格局。新通道建设需要产业物流作为发展保障，然而目前珲春—扎鲁比诺港跨境运输通道仅以延边地区既有外贸物流为支撑，物流市场体量小，虽然通道建设衍生出新外贸物流产业（煤矸石、石灰板等），但对于整体通道发展所需的支持微乎其微，通道建设应有的积极示范作用无法有效传导到市场，即缺乏长吉图腹地产业物流初期的龙头带动效应，阻碍大物流通道建设。

第八章　相关政策建议

一　关于交通基础设施的相关政策建议

本书通过构建整体理论框架，并从微观企业、中观行业以及宏观区域三个层面研究了交通基础设施对经济效率的影响，发现合理的交通基础设施发展政策不仅对企业生产经营、行业资源错配乃至对地区经济效率都具有积极作用。在对交通基础设施发展现状综合分析的基础上，政策建议方面更多地关注交通基础设施的建设效率以及对不同区域的影响，基于此，本书提出如下政策建议。

由于国有企业能够得到政府的背书和偏向性支持政策，所以它们在信贷市场上能够较为容易地获取资金，这使一些本应退出市场的"僵尸企业"仍然继续生产经营，占用了大量的资源，降低了行业乃至整个区域的生产效率。在未来的发展中，应该发挥市场对资源配置的决定性作用，减少对低效国有企业的过度保护，提高市场竞争程度，使高效生产企业能够进入市场和低效生产企业退出市场，促进要素资源能够从低效企业不断向高效企业流动，使交通基础设施成为降低资源错配程度的有效工具。

各个区域仍要继续加大交通基础设施的建设力度，进一步发挥交通基础设施建设稳定经济和协调发展的作用，但是需要注重的方面和采取的政策是有差异的。东部地区基础设施网络体系较为成熟，未来的发展方向以提高基础设施质量为主，对无法满足运输要求的低等级公路进行提档升级，重点建设高铁、航空与高速公路，考虑在人口稠密和经济发展水平较高的大城市修建城市轨道交通系统。中西部地区在未来的发展中应该优先和重点发展交通基础设施，形成综合交通网络运输体系，提高重要节点城市之间的可达性，促进要素资源的流动和东部地区产业的梯度转移，扩大市场范围以及进行专业化分工，加强各区域之间的经济联系，通过良好的交通运输条件能够缩短中国三大区域之间的时空距离。

由于空间溢出作用的存在，一个地区进行交通基础设施建设不仅会对本地区的全要素生产率产生影响，同时还会对周边地区的全要素生产率产生影响。因此中央政府应该建立考核机制标准，并对交通基础设施的建设计划进行统筹考虑，最大限度地发挥交通基础设施的空间溢出效应，同时交通基础设施的发展还会产生明显的集聚效应，会导致中西部地区的资源、人才与产业向东部过度集中，中心—外围地区差距不断拉大。因此各个地区的政府之间应该加强联系，构建地方政府的合作平台，防止在建设时发生自成体系甚至以邻为壑的现象，实现区域之间的协同发展。此外，在加大交通基础设施建设力度的同时，政府部门应该注重经济配套环境的建设，研究表明，产业结构情况、对外开放程度以及通信基础设施的发展状况等多种经济因素，都会影响交通基础设施对全要素生产率的促进作用。因此，想要更好发挥交通基础设施对全要素生产率的促进作用，保持经济高质量的持续增长，还要注重区域的制度建设和完善市场经济环境。

交通基础设施对不同地区产业和企业的影响不同，因此需要考虑各地区产业布局。公路交通基础设施对中西部地区企业、劳动密集型产业、非国有企业和内销型企业生产效率提升作用明显，因此需要提高这类企业和产业集聚地区的公路密度，加大交通基础设施投资力度，促进生产要素和商品的流动，最大限度地发挥公路等交通基础设施对企业资源配置效率和企业全要素生产率提升的作用。

二 关于跨境交通基础设施的相关政策建议

第一，继续加大对新丝绸之路交通基础设施的政策支持和投资，大力推动经济带以及相关经济走廊的交通基础设施建设，根据不同地区的特点因地制宜，采取相关措施，使其协调发展。针对三条交通线路基础设施发展不均衡的现象，分别采取不同措施，第二条线路中国—中南半岛经济走廊的基础设施相对落后，需要国家加大对其基础设施的投资力度，增加基础设施存量；反观新亚欧大陆桥经济走廊和中蒙俄经济走廊这两个基础设施存量较大的区域，则应注重基础设施质量的提升。三条经济带上的东部线路中，沿线途径城市综合交通运输网络体系发达，除了稳定提高其交通基础设施存量外，还要加快交通基础设施质量的提升，实现高度发达、现代综合的交通运输网络体系，促进区域经济增长和国内区域经济一体化。中西部路线交通设施发展相对滞后，需更大力度的交通基础设施发展的资金投入、政策支持，加大对交通基础设施禀赋较差的新疆、云南、广西等地区在交通基础设施建设方面的财政转移支付等政策倾斜力度，促进这些地区交通运输体系的发展。当地政府应该充分利用政策优势和后发优势，投资建设一批交通基础设施并提升已建成的交通运输设施的质量，完善交通运输网络，支持当地经济发展。需要特别注意的是，我国丝绸之路经济带上的高速公路网络并不完善，配套设施发展相对缓慢，还没有在大范围内连通成网发挥规模效益，在发展上还有很大的空间。因此我国要加大对高速公路的投资力度，加快建设高速公路及相应配套设施，促进我国高速公路网络快速发展。针对通道建设的参与企业和建设企业给予国家扶持专项资金，充分利用国开行、丝路基金及省内大型金融机构针对围绕通道建设项目的配套基础设施建设项目给予投融资支持，出台综合的资金、政策提升企业对跨境通道的关注度和认知。

第二，全方位促进丝绸之路经济带沿线城市经济增长和国内区域经济一体化。打破行政区划的桎梏，同时消除地方保护主义，进一步加强、完善跨区域合作机制和地区互助机制，促进地区经济发展、建立良好的市场环境和健全的市场经济法治规章等，为我国商品、要素等跨区域充分涌流、缩小地区差异、优化空间经济分布等创造了有利的条件。另外逐渐加大高等教育的投入力度，大力支持职业教育与技术培养，提升人力资本，促进创新程度的提高，同时促进地区经济增长。

　　第三，进一步加强国际合作，促进国际区域经济一体化。在目前经济全球化和区域经济一体化的大背景下，生产要素快速涌流，需进一步以经济贸易合作为重点，加强丝绸之路经济带沿线各国的合作与交流，构建开放型经济体制，促进该经济带开放联动的发展。在政策方面加强各国家政策的沟通和相互交流，在贸易方面继续保持畅通，在政治、经济、文化等方面展开良好的合作，消除贸易壁垒，减少投资成本，加强货币流通方面的合作，降低货币兑换成本，增强国际竞争力。

参考文献

〔德〕阿尔伯特·赫希曼:《经济发展战略》,潘照东等译,经济科学出版社,1992。

白重恩、冀东星:《交通基础设施与出口:来自中国国道主干线的证据》,《世界经济》2018年第1期。

边志强:《网络基础设施的溢出效应及作用机制研究》,《山西财经大学学报》2014年第9期。

蔡伟毅、陈学识:《国际知识溢出与中国技术进步》,《数量经济技术经济研究》2010年第6期。

蔡晓慧、茹玉骢:《地方政府基础设施投资会抑制企业技术创新吗?——基于中国制造业企业数据的经验研究》,《管理世界》2016年第11期。

曹玉书、楼东玮:《资源错配、结构变迁与中国经济转型》,《中国工业经济》2012年第10期。

陈斌开、金箫、欧阳涤非:《住房价格、资源错配与中国工业企业生产率》,《世界经济》2015年第4期。

陈利君:《建设孟中印缅经济走廊的前景与对策》,《云南社会科学》2014年第1期。

陈强:《高级计量经济学及Stata应用》,高等教育出版社,2016。

陈永伟、胡伟民:《价格扭曲、要素错配和效率损失:理论和应用》,《经济学》(季刊)2011年第10期。

董艳梅、朱英明:《高铁建设能否重塑中国的经济空间布局——基于就业、工资和经济增长的区域异质性视角》，《中国工业经济》2016 年第 10 期。

范欣、宋冬林、赵新宇：《基础设施建设打破了国内市场分割吗?》，《经济研究》2017 年第 2 期。

封思贤、于明超、尹莉：《要素流向高增长行业能实现产业升级吗——基于制造业的分析》，《当代经济科学》2011 年第 3 期。

符淼：《地理距离和技术外溢效应——对技术和经济集聚现象的空间计量学解释》，《经济学》（季刊）2009 年第 4 期。

高翔、龙小宁、杨广亮：《交通基础设施与服务业发展——来自县级高速公路和第二次经济普查企业数据的证据》，《管理世界》2015 年第 8 期。

高新才：《区域经济与区域发展》，人民出版社，2002。

葛鹏、干春晖、李思龙：《融资约束与产出效率损失——基于中国工业企业的数据分析》，《产业经济研究》2017 年第 1 期。

耿纯、赵艳朋：《交通基础设施对新建制造业企业选址的异质影响研究》，《经济学动态》2018 年第 8 期。

龚关、胡关亮：《中国制造业资源配置效率与全要素生产率》，《经济研究》2013 年第 4 期。

古小松：《建立南宁－曼谷经济走廊发展华南与中南半岛的合作》，《东南亚纵横》2004 年第 1 期。

郭庆旺、贾俊雪：《中国全要素生产率的估算：1979—2004》，《经济研究》2005 年第 6 期。

郝睿：《经济效率与地区平等：中国省际经济增长与差距的实证分析（1978－2003）》，《世界经济文汇》2006 年第 2 期。

洪银兴：《资源配置效率和供给体系的高质量》，《江海学刊》2018 年第 5 期。

侯新烁、张宗益、周靖祥：《中国经济结构的增长效应及作用路径研究》，《世界经济》2013 年第 5 期。

胡鞍钢、刘生龙：《交通运输、经济增长及溢出效应——基于中国省际数据空间经济计量的结果》，《中国工业经济》2009 年第 5 期。

胡鞍钢、马伟、鄢一龙：《"丝绸之路经济带"：战略内涵、定位和实现路径》，《新疆师范大学学报》（哲学社会科学版）2014年第2期。

胡艳、朱文霞：《交通基础设施的空间溢出效应——基于东中西部的区域比较》，《经济问题探索》2015年第1期。

季书涵、朱英明、张鑫：《产业集聚对资源错配的改善效果研究》，《中国工业经济》2016年第6期。

贾俊雪：《公共基础设施投资与全要素生产率：基于异质企业家模型的理论分析》，《经济研究》2017年第2期。

简泽、段永瑞：《企业异质性、竞争与全要素生产率的收敛》，《管理世界》2012年第8期。

简泽：《市场扭曲、跨企业的资源配置与制造业部门的生产率》，《中国工业经济》2011年第1期。

蒋冠宏、蒋殿春：《中国工业企业对外直接投资与企业生产率进步》，《世界经济》2014年第9期。

〔美〕杰弗里·M. 伍德里奇：《计量经济学导论》，费剑平译，中国人民大学出版社，2014。

金晓雨：《政府补贴、资源误置与制造业生产率》，《财贸经济》2018年第6期。

李飞、曾福生：《基于空间杜宾模型的农业基础设施空间溢出效应》，《经济地理》2016年第6期。

李涵、黎志刚：《交通基础设施投资对企业库存的影响——基于我国制造业企业面板数据的实证研究》，《管理世界》2009年第8期。

李涵、唐丽淼：《交通基础设施投资、空间溢出效应与企业库存》，《管理世界》2015年第4期。

李坤望、邵文波、王永进：《信息化密度、信息基础设施与企业出口绩效——基于企业异质性的理论与实证分析》，《管理世界》2015年第4期。

李力行、黄佩媛、马光荣：《土地资源错配与中国工业企业生产率差异》，《管理世界》2016年第8期。

李思龙、郭丽虹：《市场依赖度、资本错配与全要素生产率》，《产业经济研究》2018 年第 2 期。

李天籽：《中国东北地区参与东北亚次区域合作的边界效应》，《学习与探索》2014 年第 7 期。

李天籽：《中国沿边的跨境经济合作的边界效应》，《经济地理》2015 年第 10 期。

李铁、于潇：《提升中蒙基础设施互联互通，建设好新丝绸之路经济带》，《东北亚论坛》2014 年第 2 期。

李文启：《基础设施建设与企业技术效率的实证分析》，《宏观经济研究》2011 年第 3 期。

李欣泽、纪小乐、周灵灵：《高铁能改善企业资源配置吗？——来自中国工业企业数据库和高铁地理数据的微观证据》，《经济评论》2017 年第 6 期。

李玉红、王皓、郑玉歆：《企业演化：中国工业生产率增长的重要途径》，《经济研究》2008 年第 6 期。

李正、甘静、曹洪华：《图们江国际通航的合作困局及其应对策略》，《世界地理研究》2013 年第 1 期。

李宗植：《亚欧第二大陆桥开通后交通问题的思考》，《兰州大学学报》（社会科学版）1992 年第 1 期。

刘秉镰、武鹏、刘玉海：《交通基础设施与中国全要素生产率增长——基于省域数据的空间面板计量分析》，《中国工业经济》2010 年第 3 期。

刘冲、周黎安：《高速公路建设与区域经济发展：来自中国县级水平的证据》，《经济科学》2014 年第 2 期。

刘洁：《基于制度因素的亚欧大陆桥物流通道发展对策》，《综合运输》2012 年第 1 期。

刘民权：《全球化中的中国中小企业：交通基础设施的作用》，《金融研究》2018 年第 4 期。

刘生龙、胡鞍钢：《交通基础设施与经济增长：中国区域差距的视角》，《中国工业经济》2010 年第 4 期。

刘生龙、胡鞍钢：《交通基础设施与中国区域经济一体化》，《经济研究》

2011 年第 3 期。

刘世锦、刘培林、何建武：《我国未来生产率提升潜力与经济增长前景》，《管理世界》2015 年第 3 期。

刘伟、张辉：《中国经济增长中的产业结构变迁和技术进步》，《经济研究》2008 年第 11 期。

刘伟、张立元：《资源配置、产业结构与全要素生产率：基于真实经济周期模型的分析》，《经济理论与经济管理》2018 年第 9 期。

刘小玄、李双杰：《制造业企业相对效率的度量和比较及其外生决定因素（2000—2004）》，《经济学》（季刊）2008 年第 3 期。

刘新梅、沈力、张凤茜：《基础设施产业放松规制对企业效率影响研究》，《管理评论》2011 年第 2 期。

刘勇：《交通基础设施投资、区域经济增长及空间溢出作用——基于公路、水运交通的面板数据分析》，《中国工业经济》2010 年第 12 期。

刘育红、王新安：《"新丝绸之路"交通基础设施与全要素生产率增长》，《西安交通大学学报》（社会科学版）2012 年第 3 期。

龙小宁、高翔：《交通基础设施与制造业企业生产率——来自县级高速公路和中国工业企业数据库的证据》，《华中师范大学学报》（人文社会科学版）2014 年第 5 期。

龙小宁、高翔：《交通基础设施与制造业企业生产率——来自县级高速公路和中国工业企业数据库的证据》，《华中师范大学学报》（人文社会科学版）2014 年第 5 期。

卢光盛：《澜沧江－湄公河合作机制与中国－中南半岛经济走廊建设》，《东南亚纵横》2016 年第 6 期。

卢伟、公丕萍、李大伟：《中国—中南半岛经济走廊建设的主要任务及推进策略》，《经济纵横》2017 年第 2 期。

鲁晓东：《金融资源错配阻碍了中国的经济增长吗》，《金融研究》2008 年第 4 期。

鲁晓东、连玉君：《中国工业企业全要素生产率估计：1999—2007》，《经济学》（季刊）2012 年第 2 期。

吕承超、徐倩：《新丝绸之路经济带交通基础设施空间非均衡及互联互通政策研究》，《上海财经大学学报》2015 年第 2 期。

〔美〕罗格那·讷克斯：《不发达国家的资本形成问题》，谨斋译，商务印书馆，1966。

罗开富：《新亚欧大陆桥的历史作用与发展前景》，《大陆桥视野》2008 年第 1 期。

罗良文、潘雅茹、陈峥：《基础设施投资与中国全要素生产率——基于自主研发和技术引进的视角》，《中南财经政法大学学报》2016 年第 1 期。

罗萍：《新亚欧大陆桥在国家战略布局中的意义》，《大陆桥视野》2013 年第 11 期。

〔波兰〕罗森斯坦·罗丹：《东欧和东南欧国家的工业化问题》，中国经济出版社，1998。

〔英〕马尔萨斯：《人口原理》，陈小白译，华夏出版社，2013。

〔德〕马克思：《资本论》，郭大力等译，上海三联书店，2011。

毛其淋：《要素市场扭曲与中国工业企业生产率——基于贸易自由化视角的分析》，《金融研究》2013 年第 2 期。

聂辉华、贾瑞雪：《中国制造业企业生产率与资源误置》，《世界经济》2011 年第 7 期。

邱斌、刘修岩、赵伟：《出口学习抑或自选择：基于中国制造业微观企业的倍差匹配检验》，《世界经济》2012 年第 4 期。

任曙明、吕镯：《融资约束、政府补贴与全要素生产率——来自中国装备制造企业的实证研究》，《管理世界》2014 年第 11 期。

邵敏、包群：《政府补贴与企业生产率——基于我国工业企业的经验分析》，《中国工业经济》2012 年第 7 期。

邵宜航、步晓宁、张天华：《资源配置扭曲与中国工业全要素生产率——基于工业企业数据库再测算》，《中国工业经济》2013 年第 12 期。

沈能、赵增耀、周晶晶：《生产要素拥挤与最优集聚度识别——行业异质性的视角》，《中国工业经济》2014 年第 5 期。

盛丹、包群、王永进：《基础设施对中国企业出口行为的影响："集约边际"

还是"扩展边际"》，《世界经济》2011 年第 1 期。

盛叶、魏明忠：《中国—中南半岛经济走廊通道建设探究》，《当代经济》2017 年第 2 期。

施震凯、邵军、浦正宁：《交通基础设施改善与生产率增长：来自铁路大提速的证据》，《世界经济》2018 年第 6 期。

宋晓丽、李坤望：《交通基础设施质量提升对城市人口规模的影响——基于铁路提速的实证分析》，《当代经济科学》2015 年第 3 期。

唐东波：《挤入还是挤出：中国基础设施投资对私人投资的影响研究》，《金融研究》2015 年第 8 期。

〔英〕藤田昌久、克鲁格曼：《空间经济学—城市、区域与国际贸易》，梁琦译，中国人民大学出版社，2011。

万悦、孙巍、盖国凤：《生产资源配置的有效性研究》，《工业技术经济》1997 年第 5 期。

王平心、冯世新：《新亚欧大陆桥交通运输研究》，《开发研究》1993 年第 4 期。

王任飞、王进杰：《基础设施与中国经济增长：基于 VAR 方法的研究》，《世界经济》2007 年第 3 期。

王雨飞、倪鹏飞：《高速铁路影响下的经济增长溢出与区域空间优化》，《中国工业经济》2016 年第 2 期。

〔加〕威廉·安德森：《经济地理学》，安虎森等译，中国人民大学出版社，2017。

魏后凯：《现代区域经济学》，经济管理出版社，2011。

〔美〕沃尔特·罗斯托：《经济成长的阶段》，国际关系研究所编译室译，商务印书馆，1962。

肖兴志、李沙沙：《产业集聚对制造业资源错配的纠正效应：线性抑或非线性？》，《产业经济研究》2018 年第 5 期。

谢千里、罗斯基、张轶凡：《中国工业生产率的增长与收敛》，《经济学》（季刊）2008 年第 3 期。

徐保昌、谢建国：《政府质量、政府补贴与企业全要素生产率》，《经济评论》2015 年第 4 期。

徐习军：《新亚欧大陆桥运输现状、问题与对策》，《大陆桥视野》2013 年第 7 期。

徐现祥、舒元：《中国省区经济增长分布的演进（1978—1998）》，《经济学》（季刊）2004 年第 2 期。

闫志俊、于津平：《政府补贴与企业全要素生产率——基于新兴产业和传统制造业的对比分析》，《产业经济研究》2017 年第 1 期。

杨光、孙浦阳、龚刚：《经济波动、成本约束与资源配置》，《经济研究》2015 年第 2 期。

杨雷：《中亚新跨国铁路的建设及其利益协调》，《亚欧经济》2016 年第 1 期。

杨汝岱：《中国制造业企业全要素生产率研究》，《经济研究》2015 年第 2 期。

姚常成、宋冬林、范欣：《铁路提速对经济增长的作用机理研究——基于城镇化、产业集聚与市场潜力的视角》，《经济问题探索》2019 年第 2 期。

叶裕民：《全国及各省区市全要素生产率的计算和分析》，《经济学家》2002 年第 3 期。

易纲、樊纲、李岩：《关于中国经济增长与全要素生产率的理论思考》，《经济研究》2003 年第 8 期。

余静文、谭静、蔡晓慧：《高房价对行业全要素生产率的影响——来自中国工业企业数据库的微观证据》，《经济评论》2017 年第 6 期。

余淼杰：《中国的贸易自由化与制造业企业生产率》，《经济研究》2010 年第 12 期。

〔美〕约瑟夫·斯蒂格利茨：《公共部门经济学》，郭庆旺等译，中国人民大学出版社，2013。

张光南、洪国志、陈广汉：《基础设施、空间溢出与制造业成本效应》，《经济学》（季刊）2014 年第 1 期。

张光南、宋冉：《中国交通对"中国制造"的要素投入影响研究》，《经济研究》2013 年第 7 期。

张浩然:《地理距离、集聚外部性与劳动生产率——基于城市数据的空间面板计量分析》,《南方经济》2012 年第 2 期。

张浩然、衣保中:《基础设施、空间溢出与区域全要素生产率——基于中国 266 个城市空间面板杜宾模型的经验研究》,《经济学家》2012 年第 2 期。

张杰、李勇、刘志彪:《出口促进中国企业生产率提高吗?——来自中国本土制造业企业的经验证据:1999～2003》,《管理世界》2009 年第 12 期。

张军、高远、傅勇、张弘:《中国为什么拥有了良好的基础设施?》,《经济研究》2007 年第 3 期。

张军、吴桂英、张吉鹏:《中国省际物质资本存量估算:1952－2000》,《经济研究》2004 年第 10 期。

张克中、陶东杰:《交通基础设施的经济分布效应——来自高铁开通的证据》,《经济学动态》2016 年第 6 期。

张梦婷、俞峰、钟昌标、林发勤:《高铁网络、市场准入与企业生产率》,《中国工业经济》2018 年第 5 期。

张睿、张勋、戴若尘:《基础设施与企业生产率:市场扩张与外资竞争的视角》,《管理世界》2018 年第 1 期。

张天华、陈力、董志强:《高速公路建设、企业演化与区域经济效率》,《中国工业经济》2018 年第 1 期。

张天华、高翔、步晓宁、谢晓闻:《中国交通基础设施建设改善了企业资源配置效率吗?——基于高速公路建设与制造业企业要素投入的分析》,《财经研究》2017 年第 8 期。

张希平:《建设中巴经济走廊的陆路物流贸易通道问题研究——以喀什为例》,《西部金融》2016 年第 3 期。

张学良、孙海鸣:《交通基础设施、空间聚集与中国经济增长》,《经济经纬》2008 年第 2 期。

张学良:《中国交通基础设施促进了区域经济增长吗——兼论交通基础设施的空间溢出效应》,《中国社会科学》2012 年第 3 期。

张学良:《中国交通基础设施与经济增长的区域比较分析》,《财经研究》2007 年第 8 期。

张志、周浩:《交通基础设施的溢出效应及其产业差异——基于空间计量的比较分析》,《财经研究》2012 年第 3 期。

赵儒煜、冯建超:《东北亚交通物流合作框架研究》,《东北亚论坛》2007 年第 6 期。

赵玉龙、祝树金:《融资约束与资源错配:基于中国工业企业数据的实证研究》,《商业研究》2017 年第 7 期。

仲其庄、尹克忠、徐习军等:《新亚欧大陆桥开通运营 20 年沿桥区域经济发展变化分析研究:新亚欧大陆桥开通 20 年运营情况》,《大陆桥视野》2013 年第 13 期。

周海波、胡汉辉、谢呈阳、戴萌:《地区资源错配与交通基础设施:来自中国的经验证据》,《产业经济研究》2017 年第 1 期。

周浩、余金利:《铁路提速、可达性与城市经济增长》,《经济评论》2013 年第 1 期。

周黎安:《中国地方官员的晋升锦标赛模式研究》,《经济研究》2007 年第 7 期。

朱显平、李天籽:《俄罗斯东部开发及其与我国东北振兴互动发展的思路》,《东北亚论坛》2008 年第 5 期。

朱显平、李天籽:《新形势下中国东北振兴战略同俄罗斯东部发展战略的互动合作》,《东北亚论坛》2009 年第 4 期。

朱显平、邹向阳:《中国–中亚新丝绸之路经济发展带构想》,《东北亚论坛》2006 年第 5 期。

Aigner, D., Lovell, C. A. K., Schmidt, P., "Formulation and estimation of stochastic frontier production function models", *Journal of Econometrics* 6 (1), 1977.

Amaral, P. S., Quintin, E., "Limited enforcement, financial intermediation and economic development: Aquantitative assessment", *International Economic Review* 51 (3), 2010.

Anselin, L., *Spatial econometrics: Methods and models* (Dordrecht: Kluwer Academic Publishers, 1988).

Aoki, S. A. , "Simple accounting framework for the effect of resource misalloca-tion on aggregate productivity", *Journal of the Japanese and International E-conomies* 26 (4), 2012.

Aschauer, D. A. , "Is public expenditure productive?", *Journal of Monetary E-conomics* 23 (2), 1989.

Baily, M. N. , Hulten, C. , Campbell, D. , et al. , "Productivity dynamics in manufacturing plants", Brookings Papers on Economic Activity. Microeconomics, 1992.

Banerjee, A. , Duflo, E. , Qian, N. , On the road: Acess to transportation in-frastructure and economic growth in China (Cambridge, MA, US: National Bureau of Economic Research, 2012).

Banerjee, A. V. , Moll, B. , "Why does misallocation persist?", *American E-conomic Journal: Macroeconomics* 2 (1), 2010.

Barro, R. J. , "Government spending in a simple model of endogenous growth", *Journal of Political Economy* 98 (5), 1990.

Berechman, J. , Ozmen, D. , Ozbay, K. , "Empirical analysis of transportation investment and economic development at state, county and municipality lev-els", *Transportation* 33 (6), 2006.

Bernard, A. B. , Moxnes, A. , Saito, Y. , Production networks, geography and firm performance (Cambridge, MA, US: National Bureau of Economic Research, 2015).

Blundell, R. , Bond, S. , "Initial conditions and moment restrictions in dynam-ic panel data model", *Journal of Econometrics* 87 (1), 1998.

Boarnet, M. G. , "Spillovers and the locational effects of public infrastructure", *Journal of Regional Science* 38 (3), 1998.

Bonaglia, F. , Ferrara, E. L. , Marcellino, M. , "Public capital and economic performance: Evidence from Italy", IGIER Working Paper, 2000.

Brandt, L. , Biesebroeck, J. V. , Zhang, Y. , "Creative accounting or creative destruction? Firm-level productivity growth in Chinese manufacturing", *Jour-*

nal of Development Economics 97 (2), 2012.

Bronzini, R., Piselli, P., "Determinants of long-run regional productivity with geographical spillovers: The role of R&D, human capital and public infrastructure", *Regional Science & Urban Economics* 39 (2), 2009.

Buurman, J., Rietveld, P., "Transport infrastructure and industrial location: The case of Thailand", *Review of Urban & Regional Development Studies* 11 (1), 1999.

Cantos, P., Gumbau-Albert, M., Maudos, J., "Transport infrastructure, spillover effects and regional growth: Evidence of the spanish case", *Transport Reviews* 25 (1), 2005.

Cass, D., "Optimum growth in an aggregative model of capital accumulation", *The Review of Economic Studies* 32 (3), 1965.

Charnes, A., Cooper, W., Rhodes, E., "Measuring the efficiency of decision making units", *European Journal of Operational Research* 2, 1978.

Charnoz, P., Claire, L., Trevien, C., "Communication costs and the internal organization of multi-plant businesses: Evidence from the impact of the French high speed rail", CEPR Discussion Paper, 2018.

Chen, B., Yao, Y., "The cursed virtue: Government infrastructural investment and household consumption in Chinese provinces", *Oxford Bulletin of Economics and Statistics* 73 (6), 2011.

Cohen, J. P., Paul, C. J. M., "Public infrastructure investment, interstate spatial spillovers, and manufacturing costs", *The Review of Economics and Statistics* 86 (2), 2004.

Datta, S., "The impact of improved highways on Indian firms", *Journal of Development Economics* 99 (1), 2012.

Diamond, P., "National debt in a neoclassical growth model", *American Economic Review* 55 (5), 1965.

Dixit, A. K., Stiglitz, J. E., "Monopolistic competition and optimum product diversity", *The American Economic Review* 67 (3), 1977.

Démurger, S., "Infrastructure development and economic growth: An explanation for regional disparities in China", *Journal of Comparative Economics* 29 (1), 2001.

Donaldson, D., Hornbeck, R., "Railroads and American economic growth: A market access approach", *The Quarterly Journal of Economics* 131 (2), 2016.

Donaldson, D., Railroads of the raj: estimating the impact of transportation infrastructure (Cambridge, MA, US: National Bureau of Economic Research, 2010).

Duran-Fernandez, R., Santos, G., "Regional convergence, road infrastructure, and industrial diversity in Mexico", *Research in Transportation Economics* 3 (46), 2014.

Elhorst, J. P., *Spatial panel data models* (Berlin Heidelberg: Springer, 2014).

Faber, B., "Trade integration, market size, and industrialization: Evidence from China's national trunk highway system", *The Review of Economic Studies* 81 (3), 2014.

Fare, R., Grosskopf, S., Norris, M., "Productivity growth, technical progress, and efficiency change in industrialized countries", *American Economic Review* 84 (5), 1994.

Farhadi, M., "Transport infrastructure and long-run economic growth in OECD countries", *Transportation Research Part A: Policy and Practice* 74 (1), 2015.

Fedderke, J. W., Bogeti, Z., "Infrastructure and growth in South Africa: Direct and indirect productivity impacts of 19 infrastructure measures", *World Development* 37 (9), 2009.

Fernandes, A. M., "Trade policy, trade volumes and plant-level productivity in Colombian manufacturing industries", *Social Science Electronic Publishing* 71 (1), 2007.

Ford, R., Poret, P., "Infrastructure and private-sector productivity", *OECD Department of Economics and Statistics* (91), 1991.

Ghani, E., Goswami, A. G., "Highway to success: The impact of the golden quadrilateral project for the location and performance of Indian manufacturing", *The Economic Journal* 126 (591), 2016.

Gómez-Antonio, M. , Fingleton, B. , "Analyzing the impact of public capital stock using the NEG wage equation: A panel data approach", *Journal of Regional Science* 10 (4), 2011.

Grubel, H. G. , Walker, M. A. , "Service industry growth: Cause and effects", Fraser Institute, 1989.

Holl, A. , "Highways and productivity in manufacturing firms", *The Quarterly Journal of Economics*, 2016.

Holtz-Eakin, D. , Schwartz, A. , Spatial productivity spillovers from public infrastructure: Evidence from state highways (Cambridge, MA, US: National Bureau of Economic Research, 1995).

Hopenhayn, H. A. , "Firms, misallocation and aggregate productivity: A review", *Annual Review of Economics* 6 (1), 2014.

Hsieh, C. T. , Klenow, P. J. , "Misallocation and manufacturing tfp in China and India", *Quarterly Journal of Economics* 124 (4), 2009.

Hulten, C. , Bennathan, E. , Srinivasan, S. , "Infrastructure, externalities, and economic development: A study of the Indian manufacturingindustry", *World Bank Economic Review* 20 (2), 2006.

Hulten, C. R. , Schwab, R. M. , "Public capital formation and the growth of regional manufacturing industries", *National Tax Journal* 44 (4), 1991.

Jason, H. , "Modelling cross-sectional profitability and capital intensity using panel corrected significance tests", *Applied Financial Economics* 18 (18), 2008.

Keller, W. , "Geographic localization of international technology diffusion", *American Economic Review* 92 (1), 2002.

Koopmans, T. C. , "On the concept of optimal economic growth", *Pontificae Academiae Scientiarum Scripta Varia* 28 (1), 1965.

Krugman, P. , "Increasing returns and economic geography", *Journal of Economics* 99 (3), 1991.

Kumbhakar, S. C. , Lovell, C. A. K. , *Stochastic frontier analysis* (Cambridge, MA, US: Cambridge University Press, 2000).

LeSage, J. P. , Pace, R. K. , *Introduction to spatial econometrics* (Boca Raton: CRC Press, 2009).

Levinsohn, J. , Petrin, A. , "Estimating production functions using inputs to control for unobservables", *Reviews of Economics Studies* 70 (2), 2003.

Li, H. , Li, Z. , "Road investment and inventory reduction: Firm level evidence from China", *Journal of Urban Economics* 76 (1), 2013.

Lucas, R. E. , "On the mechanics of economic development planning", *Journal of Monetary Economics* 22 (1), 1988.

Moreno, R. , Paci, R. , Usai, S. , "Spatial spillovers and innovation activity in European regions", *Social Science Electronic Publishing* 37 (10), 2005.

Morrison, P. C. J. , Schwartz, A. E. , "State infrastructure and productive performance", *American Economic Review* 86 (5), 1996.

Munnell, A. H. , "Is there a shortfall in public capital investment?", *New England Economic Review* 34 (5), 1991.

Munnell, A. H. , "Policy watch: Infrastructure investment and economic growth", *Journal of Economic Perspectives* 6 (4), 1992.

Munnell, A. H. , "Why has productivity growth declined? Productivity and public investment", *New England Economic Review* 30 (1), 1990.

Nadiri, I. , Mamuneas, T. P. , "The Effects of public infrastructure and R&D capital on the cost structure and performance of U. S. manufacturing industries", *The Review of Economics and Statistics* 76 (1), 1994.

Olley, G. S. , Pakes, A. , "The dynamics of productivity in the telecommunications equipment industry", *Econometrica* 64 (6), 1996.

Ozbay, K. , Berechman, J. , "Contribution of transportation investments to county output", *Transport Policy* 14 (4), 2007.

Pereira, A. M. , Andraz, J. M. , "Public investment in transportation infrastructures and regional asymmetries in Portugal", *Annals of Regional Science* 40

(4), 2006.

Pereira, A. M., Roca-Sagales, O., "Spillover effects of public capital forma-tion: Evidence from the Spanish regions", *Journal of Urban Economics* 53 (2), 2003.

Poncet, S., "Measuring Chinese domestic and international integration", *China Economic Review* 14 (1), 2003.

Restuccia, D., Rogerson, R., "Policy distortions and aggregate productivity with heterogeneous plants", *Review of Economic Dynamics* 11 (4), 2008.

Roberts, M., Deichmann, U., Fingleton, B., "Evaluating China's road to prosperity: A new economic geography approach", *Regional Science & Urban Economics* 42 (4), 2012.

Romer, P. M., "Growth based on increasing returns due to specialization", *The American Economic Review* 77 (2), 1987.

Romer, P. M., "Increasing returns and long-run growth", *Journal of Political Economy* 94 (5), 1986.

Scherer, F. M., "Firm size, market structure, opportunity, and the output of pa-tented inventions", *American Economic Review* 55 (5), 1965.

Shirley, C., Winston, C., "Firm inventory behavior and the returns from high-way infrastructure investments", *Journal of Urban Economics* 55 (2), 2003.

Solow, R. M., "A contribution to the theory of economic growth", *The Quarterly Journal of Economics*, 1956.

Solow, R. M., "Technical change and the aggregate production function", *The Review of Economics and Statistics* 39 (3), 1957.

Song, Z., Storesletten, K., Zilibotti, F., "Growing like China", *American Economic Reviews* 101 (1), 2011.

Swan, T. W., "Economic growth and capital accumulation", *Economic Record* 32 (2), 1956.

Syrquin, M., *Productivity growth and factor reallocation* (Oxford: Oxford Uni-versity Press, 1986).

Tobler, W. R. , "A computer movie simulating urban growth in the detroit region", *Economic Geography* 46 (1), 1970.

Vega, S. H. , Elhorst, J. P. , "On spatial econometric models, spillover effects, and W", 53rd ERSA Congress, Palermo, Italy. 2013.

Wang, Y. , Wu, B. , "Railways and the local economy: Evidence from Qingzang railway", *Economic Development and Cultural Change* 63 (3), 2015.

Yang, Y. , "Transport infrastructure, city productivity growth and industry reallocation: Evidence from China", RIEI Working Papers, 2016.

Young, A. , "Gold into base metals: Productivity growth in the People's Republic of China during the reform period", *Journal of Political Economy* 111 (6), 2003.

附　录[*]

单位：公里/万平方公里

省份	1985 年	1995 年	2005 年	2016 年
北京	534. 1463	621. 9512	686. 2195	770. 9146
天津	326. 3866	422. 6891	558. 4874	891. 5126
河北	145. 8211	169. 8947	244. 8421	366. 1053
山西	138. 2972	155. 2934	201. 1416	337. 5893
内蒙古	40. 5892	42. 8825	52. 7997	104. 3009
辽宁	240. 8645	242. 8863	283. 9483	378. 4139
吉林	186. 2006	185. 6990	190. 0640	269. 6211
黑龙江	110. 4736	108. 8767	124. 5573	137. 3084
上海	385. 9621	403. 7855	424. 4479	733. 5962
江苏	69. 5224	72. 8070	157. 4659	269. 7271
浙江	81. 7191	92. 1415	126. 9450	253. 1336
安徽	110. 7163	125. 6447	168. 5673	303. 9112
福建	82. 8710	82. 5806	130. 0887	258. 1452
江西	86. 0276	94. 7274	145. 2307	240. 2936
山东	126. 4990	130. 3628	211. 2858	347. 0592
河南	118. 9102	127. 9042	245. 4311	333. 5808
湖北	85. 0511	91. 0705	135. 8472	222. 6036

---

[*] 附录中表序均与第二章涉及的表序一一对应。

续表

省份	1985 年	1995 年	2005 年	2016 年
湖南	107.6912	108.2153	137.0161	222.8423
广东	50.9789	38.0423	123.7597	231.2514
广西	70.1436	9.2522	115.2852	219.3536
海南	50.9789	471.7514	62.6271	291.9209
重庆	59.3258	59.4021	154.0291	255.1092
四川	59.3258	59.4021	61.0392	95.3134
贵州	80.6250	80.8523	112.8239	185.7670
云南	41.5769	40.8205	59.6949	93.6282
西藏	0.0000	0.0000	0.0000	6.4451
陕西	90.1846	95.0923	152.1477	225.1020
甘肃	48.9464	51.1792	50.6943	90.4144
青海	15.1308	15.1599	15.1156	32.5239
宁夏	64.5181	107.5301	119.2620	198.8102
新疆	8.0934	8.0904	16.6325	35.3554

表 2-6　各省份公路密度

单位：公里/万平方公里

省份	1985 年	1995 年	2005 年	2016 年
北京	5171.9512	7201.8293	8960.9756	13430.4878
天津	3186.5546	3565.5462	9105.8824	14087.3950
河北	2142.0000	2717.3684	3994.4211	9917.4211
山西	1515.4337	2145.6633	4436.4158	9060.3316
内蒙古	322.8149	378.3009	668.0389	1657.3204
辽宁	2246.8346	2956.7052	3643.3628	8210.5514
吉林	1295.1441	1671.3447	2684.5251	5468.7300
黑龙江	1001.9163	1075.3084	1477.4670	3623.3921
上海	3246.0568	5973.1861	12791.7981	20965.2997
江苏	2186.7446	2531.1891	8064.2300	15331.7739
浙江	2302.3576	3351.7682	4774.0668	11694.7937
安徽	1933.2378	2519.9140	5215.4011	14153.8682

省份	1985 年	1995 年	2005 年	2016 年
福建	2902. 1774	3755. 9677	4700. 4839	8609. 4355
江西	1902. 9359	2091. 9712	3732. 7741	9700. 9587
山东	2312. 3488	3452. 7689	5100. 6365	16914. 0675
河南	2325. 7485	2976. 4671	4760. 8383	16014. 4311
湖北	2430. 3389	2621. 1942	4902. 1517	13995. 6428
湖南	2644. 0982	2791. 5486	4164. 3059	11249. 9056
广东	3563. 4038	4703. 3927	6414. 7386	12129. 3103
广西	1392. 9869	1728. 0946	2619. 4761	5092. 8179
海南	3563. 4040	4183. 0508	5977. 9661	7970. 9040
重庆	1841. 1550	2076. 7840	4637. 7427	17344. 7816
四川	1841. 1546	2076. 7835	2364. 8247	6683. 2577
贵州	1590. 8523	1845. 8523	2664. 3750	10887. 8409
云南	1270. 2821	1749. 6410	4298. 4103	6103. 8974
西藏	177. 5410	183. 5328	358. 3279	672. 9180
陕西	1802. 1380	1925. 1701	2647. 8134	8380. 5151
甘肃	724. 4875	775. 7108	910. 9544	3152. 7221
青海	220. 5870	238. 4466	411. 4634	1087. 9828
宁夏	1056. 6265	1288. 2530	1969. 5783	5111. 4458
新疆	133. 9277	182. 5181	539. 3434	1096. 8976

表 2 - 7　各省份客运量

单位：亿人

省份	1985 年	1995 年	2005 年	2016 年
北京	0. 7203	0. 8913	6. 0841	6. 1519
天津	0. 2984	0. 3308	0. 4679	1. 8377
河北	1. 6491	3. 6714	8. 0918	5. 0701
山西	1. 0564	2. 1337	4. 0209	2. 6374
内蒙古	0. 6673	1. 8273	3. 2114	1. 6697
辽宁	3. 9567	5. 2228	6. 0599	7. 3632

省份	1985 年	1995 年	2005 年	2016 年
吉林	1.7181	2.1313	2.7724	3.491
黑龙江	2.0338	2.3499	5.5619	3.9386
上海	0.3434	0.4766	0.9487	1.4416
江苏	5.3935	8.4803	14.5204	13.358
浙江	5.2776	10.9139	16.0669	10.5018
安徽	2.7212	5.7881	7.2871	8.1106
福建	3.3984	4.008	5.5615	5.1649
江西	1.8607	3.0113	4.1722	6.2876
山东	1.9772	3.6425	9.8485	6.3463
河南	3.6576	6.1964	9.8099	12.0528
湖北	2.8178	2.85082	7.1892	10.299
湖南	4.8666	7.1566	11.6457	12.176
广东	4.9848	13.0998	21.2104	14.4262
广西	2.0018	3.4317	5.2197	4.8699
海南	0.6057	1.9667	3.2933	1.3912
重庆	1.6923	3.9731	6.0436	6.3402
四川	5.5734	10.4742	17.0383	12.3746
贵州	1.0874	3.6151	6.445	8.9464
云南	0.94	2.17	4.11	4.88
西藏	0.0043	0.0237	0.0479	0.1155
陕西	1.5614	2.4267	3.9137	6.982
甘肃	0.6355	1.0547	1.7803	4.1626
青海	0.1288	0.2388	0.492	0.5934
宁夏	0.1349	0.4565	0.7107	0.8757
新疆	0.3728	1.7533	3.322	3.2148

表 2-8　各省份货运量

单位：亿吨

省份	1985 年	1995 年	2005 年	2016 年
北京	0.8739	3.2184	3.2509	2.0734
天津	1.8249	2.404	4.0263	5.0506
河北	5.0863	7.4214	9.133	21.0586
山西	2.9181	6.5962	12.5367	16.7076
内蒙古	1.1588	3.2732	7.3082	20.0475
辽宁	6.8534	8.84649	9.77484	20.7064
吉林	1.168	2.6655	3.7529	4.506
黑龙江	2.2999	3.7739	6.4612	5.35692
上海	2.4243	2.2531	6.8741	8.8324
江苏	4.6842	8.183	11.2909	20.2070
浙江	2.2385	6.2287	12.6192	21.5558
安徽	1.2775	4.0827	6.7128	36.4567
福建	1.3317	2.8922	4.04	12.0352
江西	1.908	2.2296	3.327	13.8118
山东	2.7371	6.6546	14.7999	28.5386
河南	3.5642	5.3582	7.8827	20.6087
湖北	1.1059	1.0174	5.0317	16.246
湖南	3.2902	4.9885	7.6876	20.6527
广东	5.8726	11.1063	15.847	37.7645
广西	1.2909	2.8622	4.1025	16.0761
海南	0.3486	1.0505	1.3558	2.1786
重庆	1.3513	2.2796	3.92	10.7966
四川	1.4694	6.7281	7.0364	16.097
贵州	0.5717	1.2586	2.1771	8.9526
云南	2	3.84	6.22	12.19
西藏	0.0087	0.0178	0.0369	0.1971
陕西	1.7468	2.9234	4.5724	14.9046
甘肃	1.0112	2.0275	2.5843	6.0661

续表

省份	1985 年	1995 年	2005 年	2016 年
青海	0.2033	0.3529	0.7152	1.6881
宁夏	0.361	0.522	0.934	4.326
新疆	1.068121	2.5406	4.06002	7.19613

表 2-9　各省份投资总额

单位：亿吨

省份	1985 年	1995 年	2005 年	2016 年
北京	3	29.17	240.92	761.6
天津	3.02	17.49	151.71	735.1
河北	3.46	44.46	420.46	2095.3
山西	5.21	39.35	217.59	912.6
内蒙古	2.11	15.36	362.16	1427.7
辽宁	8.15	34.09	301.64	661.2
吉林	0.59	6.07	175.14	1170
黑龙江	3.6	28.66	182.68	1134.6
上海	4.15	29.06	416.21	944.9
江苏	4.83	72.88	585.49	2551
浙江	2.42	65.26	723.73	2581.9
安徽	2.49	28.24	246.49	1628.5
福建	1.83	77.39	270.95	2505.4
江西	0.53	27.21	310.26	965.4
山东	10.06	56.89	405.66	2982.2
河南	2.17	39.15	541.42	1954.5
湖北	1.75	37.47	292.72	2833
湖南	0.89	39.41	216.6	1944.4
广东	15.42	222.73	635.02	3032.3
广西	2.37	35.23	195.67	1849.8
海南	15.42	16.77	32.49	467.1
重庆	4.29	55.49	228.27	1630.7

省份	1985 年	1995 年	2005 年	2016 年
四川	4.29	55.49	277.95	3738
贵州	0.64	9.3	144.69	1779.9
云南	2.3	24.95	337.49	2577.5
西藏	0.86	7.41	62.76	542.3
陕西	1.55	15.41	241.33	1584.6
甘肃	0.42	3.21	137.4	1100
青海	1.03	3.44	58.83	589.9
宁夏	0.36	7.09	44.04	367.7
新疆	1.99	17.78	211.62	836.1

表 2 - 10 各城市公路密度

单位：公里/万平方公里

城市	2004 年	2008 年	2012 年	2016 年
北京	8914.7523	12394.1259	13095.9722	13421.4856
天津	8820.4698	10254.2517	13087.5850	14255.1020
石家庄	5017.6678	9357.6477	10273.6623	11773.6938
唐山	5632.4228	9808.4917	10787.4852	13406.6928
秦皇岛	4347.9995	11161.7706	11663.5651	12517.2069
邯郸	6614.9892	10892.0577	12195.8216	13755.4163
邢台	4502.6430	10639.3759	12577.6902	14660.0220
保定	3080.5480	8401.1854	9234.2596	10845.6415
张家口	3000.8407	5181.5692	5317.2240	6221.9969
承德	1810.2053	4635.1269	4897.6434	5827.6089
沧州	3589.9808	9046.4669	10178.2538	11455.6639
廊坊	4753.4609	13669.3109	14765.7490	16381.1619
衡水	5809.4158	11870.6750	12849.0074	14214.0045
太原	4188.6090	8603.5198	10029.3318	10633.9219
大同	3750.0000	8112.1257	8858.9934	9042.3257
阳泉	3258.2057	11487.9650	12253.1729	12489.2251

续表

城市	2004 年	2008 年	2012 年	2016 年
长治	3679.4761	7548.9349	8048.2873	8263.8149
晋城	3443.6249	8106.3581	9295.2977	9594.8502
朔州	4600.3954	7941.4423	9087.8366	9334.4156
运城	6248.2097	10094.4926	10936.5348	11270.1691
忻州	4135.2000	6320.8186	6879.9618	7063.1322
临汾	4517.3859	7931.4427	8787.3243	9058.4490
呼和浩特	2145.2624	3620.5295	3903.2745	4275.5127
包头	1440.5071	2429.4152	2471.1899	2648.2224
乌海	2953.2497	4367.1608	5074.1163	8392.8042
赤峰	1193.1660	2310.9675	2627.9796	2736.1887
通辽	1487.1667	2769.9672	3046.9472	3431.8057
鄂尔多斯	1042.3967	1681.2293	2054.3619	2280.2160
呼伦贝尔	393.2806	738.6444	820.5055	987.4520
巴彦淖尔	850.1389	2996.2896	3115.5202	3427.3089
乌兰察布	1297.2546	2188.0276	2327.3141	2631.0775
沈阳	4517.7196	8857.4730	9175.1926	9509.0203
大连	3703.6742	9123.5884	9352.9505	10040.6636
鞍山	3842.4125	7574.5785	7858.8413	8364.3133
抚顺	3051.8098	5012.4202	5343.9496	5965.1328
本溪	2954.4644	4547.6162	4846.5105	5435.2733
丹东	2709.9135	4817.6979	5052.1623	6171.9735
锦州	3331.7154	6929.0871	7139.9466	8070.9064
营口	3820.8071	7165.8645	7588.1155	8211.0895
阜新	3062.2887	5769.1936	6100.5311	6804.3151
辽阳	3913.1351	6793.1689	7069.1545	7720.9198
盘锦	4856.3007	8059.4449	8332.5964	9067.7952
铁岭	3841.7643	7927.5809	8223.3436	8948.1574
朝阳	2850.3985	6957.2059	7142.4438	7925.5231
葫芦岛	3017.7628	6241.9587	6644.2631	7860.5819

城市	2004 年	2008 年	2012 年	2016 年
长春	3399.9319	9263.7352	10515.3368	11069.3443
吉林	3192.4779	5448.0088	5410.6195	5863.7635
四平	2718.0398	5813.2102	6318.3949	6830.6614
辽源	3629.1107	7758.3187	8244.6001	8835.1912
通化	3218.8220	4026.3244	4287.5946	4770.9621
白山	2963.1112	3653.9891	3735.5448	4213.8519
松原	2274.5377	5351.3514	5663.7743	6150.3277
白城	1823.1356	3328.0249	3805.8652	4316.1360
哈尔滨	2887.0506	3566.3677	3849.1370	4643.4498
齐齐哈尔	1837.3402	4444.1828	4690.2446	5435.2902
鸡西	1256.9349	2256.8905	2532.0669	4157.1787
鹤岗	1353.7684	1681.4582	1704.1234	4167.2701
双鸭山	1043.4551	1607.1890	1583.5704	3963.1643
大庆	16023.3753	3624.1105	3782.6948	4208.1637
伊春	466.1314	692.0236	702.4024	2144.5636
佳木斯	1473.8258	2816.1693	2844.2087	4812.9413
七台河	1347.0503	2613.7277	2846.0055	4198.3004
牡丹江	1674.5928	1758.1253	1951.9996	3120.6641
绥化	1753.2319	5018.3045	5304.7706	6086.8480
上海	12308.7841	24990.5363	19780.7571	20965.2997
南京	12430.8721	15442.1149	16756.1531	17028.7218
无锡	8661.2364	15551.3784	15952.3810	16101.2059
徐州	8678.2732	13680.9380	14459.3178	14624.1932
常州	8114.2857	16385.4048	19788.3694	20292.3201
苏州	7602.4976	13905.5137	14699.5759	14970.8829
南通	10863.6420	18733.9083	22390.3262	22607.8132
连云港	6438.6667	14560.0000	15341.3333	15813.2348
淮安	5686.0604	10984.9087	12709.4917	12954.2501
盐城	5121.1373	10352.9342	11081.1926	11394.5709

城市	2004 年	2008 年	2012 年	2016 年
扬州	8228. 8212	14933. 6750	15556. 0748	15821. 4800
镇江	7897. 0626	16831. 2971	18374. 0577	18834. 8715
泰州	7984. 8040	13720. 8901	15531. 9993	16219. 2488
宿迁	7151. 3735	11747. 5161	12386. 9082	12659. 3164
杭州	4062. 4247	8857. 5560	9488. 3707	9928. 7860
宁波	5995. 7288	9750. 4329	10859. 5294	11443. 1679
温州	4629. 1582	11438. 3910	11984. 0462	12521. 4500
嘉兴	5269. 4764	18932. 3116	20084. 8020	20782. 3915
湖州	5223. 4445	12695. 0842	13941. 0450	14470. 2145
绍兴	5129. 6027	10769. 1376	11612. 4031	12202. 3318
金华	6317. 0910	10319. 8976	10841. 5136	11349. 9326
衢州	3500. 7352	7938. 0161	8848. 4334	9322. 4196
舟山	6548. 6111	11215. 2778	12511. 8056	13330. 9575
台州	4383. 1686	11255. 9770	12419. 6153	13003. 5674
丽水	2732. 1078	6762. 0534	8258. 0645	8752. 2271
合肥	6625. 4090	12129. 9844	23991. 7695	26842. 2887
芜湖	9237. 2626	14492. 0109	28742. 8399	31832. 5775
蚌埠	8203. 9651	10908. 9382	10954. 3011	14606. 3481
淮南	7601. 5474	16162. 4758	16247. 5822	18858. 2707
马鞍山	6494. 6619	13244. 3654	41269. 2764	45545. 1177
淮北	5063. 8453	13137. 5410	13210. 5071	15529. 3285
铜陵	5849. 0566	13737. 6460	13971. 2489	15684. 4519
安庆	3358. 4416	9685. 3375	9808. 0689	12696. 1679
黄山	2778. 6275	5540. 9401	5756. 0926	8094. 3593
滁州	4071. 5817	10743. 9178	12747. 1715	13978. 2329
阜阳	5264. 4501	11574. 4246	11646. 0358	14514. 2260
宿州	6500. 4598	12792. 4798	12886. 4821	15410. 7903
六安	5361. 5932	8910. 2136	13521. 3618	14176. 9971
宣城	3756. 0660	9678. 6497	9720. 0357	10116. 1893

城市	2004 年	2008 年	2012 年	2016 年
福州	4270.5548	7481.4134	8143.6346	8929.2881
厦门	9515.6150	11678.3217	12231.4050	13389.3240
莆田	4059.8186	12590.4346	14726.8755	15782.9062
三明	3298.9242	5773.8173	6179.2637	7002.1865
泉州	9033.6830	12637.3128	13345.4380	14614.8152
漳州	4773.9530	7786.8407	7972.5006	9464.4003
南平	4156.7732	5107.7332	5370.3211	6106.1704
龙岩	5185.8268	6207.8372	6620.1542	7638.8802
宁德	2772.0785	7011.6244	7609.4505	8635.9976
南昌	3689.4510	12574.9797	14662.2534	15193.3833
景德镇	4379.7565	7528.5388	8742.3896	9429.5603
萍乡	6148.4191	14147.4895	17826.8828	18443.5364
九江	3730.5424	8958.1894	10078.0959	10710.7244
新余	5179.3581	12191.1349	13571.2040	14031.3284
鹰潭	4423.1851	9890.2645	11297.1300	11890.5169
赣州	2967.2423	6362.6206	7150.8380	7903.4422
吉安	3268.9338	7717.6792	8713.9876	9397.1710
宜春	4143.7677	8244.1481	9513.6322	10225.8417
抚州	4235.5690	6434.6440	7411.7960	8066.0719
上饶	3167.4784	7474.4417	8530.1215	9209.5407
济南	5618.1974	13465.8188	15038.2781	16328.8945
青岛	5636.3303	13328.4751	14775.9155	15662.3593
淄博	6279.8922	17089.6899	17771.6681	19132.6214
枣庄	4584.6154	14332.6759	16510.4098	18366.9716
东营	5918.2128	10113.5933	10706.1719	11718.0431
烟台	4649.3525	10213.1529	11591.8813	13210.0767
潍坊	4838.8927	13743.2052	15280.2874	16586.8886
济宁	5418.8114	13404.5024	15579.5962	17075.5372
泰安	5657.0472	17217.2121	18304.5607	19279.4688

城市	2004 年	2008 年	2012 年	2016 年
威海	4650.4783	11619.8666	12107.7571	13223.6703
日照	4542.3729	11773.2612	13986.7611	16020.8272
莱芜	5008.9047	15389.4081	17323.9875	19336.7855
临沂	2358.5894	12520.0792	14033.3489	15705.4822
德州	3794.9015	19930.4751	20698.8219	21664.2050
聊城	5243.8325	16154.1997	19052.6255	20807.4709
滨州	8293.2769	15203.0886	16521.2608	17568.5449
菏泽	4752.8393	15456.3281	17462.0476	18546.9791
郑州	8268.8692	16295.9979	17049.6911	18136.1456
开封	4554.6245	13305.4004	13715.8597	14771.1266
洛阳	3544.0789	11602.6316	12059.8684	13109.7542
平顶山	5142.0959	16606.1913	17085.7650	18141.5248
安阳	6073.1148	15426.9527	15928.3691	17003.4995
鹤壁	6833.1806	19628.7809	20439.5050	21508.2032
新乡	4590.5252	15422.9404	15988.1258	17095.6221
焦作	7931.7121	17617.2930	18092.6062	19145.8691
濮阳	7133.1458	14062.3535	15124.7070	16209.2027
许昌	6487.1898	17864.2914	18588.4708	19645.3637
漯河	6694.6886	19247.2297	20060.7566	21115.6297
三门峡	3924.3521	8807.1646	9062.4047	10131.2822
南阳	2928.0303	13875.7576	14394.6591	15457.9341
商丘	5329.7833	20917.4141	21535.5007	22588.4970
信阳	3706.5657	12300.2917	12635.6891	13718.6331
周口	4823.9819	17381.0519	18252.3622	19316.8875
驻马店	3175.7608	12286.6804	12772.9232	13831.1270
武汉	5705.2037	11728.2788	15701.6718	19475.1122
黄石	6369.1905	9862.5355	11770.2378	14253.1326
十堰	3697.2128	7304.4764	9305.7432	12091.7194
宜昌	5035.6328	11726.5298	12563.1889	14904.9289

城市	2004 年	2008 年	2012 年	2016 年
襄阳	6879.9432	12471.6082	13167.7145	15248.1101
鄂州	12426.8617	18417.5532	20605.0532	23418.1415
荆门	4494.5179	7608.0297	9318.7681	11908.6325
孝感	5668.9113	14711.5600	14481.1448	17165.6143
咸宁	4751.0394	12428.7598	13738.4647	16065.9666
长沙	4646.7552	10072.7642	13291.7336	13529.8788
株洲	3633.7828	9233.7708	12028.5562	12339.2428
湘潭	5421.7348	13706.8794	15551.3460	15666.1259
衡阳	5493.7949	11359.8641	13562.5694	13667.5197
邵阳	3829.0927	9180.5089	10419.9232	10653.3307
岳阳	5458.3416	10151.1235	13378.8692	13559.1232
常德	4176.4706	9434.3046	12193.3480	12369.2515
益阳	3334.9802	9710.1449	13031.5382	13190.4084
郴州	3527.4397	5883.3154	8896.4565	9094.2909
永州	3148.2554	8279.4884	10231.0503	10369.5978
怀化	3459.3107	5998.0452	7309.6583	7531.3427
娄底	6068.7446	13597.3882	18010.5950	18246.3644
广州	7315.0390	11811.9451	12102.6365	12935.4890
韶关	5002.9916	7068.1904	7998.3751	9114.5218
深圳	8305.1715	10189.4521	8495.1357	9465.7676
珠海	6238.1517	8189.3004	8514.9912	9362.7698
汕头	8846.8992	18095.9302	18421.9961	19315.4632
佛山	10197.5052	13225.0520	13530.6653	14357.5231
江门	5001.5722	10406.6660	10489.7809	11335.0611
湛江	6076.4975	16114.1777	16249.0737	17330.8200
茂名	6966.3117	13370.5708	13647.7570	14493.9010
肇庆	5410.6085	6751.6849	8332.9589	9673.3695
惠州	6614.9848	9381.6096	9798.7094	10926.9319
梅州	6963.8798	9639.5715	10007.6875	11531.7835

城市	2004 年	2008 年	2012 年	2016 年
汕尾	6501.6126	9142.4777	9227.0916	11157.0718
河源	5621.1298	8776.0647	9636.4843	10532.1114
清远	5450.8432	9130.6845	9522.5291	12193.2645
东莞	11192.6978	15752.5355	20156.5923	21134.9650
中山	5983.3333	9261.1111	15316.1111	15220.4148
潮州	6016.0772	14635.4839	16284.1935	17140.9925
揭阳	8230.9160	11973.2824	12124.2366	14608.1605
南宁	2770.8936	4702.8763	5344.0213	5901.0738
柳州	1954.6651	4022.6675	4306.7626	4728.5860
桂林	2596.2818	3844.7984	4107.6630	4623.6730
梧州	2804.2580	4695.1074	5278.4870	5016.6723
北海	6050.3446	7419.8382	7449.8052	8135.6715
防城港	2629.0244	4078.6281	4384.4038	4992.5724
钦州	3515.6322	4395.4625	5486.9501	6078.3551
贵港	2129.9265	5501.6029	5989.1571	6628.7431
玉林	4354.2608	6712.1047	7782.0533	7978.5000
百色	1981.1607	3492.7212	4067.0147	4611.7805
贺州	2226.9085	2726.2758	3821.4256	4130.6075
海口	6325.3796	8402.7778	13360.6771	13485.2431
三亚	5367.3788	5096.6057	8616.1880	7054.8303
重庆	3925.0998	13115.6883	14576.0993	17255.5719
成都	9690.8657	15695.7224	17928.8136	18678.4243
自贡	4827.3496	11733.3638	14454.3791	15193.6849
攀枝花	2458.3333	4997.3118	6267.6075	6722.9739
泸州	5771.2093	8796.4399	10694.7007	11285.9811
德阳	6042.9963	12428.6194	13560.4636	14066.8762
绵阳	2981.8594	6990.4687	9603.4866	10148.5969
广元	2790.2415	7027.7063	10546.5858	11596.8409
遂宁	4460.0939	14760.5634	16362.6291	16949.2206

续表

城市	2004 年	2008 年	2012 年	2016 年
内江	5569.9963	17868.5481	18604.1589	19062.9545
乐山	3221.5812	6234.2118	7236.3169	9512.1679
南充	4444.2664	12970.5906	16479.2051	17591.9617
宜宾	3370.4735	8402.4693	13574.9454	14203.3005
雅安	1771.5436	3319.8275	4003.9211	4480.4541
巴中	3437.1189	8822.8599	13064.1411	13987.9349
资阳	4463.7026	12148.9575	18281.0852	18900.4833
贵阳	4783.4205	10557.6301	11683.0968	12971.6955
六盘水	4127.4965	11076.7997	12093.0419	13329.5755
遵义	6483.9737	6448.5404	8034.0355	9658.7162
安顺	2211.7876	6932.1247	10433.1499	15032.8031
昆明	5729.7144	7697.2926	8375.0960	8818.3875
曲靖	5004.8493	7020.8276	9592.4440	10102.5188
玉溪	9913.6408	10705.9208	10856.3952	11241.3787
保山	5070.9094	5865.9673	6432.2453	6928.3144
昭通	5442.8565	6333.7157	6740.0512	7591.6770
丽江	3051.0392	2812.5736	3189.5942	3672.5530
普洱	3505.3432	4196.7610	4298.1161	4708.6317
临沧	4603.2005	5598.9211	5981.8546	6458.5474
西安	3862.5664	11767.9066	12986.8421	13345.8118
铜川	5208.6553	8204.5337	9548.1710	10093.5339
宝鸡	2606.7576	6822.5842	8255.9982	9099.6546
咸阳	4589.0545	14019.2232	15106.7085	15461.8102
渭南	4287.3458	13086.0034	13853.1351	14287.7125
延安	1428.5714	3593.9736	4524.0975	4956.5613
汉中	2568.5309	4555.5760	6590.2260	7133.3952
榆林	1686.1719	4435.9539	5936.2063	6582.1026
安康	2600.6205	7314.8030	9427.3025	9932.2558
兰州	1849.3046	5121.8953	5894.9943	6123.4356

续表

城市	2004 年	2008 年	2012 年	2016 年
嘉峪关	943. 7819	2078. 3646	2346. 1670	2440. 6344
金昌	872. 3022	2121. 1781	2830. 9353	3189. 6738
白银	1348. 4261	4387. 9384	5304. 5656	5550. 0125
天水	2148. 4948	6164. 0783	7206. 2121	7451. 5903
武威	986. 5215	2600. 6378	3143. 0892	3567. 0488
张掖	726. 5528	2287. 7111	2583. 2936	2785. 5250
平凉	2446. 9514	8213. 0707	8941. 0027	9274. 1386
酒泉	289. 9873	476. 0947	796. 9161	1003. 4045
西宁	3759. 9478	8913. 5835	5647. 7971	5675. 2517
银川	1750. 2726	3150. 1832	4346. 5201	4969. 9735
石嘴山	3460. 0355	3815. 4426	4785. 3107	5667. 5030
吴忠	2016. 0452	2668. 9222	3944. 3464	4642. 7732
乌鲁木齐	1078. 3333	1780. 3883	2449. 5639	2522. 5098
克拉玛依	505. 8651	633. 6406	1050. 3770	1156. 2631

表 2 - 11　各城市客运量

单位：万人

城市	2004 年	2008 年	2012 年	2016 年
北京	41552	9570. 5	132333	48039
天津	2457	6579	24483	13741
石家庄	13586	8788	13793	4582
唐山	8971	9128	13770	2510
秦皇岛	5544	6384	2110	1422
邯郸	11248	12843	17433	5346
邢台	5244	6073	8972	2709
保定	7125	10285	15363	10749
张家口	2720	2710	4461	1731
承德	2729	4212	5050	1074
沧州	6717	7194	9667	4916

续表

城市	2004 年	2008 年	2012 年	2016 年
廊坊	5015	5478	3456	3064
衡水	3601	1959	3143	1387
太原	2322	2430	2141	876
大同	1654	2187	2831	1381
阳泉	3025	3267	2785	1104
长治	3545	4646	3478	3295
晋城	6143	6307	2730	1416
朔州	1400	1800	3151	1210
运城	3553	5422.6	5211	2921
忻州	2820	3174.9	1650	1453
临汾	5355	6146	4570	1463
呼和浩特	3690	4488	1691	466
包头	10812	20153	1417	657
乌海	357	526.4	314	111
赤峰	2600	2950	5066	2791
通辽	2106	2656.8	2831	1628
鄂尔多斯	1491	4076	2423	647
呼伦贝尔	2524	4890	3243	1468
巴彦淖尔	2241	2809	1914	1368
乌兰察布	1062	1900	1769	343
沈阳	4783	7081.7	29121	15244
大连	9800	14851	11246	7647
鞍山	5304	6213	6365	5769
抚顺	2022	2866	3281	2109
本溪	2333	2873	3001	2159
丹东	2400	3574	5468	3908
锦州	2431	3289.2	4355	4463
营口	2318	3686	4330	2759
阜新	2285	1164	1109	1155

续表

城市	2004 年	2008 年	2012 年	2016 年
辽阳	3391	3807	4784	3043
盘锦	1590	2020	4085	2439
铁岭	3190	4156	6104	3552
朝阳	2985	3635	4052	2171
葫芦岛	480	5178	3349	2637
长春	4846	5890	11488	7113
吉林	3476	4250	11340	3838
四平	2686	3698	5145	3327
辽源	1737	2110	1653	2248
通化	2301	2939	8405	2508
白山	1465	1837	5254	1754
松原	1940	4127	8649	2839
白城	601	827	2140	1489
哈尔滨	4602	6497	11210	7448
齐齐哈尔	3412	3393	6136	4365
鸡西	3095	3565	4455	3704
鹤岗	348	499	412	610
双鸭山	2468	3767	3078	1260
大庆	768	827	1935	1515
伊春	319	403	1010	752
佳木斯	1958	2583.1	3121	2095
七台河	1616	1412	1242	592
牡丹江	2032	2265	3544	
绥化	1971	2102.2	3301	3593
上海	2465	2934	3748	3402
南京	17641	46658	42519	8490
无锡	16468	23046	22931	5785
徐州	6601	20529	23168	13217
常州	11973	21109	16030	5423

城市	2004 年	2008 年	2012 年	2016 年
苏州	25265	45386	68895	31589
南通	8815	12570	21350	8204
连云港	5912	14681	15630	4654
淮安	3313	4859	12275	7226
盐城	6255	9176	14243	8283
扬州	7413	10400	8879	3840
镇江	6168	10092	11646	3574
泰州	4238	6775	9649	7300
宿迁	2558	4405	10905	5909
杭州	20372	25630	31126	12282
宁波	26510	30130	27110	4813
温州	24517	28164	33549	22125
嘉兴	13150	16596	11469	3000
湖州	7264	9254	9431	4925
绍兴	13737	16285	17414	2957
金华	14406	20196	29931	12235
衢州	3615	7305	11485	4913
舟山	6260	7905	13884	2464
台州	14214	20621	30210	9895
丽水	3432	5207	5732	3244
合肥	6010	12885	31858	10127
芜湖	2720	5719	14659	3808
蚌埠	2262	4520	15728	2978
淮南	1799	2270	7223	4034
马鞍山	1298	1338	6940	2729
淮北	2356	4210	8090	1736
铜陵	1338	1381	10521	2141
安庆	2582	5993	8471	4247
黄山	3045	4952	2720	3584

城市	2004 年	2008 年	2012 年	2016 年
滁州	5642	6549	11915	7836
阜阳	4976	6543	25862	7803
宿州	6456	7358	6731	4683
六安	6985	18419	29701	6207
宣城	3561	6409.1	11912	3484
福州	9430	10270	18395	10152
厦门	3772	4356.8	10824	4139
莆田	6386	7327.3	10006	2764
三明	4718	5136.3	3811	2343
泉州	9498	8666	13411	6580
漳州	5540	5999	5340	2401
南平	3845	2569	2888	2024
龙岩	2238	3957	3387	2023
宁德	5395	5882.6	6894	6712
南昌	3522	3846	9003	3001
景德镇	1798	1008	1773	1803
萍乡	2608	4390	6819	6322
九江	4203	4723	11147	8820
新余	1093	1277	1816	1247
鹰潭	940	1774	5204	1957
赣州	4950	5735	9153	8801
吉安	4227	3412	3860	4744
宜春	5074	5125	8264	4163
抚州	2844	3430	4499	4351
上饶	4952	6027	16012	8157
济南	4875	12785.5	13084	3212
青岛	16420	19908.7	22724	4532
淄博	16591	28770	42029	581
枣庄	4936	6265	7567	2493

城市	2004 年	2008 年	2012 年	2016 年
东营	2436	3659	4333	599
烟台	8194	12143	34656	5019
潍坊	4887	15620	22981	5972
济宁	4538	8949.6	10030	3623
泰安	2974	4071	6087	2920
威海	3427	5647.4	16586	2666
日照	2910	4958	4450	2414
莱芜	1080	3151	3899	137
临沂	3853	10860	23415	4943
德州	1174	7714	11660	1893
聊城	2284	5765.1	9056	1809
滨州	1785	5094	6430	1136
菏泽	3015	6075	15812	4874
郑州	10175	21395.1	31876	11007
开封	3535	4124.9	7944	4070
洛阳	7562	9009.3	17401	11456
平顶山	4674	6536.3	10398	7781
安阳	5057	5357	8979	5446
鹤壁	1067	1762.7	7430	1248
新乡	3701	5067.8	6850	5458
焦作	3220	3732.6	4668	2628
濮阳	1904	3376.4	5333	3890
许昌	2912	5353.9	6821	3956
漯河	3109	2644.9	4331	2337
三门峡	5722	6896	4841	2335
南阳	8153	11231.2	21928	11058
商丘	3949	8872.7	14504	8231
信阳	5507	5776.1	12204	6773
周口	5999	7300.3	11781	5778

续表

城市	2004 年	2008 年	2012 年	2016 年
驻马店	6769	11914.5	17206	11770
武汉	9480	12082	16794	11484
黄石	3172	3892	4516	3391
十堰	4850	4088	7013	3326
宜昌	6400	8163.4	13114	10899
襄樊	7399	9275	13963	10974
鄂州	1883	1881	2087	2029
荆门	4052	5164	7127	2917
孝感	6588	8356.7	8227	6942
咸宁	3478	4778	6057	5953
长沙	10003	11334	33848	7578
株洲	7786	12261	15121	8567
湘潭	2840	3400	4972	1635
衡阳	6110	11591.8	22837	9801
邵阳	10850	10289	13842	12720
岳阳	8168	8559.4	11441	9678
常德	12410	13111.9	14016	9894
益阳	5203	6159	11113	7336
郴州	6979	9989.7	7642	4796
永州	5773	7929	8480	8930
怀化	8084	6586.6	9617	13020
娄底	9235	10192	10439	6016
广州	27845	42359	58875	91323
韶关	3435	3218	15451	5166
深圳	9891	11800	179369	5585
珠海	3942	5820	26126	3019
汕头	2071	2287	3406	1556
佛山	13438	18531	42850	5246
江门	8189	7986	19379	9556

续表

城市	2004 年	2008 年	2012 年	2016 年
湛江	6130	6895	13690	7988
茂名	21861	5772	8131	5909
肇庆	4149	6445	7569	3039
惠州	4994	5591	16013	6422
梅州	5928	4186	5788	2693
汕尾	3963	5391	11883	1196
河源	1936	2495	4629	3109
清远	4377	13714	12543	2587
东莞	33240	56003	79707	4874
中山	9123	11260	28044	1469
潮州	1681	1072	3377	2228
揭阳	3095	4487	5886	2011
南宁	7757	10692	10624	5719
柳州	3827	4859	3121	2280
桂林	4436	6646	17416	7701
梧州	2020	2361	3839	1690
北海	2795	4194.8	3736	2042
防城港	606	3732.9	2508	860
钦州	1669	2624.3	4429	1591
贵港	1826	2626.1	6805	2831
玉林	4440	5890.3	7280	3130
百色	3525	4390	7656	4061
贺州	2181	2132	4158	1195
海口	13703	19110	36394	2827
三亚	1284	2072.4	4274	889
重庆	60833	102680	152249	55594
成都	27446	33714.8	90980	12370
自贡	9190	14013	9737	4851
攀枝花	2108	4359	5898	2267

城市	2004 年	2008 年	2012 年	2016 年
泸州	9509	16571.8	13232	7573
德阳	4946	6186	12063	5831
绵阳	8312	7734	9609	5349
广元	2378	3587	13858	1910
遂宁	3195	3480	5398	3133
内江	8807	12082	10448	12638
乐山	4537	3941.1	8537	4252
南充	12294	16116	11929	7098
宜宾	10097	8396	16944	5875
雅安	2541	3199	2522	2429
巴中	2114	3679	6417	2956
资阳	4404	6374	7322	4302
贵阳	18501	24128	44299	62385
六盘水	11806	20068	32042	53227
遵义	10635	13425	26343	90241
安顺	5082	6038	6286	8900
昆明	4083	6106	9341	7376
曲靖	4634	4407.5	6031	7045
玉溪	1032	2351.8	3688	305
保山	842	1050	1947	2103
昭通	3067	3810	2546	2094
丽江	654	703.2	1913	2913
思茅	1165	1923	3206	1512
临沧	537	625	870	995
西安	7569	8820	30893	15773
铜川	708	900	1667	1348
宝鸡	4702	7140	9999	9505
咸阳	4220	5800	13356	8435
渭南	4143	6930	13787	9319

续表

城市	2004 年	2008 年	2012 年	2016 年
延安	1280	1977	7969	3145
汉中	3034	4064	9294	2303
榆林	1898	2010	7533	2870
安康	6663	14044	7924	3371
兰州	1798	2253.2	3374	4213
嘉峪关	84	2647.9	4053	7993
金昌	536	712	998	440
白银	1293	1667	4900	2007
天水	1222	1638	5829	3194
武威	1012	1732	2867	4779
张掖	1405	1951	3105	1819
平凉	678	931	3507	3761
酒泉	1512	1856	6925	8540
西宁	2924	3127	4701	1950
银川	2240	2775	3201	3447
石嘴山	1371	1828	2453	1134
吴忠	1789	1825	4247	1112
乌鲁木齐	1750	2411	3194	1805
克拉玛依	4012	461	645	93

表 2 - 12 各城市货运量

单位：万吨

城市	2004 年	2008 年	2012 年	2016 年
北京	27973	18689	24925	19972
天津	19560	27000	28228	32841
石家庄	10349	11075	27351	40639
唐山	10282	18340	37625	38965
秦皇岛	4233	4864	4928	6300
邯郸	8124	14921	31901	18744

续表

城市	2004 年	2008 年	2012 年	2016 年
邢台	3135	7683	13328	20190
保定	6198	8348	21949	11042
张家口	4956	3782	5895	12188
承德	2706	4112	7475	4326
沧州	7829	10111	29164	21728
廊坊	5097	6958	10891	10384
衡水	3273	2667	5023	4770
太原	11372	14786	9637	15043
大同	6813	6867	7841	10315
阳泉	6721	8129	3935	3709
长治	6850	7937	6450	8713
晋城	8743	8607	3910	5990
朔州	5700	8546	2008	3243
运城	2946	3502	5842	13432
忻州	5249	5932	6355	8439
临汾	7978	8840	11486	14669
呼和浩特	5171	8944	12790	16887
包头	13729	30360	26951	29803
乌海	3880	5114	8474	5580
赤峰	6823	8150	11890	13539
通辽	3699	9325	5160	9292
鄂尔多斯	9910	3935	35258	17426
呼伦贝尔	3813	6692	7093	10078
巴彦淖尔	2335	3029	3515	8885
乌兰察布	2529	4879	6121	6384
沈阳	14210	20260	21259	21503
大连	16741	23404	25093	27251
鞍山	6378	6891	23097	19248
抚顺	1890	4552	9251	8780

城市	2004 年	2008 年	2012 年	2016 年
本溪	4495	5749	8108	7835
丹东	2600	3901	7466	6829
锦州	4564	6623	15495	16311
营口	3412	7861	13341	15432
阜新	3297	1278	4238	4579
辽阳	3204	5713	12187	13474
盘锦	3817	5180	10544	12928
铁岭	2814	5843	10176	7012
朝阳	3488	4094	4221	4891
葫芦岛	59	3110	9879	11298
长春	9369	11061	15477	10895
吉林	3490	4985	8331	5444
四平	2605	3539	6460	8010
辽源	1644	2117	1474	2284
通化	3250	4003	2457	2194
白山	1715	2307	1884	1061
松原	1181	2590	5379	6123
白城	511	843	1493	1522
哈尔滨	8210	9665	9606	7238
齐齐哈尔	3928	7025	9399	11207
鸡西	1511	2600	3575	3672
鹤岗	1365	896	1935	1193
双鸭山	1611	2423	2075	1203
大庆	2023	2490	3795	8114
伊春	325	393	1269	588
佳木斯	1952	2610	3139	4486
七台河	2813	2511	1368	1157
牡丹江	1747	2508	3450	
绥化	1968	2123	3589	2900

续表

城市	2004 年	2008 年	2012 年	2016 年
上海	31554	42729	42911	39055
南京	9741	13784	22020	12463
无锡	6174	9930	14189	13225
徐州	5225	11508	18697	17586
常州	4334	9982	15344	11095
苏州	6941	10863	16441	12287
南通	6296	10825	20199	11535
连云港	3328	8514	12305	8378
淮安	1953	2981	7287	5663
盐城	3027	4877	8150	5076
扬州	4197	6209	7645	6546
镇江	4283	6568	12418	6950
泰州	2032	2937	4641	2577
宿迁	1561	3061	5497	3785
杭州	13117	16822	23243	25194
宁波	9890	13550	16570	25635
温州	8277	15175	8022	9678
嘉兴	2360	3535	8432	11306
湖州	4683	6792	7081	8618
绍兴	8132	10318	8204	11134
金华	10649	15610	12691	8723
衢州	6411	9241	8364	9975
舟山	1439	2406	4697	7244
台州	5362	8282	11744	11658
丽水	2450	3109	4496	4832
合肥	4180	10590	31525	28975
芜湖	2559	5136	14086	6762
蚌埠	2152	4330	16775	20802
淮南	1288	1393	7098	10509

城市	2004 年	2008 年	2012 年	2016 年
马鞍山	1220	2662	14868	6180
淮北	2580	4464	6630	12469
铜陵	1208	1351	10244	3090
安庆	1801	3714	24426	11837
黄山	2221	4137	6939	4775
滁州	4653	6414	13537	27366
阜阳	2619	4054	28766	43334
宿州	4218	6217	21566	22115
六安	4950	17538	29046	20752
宣城	1741	3810	11134	8202
福州	5014	8160	10677	15694
厦门	1692	2625	8083	19008
莆田	1667	2540	3334	4797
三明	3754	4916	8596	9288
泉州	5313	6443	8472	14548
漳州	3037	3796	4490	7362
南平	1930	2245	3534	3316
龙岩	2824	6031	9656	8281
宁德	678	1359	2042	3469
南昌	3624	4710	8510	11067
景德镇	2090	512	1980	3146
萍乡	2203	2593	9831	3266
九江	1347	2456	9818	10768
新余	1229	1741	10921	16608
鹰潭	1052	2473	5808	3793
赣州	3092	3970	17266	9302
吉安	1223	3444	7945	10309
宜春	3613	3681	12898	18764
抚州	1558	2007	11754	14183

续表

城市	2004 年	2008 年	2012 年	2016 年
上饶	2489	6783	16893	21666
济南	7888	13588	15922	21212
青岛	29937	34172	21312	20701
淄博	5217	18110	26216	17053
枣庄	4786	6907	22695	5307
东营	4692	5596	6888	5144
烟台	10541	18468	16260	17504
潍坊	6866	16021	23226	23680
济宁	12716	16282	22000	24784
泰安	4737	6011	11553	6702
威海	4275	7353	6899	6927
日照	2080	3956	12100	7602
莱芜	1086	5557	6438	6742
临沂	4106	14870	33466	29419
德州	2279	8827	17378	13418
聊城	1336	3721	15063	17051
滨州	2226	8208	13619	12184
菏泽	2409	5139	27649	14312
郑州	6076	11387	23566	19269
开封	3243	4127	8600	3081
洛阳	5158	8372	18847	22046
平顶山	2586	6501	16638	11749
安阳	3569	6496	22587	10624
鹤壁	841	1520	6749	6472
新乡	4820	5184	10914	12336
焦作	4070	8038	19047	9796
濮阳	1538	2375	4451	5141
许昌	1859	9740	21451	8116
漯河	1595	2132	4906	5947

城市	2004 年	2008 年	2012 年	2016 年
三门峡	3507	4702	4541	5014
南阳	5692	9739	20260	15449
商丘	2452	5730	23953	13494
信阳	3361	3478	8086	6021
周口	2865	5739	12468	13015
驻马店	3414	8439	20550	11567
武汉	7812	10516	24354	28892
黄石	4153	5245	6433	5849
十堰	1035	1417	5128	5490
宜昌	3706	4909	11833	8763
襄樊	4821	6277	13003	25335
鄂州	426	918	1718	1519
荆门	3143	3752	10604	2964
孝感	3063	5336	2894	3287
咸宁	765	1308	3044	8921
长沙	9831	14651	23139	34047
株洲	5587	9768	16358	15375
湘潭	2930	6100	6985	6922
衡阳	4793	6503	19418	16578
邵阳	3279	5970	17771	22505
岳阳	3249	14717	11702	19575
常德	4462	7067	8793	10629
益阳	2828	4357	8255	8691
郴州	8199	9821	23142	19987
永州	3341	7119	8775	5871
怀化	2264	4418	4470	5224
娄底	6134	6921	12347	8953
广州	17585	33114	52697	76375
韶关	5360	3818	6298	12876

城市	2004 年	2008 年	2012 年	2016 年
深圳	6388	10604	23639	23788
珠海	2100	1735	6418	9244
汕头	1310	1818	3154	5243
佛山	12138	19071	20967	25103
江门	2101	4037	5760	10361
湛江	3404	5669	6487	12351
茂名	9050	4982	5804	9053
肇庆	2795	5300	2783	5069
惠州	2988	4295	7862	10935
梅州	5691	4085	5539	7784
汕尾	1162	1896	1765	2506
河源	906	1234	3286	6131
清远	2307	4691	7551	11937
东莞	6054	5282	8421	10325
中山	3639	4898	14770	15241
潮州	1623	1114	2848	4140
揭阳	2141	2628	2530	3723
南宁	5616	8592	26182	28672
柳州	3377	5050	9290	12705
桂林	1410	2105	8239	8591
梧州	1076	1672	3064	4993
北海	2110	3700	4386	5381
防城港	175	2193	9170	3713
钦州	868	1496	21456	10459
贵港	1208	1989	2374	8566
玉林	3391	7933	14865	20191
百色	1380	7376	15616	8665
贺州	1227	1099	1278	4086
海口	1453	2368	3655	2659

城市	2004 年	2008 年	2012 年	2016 年
三亚	725	1291	3599	1710
重庆	31515	54589	95009	89389
成都	12538	21340	38777	24505
自贡	2530	3923	4831	5049
攀枝花	1812	5923	11449	9179
泸州	1897	4266	5484	7025
德阳	2925	3332	8858	9696
绵阳	2160	2917	6328	5930
广元	1676	2706	5461	4307
遂宁	1011	1163	3065	3891
内江	2833	4946	5479	3146
乐山	2498	2399	9488	12494
南充	1862	2849	5156	6698
宜宾	2535	3946	5643	5922
雅安	1106	1432	4551	5091
巴中	1274	4136	2869	2715
资阳	2016	3405	5933	4216
贵阳	4469	5843	15074	37355
六盘水	4524	6325	15237	33258
遵义	2235	3204	8724	51598
安顺	794	1230	2574	4647
昆明	9534	8190	14418	26065
曲靖	4514	11505	10784	1502
玉溪	2057	5861	6280	80973
保山	1161	1500	1996	3888
昭通	364	1827	3090	3954
丽江	1046	681	1131	2473
思茅	1521	2168	3396	2850
临沧	1544	1334	1580	3255

续表

城市	2004 年	2008 年	2012 年	2016 年
西安	6867	12702	44082	23011
铜川	904	1400	3590	8583
宝鸡	1739	2767	8933	11819
咸阳	2226	2955	7192	12014
渭南	2300	3810	12337	16249
延安	1119	1758	5700	6347
汉中	199	1543	5637	3835
榆林	1942	2214	9613	24698
安康	3806	8429	6820	3657
兰州	5002	5887	8664	11461
嘉峪关	1635	1972	3827	8710
金昌	1064	466	1627	1189
白银	1972	2515	6070	8147
天水	1738	1612	2188	3417
武威	998	1463	5542	5180
张掖	683	866	1780	3027
平凉	1738	2249	3290	3946
酒泉	1373	1645	2458	3476
西宁	2122	2258	2702	6642
银川	2013	2428	12976	8779
石嘴山	1249	4330	6496	4903
吴忠	1413	1210	7077	9957
乌鲁木齐	6926	8687	16142	14938
克拉玛依	1005	1687	2868	3474

表 2 – 13 各省份企业到高速公路距离均值

单位：公里

省份	1998 年	2007 年
北京	10. 2263	6. 8801

省份	1998 年	2007 年
天津	5.7629	8.8961
河北	16.084	16.3652
山西	17.238	16.8437
内蒙古	83.8181	117.1231
辽宁	16.8305	19.5482
吉林	92.9791	55.7240
黑龙江	89.3944	64.0440
上海	7.9048	5.5629
江苏	12.0811	14.5458
浙江	13.4607	15.0666
安徽	20.2828	26.3771
福建	16.1213	17.4717
江西	24.9492	23.3959
山东	18.12894	18.4184
河南	16.7912	16.7414
湖北	22.4956	22.0219
湖南	31.7365	28.0007
广东	15.5830	8.9437
广西	44.1980	37.9945
海南	13.8572	13.8267
重庆	21.4286	18.9589
四川	24.7571	23.7443
贵州	29.8348	35.8702
云南	37.4151	29.6033
西藏	920.424	742.9171
陕西	23.6348	28.9137
甘肃	70.3614	48.5885
青海	109.3859	61.6911
宁夏	35.1192	20.0822
新疆	233.5036	180.245

图书在版编目(CIP)数据

交通基础设施与经济效率:兼论中蒙俄经济走廊跨
境交通基础设施合作/李天籽,王伟著. -- 北京:社
会科学文献出版社,2020.4
(东北亚研究丛书)
ISBN 978 - 7 - 5201 - 6361 - 3

Ⅰ.①交… Ⅱ.①李… ②王… Ⅲ.①交通运输建设
- 基础设施建设 - 国际合作 - 经济合作 - 研究 - 中国、蒙
古、俄罗斯 Ⅳ.①F512.3②F513.113③F515.123

中国版本图书馆 CIP 数据核字(2020)第 043174 号

东北亚研究丛书
交通基础设施与经济效率
　　——兼论中蒙俄经济走廊跨境交通基础设施合作

著　　者／李天籽　王　伟

出 版 人／谢寿光
责任编辑／冯咏梅
文稿编辑／王红平

出　　版／社会科学文献出版社·经济与管理分社 (010)59367226
　　　　　地址:北京市北三环中路甲29号院华龙大厦　邮编:100029
　　　　　网址:www.ssap.com.cn
发　　行／市场营销中心 (010)59367081　59367083
印　　装／三河市尚艺印装有限公司

规　　格／开本:787mm×1092mm　1/16
　　　　　印张:18.75　字数:288千字
版　　次／2020年4月第1版　2020年4月第1次印刷
书　　号／ISBN 978 - 7 - 5201 - 6361 - 3
定　　价／148.00元